高等职业教育规划教材

Suidao Gongcheng Shigong Zuzhi

隧道工程施工组织

张 艳 张力仁 主 编

娄 洲 副主编

李利钧 [云南省交通勘察设计研究院] 主 审

人民交通出版社股份有限公司
China Communications Press Co.,Ltd.

内 容 提 要

本书为高等职业院校地下工程与隧道工程专业核心课程隧道施工组织的教材,依据最新的法律、法规和标准文本,以培养学生职业能力为主线,结合隧道工程施工组织管理的工作实践编写。本书包括隧道工程施工组织认知、隧道施工准备、隧道施工方案拟订、施工进度控制与管理、资源供应计划编制、隧道施工场地布置、隧道施工保证措施7个单元的内容。

本书可作为地下工程与隧道工程及道桥工程相关专业的教材,也可供从事公路工程、隧道工程施工组织管理等各类工程技术人员参考。

本教材配套多媒体课件,可通过加入职教路桥教学研讨群(QQ561416324)索取。

图书在版编目(CIP)数据

隧道工程施工组织 / 张艳,张力仁主编. —北京:人民交通
出版社股份有限公司,2017.7
高等职业教育规划教材
ISBN 978-7-114-13945-1

Ⅰ.①隧… Ⅱ.①张… ②张… Ⅲ.①隧道工程—工
程施工—职业教育—教材 Ⅳ.①U455

中国版本图书馆 CIP 数据核字(2017)第 150589 号

高等职业教育规划教材

书　　名:隧道工程施工组织
著 作 者:张　艳　张力仁
责任编辑:刘　倩
出版发行:人民交通出版社股份有限公司
地　　址:(100011)北京市朝阳区安定门外外馆斜街 3 号
网　　址:http://www.ccpress.com.cn
销售电话:(010)59757973
总 经 销:人民交通出版社股份有限公司发行部
经　　销:各地新华书店
印　　刷:北京鑫正大印刷有限公司
开　　本:787×1092　1/16
印　　张:12.5
字　　数:300 千
版　　次:2017 年 7 月　第 1 版
印　　次:2020 年 8 月　第 2 次印刷
书　　号:ISBN 978-7-114-13945-1
定　　价:36.00 元

(有印刷、装订质量问题的图书由本公司负责调换)

前　言

本书为高等职业院校地下工程与隧道工程专业核心课程隧道施工组织的规划教材。为培养公路建设行业一线高素质技术技能型人才，本教材根据最新的法律、法规和标准文本，以培养学生职业能力为主线，结合隧道工程施工组织管理的工作实践编写。本书可作为地下工程与隧道工程以及道桥工程相关专业的教材，也可供从事公路工程、隧道工程施工组织管理等各类工程技术人员参考。

本教材包括隧道施工组织认知、隧道施工准备、隧道施工方案拟定、隧道施工进度控制与管理、资源供应计划编制、隧道施工场地布置、隧道施工保证措施7个单元的内容。教学建议64学时，各单元学时分配如下：第1单元4学时，第2单元8学时，第3单元4学时，第4单元34学时，第5单元6学时，第6单元4学时，第7单元4学时。教师可根据不同专业的教学需要灵活安排学时。

本书具有如下特色：

1. 根据现行《公路隧道施工技术规范》（JTG F60—2009）、《公路隧道施工技术细则》（JTG/T F60—2009）、《高速公路施工标准化技术指南第五分册隧道工程》、《工程网络计划技术规程》（JGJ/T 121—2015）等与隧道工程建设相关的法律、法规和标准文本编写，及时将最新行业标准融入书本。

2. 根据职业能力要求及本课程教学目标，注重理论和实践紧密结合，注重职业岗位技能学习和训练。本书结合实际工作穿插了大量工程实例，或以单元综合实训，或以课前课后习题出现，监理工程师、造价工程师等职业资格考试练习题；综合实训课结合各自学校的实训条件进行，切实增强学生职业岗位技能。

3. 教材内容突出实用性，与职业标准对接。编写组成员具有多年企业工作经历和教学经验，在编写过程中更加注重企业岗位需求，尤其吸收了隧道施工、管理一线技术人员参与编写。

具体编写人员分工如下：单元1、单元2、单元3、单元5由云南交通职业技术学院张艳、何建伟编写，单元4由云南交通职业技术学院张力仁编写，单元6、单元7由云南公投建设集团有限公司娄洲编写。全书由张艳、张力仁担任主编并统稿，由娄洲担任副主编，云南省交通勘察设计研究院李利钧担任主审。中国电建路桥集团有限公司晋红高速公路项目总承包部田金国、云南交通职业技术学院尹明贵为本书提供部分案例和编写建议，在此表示感谢。

在编写过程中，参阅了国内外一些专家和学者的研究成果及相关文献，在此一并表示感谢。本书的出版得到行业企业专家、人民交通出版社股份有限公司各位编辑的大力支持，特此谢意。

由于编者水平有限，书中如有不妥之处，恳请广大读者批评指正。

编　者

2017年1月

目　　录

单元1 隧道工程施工组织认知

知识目标

1. 能够阐述隧道工程施工组织的原则及其特点；
2. 能够阐述隧道工程施工组织设计的分类及其关系；
3. 能够归纳阐述隧道工程实施性施工组织设计的主要内容；
4. 能够正确绘制隧道工程实施性施工组织设计编制步骤流程图。

技能目标

1. 能够通过阅读施工组织设计文件，结合案例总结出施工组织设计的主要内容；
2. 能够结合隧道工程实施性施工组织设计编制步骤，总结出作为一名工程技术人员编制一份隧道工程施工组织设计文件所需的知识与技能。

本单元结构

1.1 隧道工程施工组织概述
1.2 隧道工程施工组织设计
1.3 单元实训指导

1.1 隧道工程施工组织概述

隧道工程施工组织就是对投入拟建隧道工程的人力、机械、材料等资源进行组织，以及对施工作业、施工顺序、施工现场等进行安排，以保证工程质量，满足工期要求，降低施工成本，提高经济效益。

一、隧道工程施工组织的阶段划分

从开展时间上分，隧道工程施工组织一般可分为三个阶段：

第一阶段：隧道工程施工准备阶段组织，主要是施工现场准备、施工规划及施工组织设计的编制、施工投入资源的准备。

第二阶段：隧道工程施工阶段组织，即按照施工组织设计及现场情况，合理配置生产要素及动态调整，使之在工程质量、工期、造价等方面达到合同要求。

第三阶段：隧道工程竣工阶段组织，主要包括收尾配置工程的安排，生产要素的组织与调配。

施工组织贯穿隧道工程整个施工过程，根据隧道工程施工的动态性特点，不断地调整施工组织、保证隧道的正常施工，是施工组织的重要任务。

二、隧道工程施工组织的原则

由于影响隧道工程施工过程组织的因素很多,如自然条件、可供利用的施工资源、业主的管理目标和要求等,使得施工过程的组织变化无常、形式多样。为了使施工过程能够符合客观生产规律,充分保证各项生产活动组织安排的合理性和科学性,施工组织设计时应遵循以下基本原则:

1. 施工过程的连续性

连续性指在施工过程的各阶段、各工序之间,在时间上紧密衔接,不发生各种不合理的中断现象。保持和提高施工过程的连续性,可以提高生产效率、降低成本。施工过程的连续性要求凡是能平行进行的施工过程,必须组织平行作业,平行性是连续性的必然要求。

2. 施工过程的协调性

协调性也称比例性,它是指施工过程各阶段、各工序之间,在生产能力上要保持一定的比例关系,不发生脱节和比例失调的现象。如某一专业队人数多,生产能力强,造成产品过剩,而另一专业队人数少,生产能力差,产品供应跟不上等。协调性是保证生产顺利进行的前提,良好的协调性可以充分利用整个生产过程中的人力和机械设备,从而有利于缩短工期。协调性很大程度上取决于施工组织设计的正确性。在施工生产过程中,受材料构成、新工艺应用、自然条件变化等影响,实际生产能力比例会发生变化,因此,施工组织工作必须根据实际情况,采取相应措施,及时调整各种比例关系,保证施工过程的协调性。

3. 施工过程的均衡性

均衡性又称节奏性,它是指生产过程的各个环节都要按照生产计划的要求,在一定时间内生产出数量适宜的产品,工作负荷保持相对稳定,不发生时松时紧的现象。良好的均衡性能充分利用工时,有利于保证生产质量、降低成本,同时有利于劳动力和机械的调配。

4. 施工过程的经济性

施工过程除满足技术要求外,必须讲究经济效益,要用最小的劳动消耗换取较大的生产成果。上述连续性、协调性和均衡性最终都要通过经济性反映出来。

上述四项原则是相互制约、互为条件的。施工组织过程中,连续性、协调性和均衡性若能得到充分保证,经济性自然就好。

三、隧道工程施工及施工组织的特点

在进行隧道工程施工组织时,必须充分考虑隧道施工的特点,才能在保证安全施工的前提下,连续、均衡、协调、经济地组织隧道施工。

(一)隧道工程施工特点

隧道工程结构多种多样,修筑隧道工程的施工技术也是多种多样的,这些施工技术的形成和发展与隧道工程的施工特性有关。概括地说,隧道施工具有以下特性:

1. 隐蔽性大

隧道工程竣工后,只能看到外观,而其内部及结构物背后的状态是隐蔽的。严格地说,隧道工程就是一个隐蔽工程。我们要把结构物做到"内实外美",就是要把隐蔽工程做到实处,不留隐患。

2. 作业的循环性强

一般隧道工程都是纵长的,施工是严格地按照一定的顺序循环作业的。如开挖就是按照"钻孔—装药—爆破—通风—出渣"的顺序,一步一步地循环进行,直到最后隧道贯通。这种循环性是地下施工的一大特点,也是隧道工程组织施工的基本特点。

3. 作业的空间有限

隧道工程通常都是在地下一定深度处修筑的,结构物的尺寸受到极大限制,这也就决定了施工空间的尺寸和形状。在有限的空间内进行施工,投入的人力和机械,都不能够"畅所欲为"。因此,像地面工程中使用的大型机械,往往很难在地下工程中发挥其作用,必须采用适合地下工程有限空间的施工机械和施工方法。

4. 作业的综合性很强

地下施工由多种作业构成,开挖、支护、出渣运输、通风及除尘、防水及排水、供电、通风、供水等作业缺一不可。每一项作业做得不好都会影响全局。因此,地下施工的综合性很强,这就要求我们必须有良好的施工管理和施工组织经验,才能使工程有序快速地进行。

5. 施工的动态性

由于整个工程埋设于地下,工程地质和水文地质条件对隧道施工的成败起着重要甚至是决定性作用。因此,不仅要在勘测阶段做好详细的地质调查和勘探,尽可能准确地掌握隧道工程范围内的岩层性质、岩体强度、完整程度、地应力场、自稳能力、地下水状态、有害气体和地温情况等资料,并根据这些原始资料,初步选定合适的施工方法,确定相应的施工措施和配套的施工机具。而且,由于地质条件的复杂性和勘探手段的局限性,在施工中出现无法预料的情况仍不可避免。因此,在隧道施工中,尤其在长大隧道的施工过程中,还应采取试验导坑、水平超前钻孔、声波探测、导坑领先等技术措施,进一步查清掘进前方的地质条件,及时掌握变化情况,以便尽快修改和完善设计图纸、施工方法和技术措施。

6. 作业环境恶劣

地下施工的作业环境比较差,黑暗、潮湿、粉尘多,在恶劣的地质条件下,还有安全问题。因此,如何创造一个安全、舒适和工厂化的作业环境,就成为隧道工程施工技术要解决的重要课题。

7. 作业风险性大

风险性与隐蔽性相关联,施工人员必须经常关注隧道工程施工的风险性,特别是在不良地质条件下,更要有风险意识和应变意识。

(二)隧道工程施工组织特点

由于隧道工程具有隐蔽性大、工作面狭窄、多工序作业等特点,故而要求隧道工程施工组织也要适应这些特点,具体表现为:

1. 动态性强

由于隧道工程施工过程的动态性强,当开挖前方地质条件与设计阶段地质勘查情况不一致时,施工方案就必须根据新探明的地质条件进行变更,以使整个施工组织过程发生变化。

2. 工作面少

正常情况下,隧道只有进、出口两个工作面,相对于桥梁、路基路面工程来说,隧道的施工速度比较慢,工期比较长。为此,必要时需要附加开挖超前平导、竖井、斜井、横洞等辅助工程来增加工作面,加快隧道工程施工速度。

3. 平行立体交叉作业

隧道断面较小,工作场地狭长,一些施工工序只能顺序作业,而另一些工序又只能沿隧道纵向开展,平行作业。因此,在选择作业组织形式时,最好选择平行立体交叉作业,这样可以减少施工干扰,充分利用工作面,提高劳动生产效率。

4. 安全性要求高

地下施工环境较差,甚至在施工中还可能使之恶化,例如爆破产生有害气体等。因此,必须采取有效措施加以改善,如加强通风、照明、防尘、消音、隔音、排水等,使施工场地符合卫生条件,并有足够的照度,以保证施工人员的身体健康,从而提高劳动效率。

5. 施工机械的选择与搭配

隧道工程施工所需机械品种较多,如开挖机械、装渣机械、运输设备、充电设备、通风设备等。在选择的时候,这些机械的生产能力要匹配,避免设备生产能力的浪费,进而增加机械费用。如装渣设备与运渣设备要匹配合理,才能避免设备闲置,充分发挥各自的生产能力。通过合理配置人力,尽量减少机械设备数量和洞内作业的人数,从而减少干扰、提高工作效率。

隧道工程在地下施工,虽然有很多不利的方面,但也有有利的方面。例如,相较路基路面工程或桥梁工程,隧道施工可以不受或少受昼夜更替、季节变换、气候变化等自然条件的影响,可以终年稳定地安排施工。

1.2 隧道工程施工组织设计

一、施工组织设计的含义

施工组织设计是指导施工准备和施工过程的基本技术与经济文件。它是指根据行业施工技术规范的要求,结合工程性质、现场具体条件、施工技术装备和施工力量等,确定出合理的施工方法和施工进度计划,对整个工程施工过程做出科学全面的规划和部署,并制订所需的投资、材料、机具、设备劳动力等的供应计划等。

二、隧道工程施工组织设计的意义

隧道工程的施工特点决定了隧道工程往往是控制工期的关键工程,特别是长大隧道。要保证隧道施工在规定工期内顺利完成,就必须要有科学的施工组织设计作指导。即:在深入全面调查研究的基础上,结合施工单位能力和现场施工条件,科学地选择施工方案,确定施工方法;合理地安排施工顺序、施工进度以及劳动力组织、材料和相应设备供应、工地运输、辅助设施;全面规划隧道施工的各个环节,做到协调、均衡、有节奏地进行施工生产。实践证明,科学的施工组织设计,对隧道工程施工的顺利进行,人力、物力的合理使用,快速、优质、安全、高效地完成施工任务具有重大意义。

三、隧道工程施工组织设计的分类及其内容

隧道工程施工组织设计包括设计阶段的施工计划、投标阶段的指导性施工组织设计和

施工阶段的实施性施工组织设计。

（一）施工计划[❶]

隧道工程是施工性特别强的工程，设计与施工密不可分，在设计时就应制订合理的施工计划。当然，这里所说的施工计划不是施工单位自身所做的具体施工策划，而是影响设计所应考虑的事项。

施工计划的一般流程如图1-1所示，所涉及的要素相互关联，是一项系统工程。在编制时，应从粗略阶段到详细阶段，并逐步提高各要素的讨论精度，不断反馈，使各要素有机地达到一定程度的平衡。

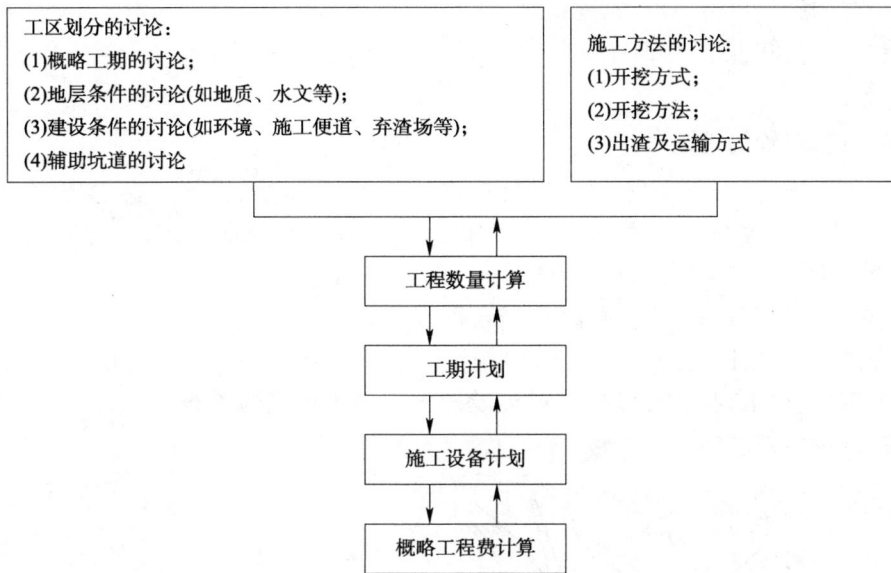

图1-1 施工计划的一般流程

1. 施工方法的讨论

隧道施工方法是开挖方式、开挖方法、支护方式、洞内运输方式、辅助方法和通风方式等的总称，应在对隧道断面、长度、双洞与否、工期、地质条件、自然环境条件等综合研究后确定。开挖方式是指爆破开挖、掘进机开挖、人力开挖等开挖手段。开挖方法是指全断面法、台阶法、导坑法、分部法等开挖方法。支护方式有锚杆、喷射混凝土、钢支撑、钢筋网、构建支撑等，它们可以单独使用也可以组合使用。衬砌混凝土支模方式有全断面整体式和分块拼装式。洞内运输方式有无轨式和有轨道式。辅助方法主要是指在稳固开挖面和处治涌水的超前锚杆、小导管、管棚、药液注浆、冻结、混凝土注浆等。

2. 工区划分的讨论

特长隧道施工时，应将整个工程划分成若干施工区段，以利于缩短工期和降低工程费。特长隧道施工区段的划分，在我国历来是由业主决定，而业主对设计中涉及的纵坡、水文、地质条件、弃渣以及土石方量平衡等因素不如设计者熟悉，因此，设计者有责任根据有关因素提出施工分段的合理长度和划分点。

---

❶详见《公路隧道设计规范》（JTG D70—2004）"4.5 施工计划"及其条文说明。

3. 辅助坑道的讨论

是否设置辅助通道,应根据隧道长度、地质条件等因素综合考虑。一般来讲,只有特长隧道才设辅助通道,并应考虑隧道土建施工完成后辅助通道的其他用途。例如,作为营运通风的风道或避难通道等继续发挥它的作用,即多用途的辅助通道才是经济合理的。

4. 主要机械设备的讨论

应根据工程规模、施工方法、施工环境等决定施工主要机械设备。例如,当洞口施工场地的形成非常困难时,可考虑采取横洞反向开挖的方法、架设栈桥的方法等,由此安排施工机械设备,并做出相应的电力使用计划。

洞内主要的施工机械与设备有:掘进机(TBM)、大型凿岩机、支架式冲钻锤、多臂钻孔台车、铲斗装载机、自卸卡车、混凝土搅拌罐车、混凝土喷射机、锚杆钻孔机、整体式衬砌模板台车、抽水泵等。

5. 洞外设施布置的讨论

洞外主要设施有:炸药储藏所、建筑材料堆放所、供配电所、出渣运输皮带机、混凝土拌和楼、水泥与集料堆放场、污水处理场、实验室、工作与生活设施等。图1-2所示为洞外大型临时设施布置示例。其中需要注意的是,关于弃渣和弃渣场,在远郊地域弃渣可以一步到位,不需中转;但在城镇附近,有时需要中转,即在洞口附近修建临时堆放场作中转,再搬运至永久性弃渣场。这种渣体临时堆放场和永久性弃渣场的位置和体积,应事先做出规划。关于施工便道,应尽量利用既有道路,对规模较大的施工便道应作个案设计,尽量取良好的平、纵曲线,减少植被破坏。

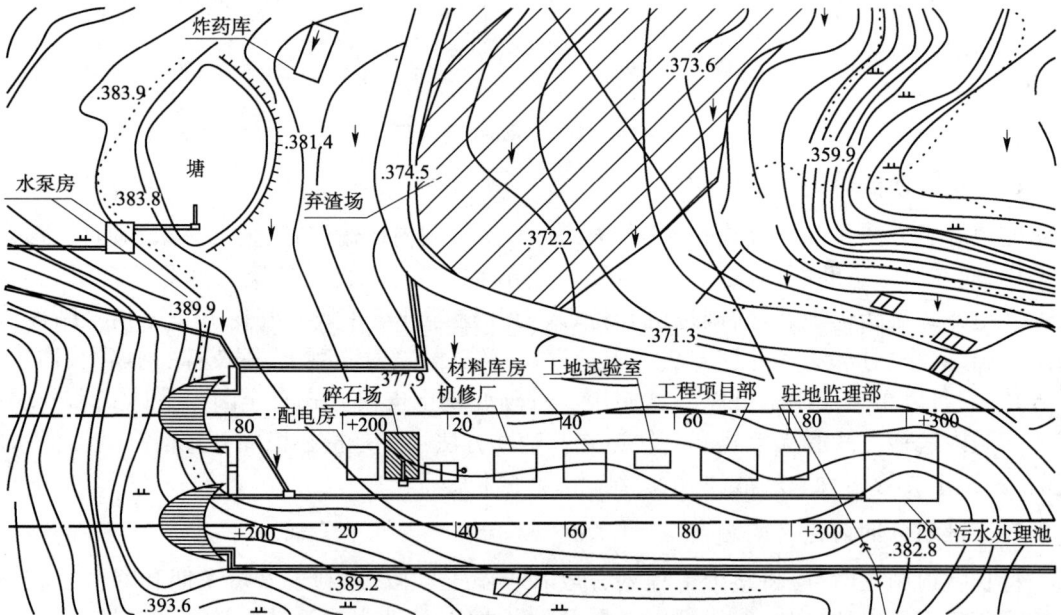

图1-2 隧道洞口附近大型临时设施布置示例

(二)指导性施工组织设计

指导性施工组织设计是施工单位在工程施工投标时所编制的施工组织设计,它是投标文件组成中的必备部分,中标后,它还是承包合同的重要组成文件。

指导性施工组织设计的内容、文件组成,目前尚无统一规定,通常与设计阶段的"施工计划"内容相似。但为了满足招标文件要求,还增加了如下内容:施工项目的组织机构、人员组成与分工,施工机械及关键设备清单,施工进度计划,施工保证措施等,以期更加具体、详细。

(三)实施性施工组织设计❶

实施性施工组织设计是施工单位在施工阶段根据设计图纸、野外调查资料及本单位施工条件(如施工力量、技术水平)等进行编制的施工组织设计,用以指导具体施工。根据《公路隧道施工技术细则》(JTG/T F60—2009),隧道工程实施性施工组织设计主要包括下列内容:

1.编制原则

(1)满足指导性施工组织设计的要求。

(2)技术经济方案的比选,应选最优方案。

(3)积极应用新技术、新工艺、新材料、新设备。

(4)因地制宜,就地取材。

(5)根据工程特点、工期要求,合理安排施工工序流程及衔接。

(6)加强机械化施工能力,加快工程进度,确保工程质量。

(7)符合国家关于工程质量、安全生产、职业健康、土地管理及环境保护的法律、法规的规定。

2.编制依据

(1)承建项目的合同条件。

(2)批准的设计文件,国家和行业现行的标准、规范、规程。

(3)现场施工调查资料,主要包括交通运输、气候气象、当地建材、征地拆迁,以及能源、供水、通信、医疗等情况。

(4)工程施工环境及环境保护要求。

3.编制内容

(1)工程概况、工程特点、重点和难点的项目。

(2)重点、难点工程的施工技术方案设计:施工方法及工艺、关键工序的作业实施细则、监控量测、地质预报、施工通风,以及供水、供电设计等。

(3)施工总平面布置:生产生活区及设施、施工便道、弃渣场地,临时供电、供水、供风、通信等工程。

(4)工期安排:总进度、施工形象进度、施工网络图等。

(5)施工单位组织机构及资源配置:组织机构、机械设备配置、工区划分及管理、劳动力配置、材料供应、资金使用计划等。

(6)施工保证措施:质量目标、创优规划及保证措施、施工生产安全目标及保证措施、职业健康及医疗保证措施、工期目标及保证措施、成本目标和保证措施、环境保护措施等。

(7)发生自然灾害、紧急情况时的应急预案。

(8)附图及各种表格。

(9)安全管理和安全保证体系的组织机构,包括项目经理、专职安全管理人员、特种作业

---

❶详见《公路隧道施工技术细则》(JTG/T F60—2009)"3.1 施工准备一般规定"及其条文说明。

人员配备的数量及安全资格培训持证上岗情况。

（10）施工安全生产责任制、安全管理规章制度、安全操作规程。

（11）安全防护用具的配备。

（12）施工现场临时用电方案的安全技术措施和电气防火措施。

（13）针对重点部位和重点环节,应制订的工程项目危险源监控措施和应急预案。

（14）施工人员安全教育计划、安全交底安排。

（15）安全技术措施费用的使用计划。

值得注意的是,由于隧道工程施工过程的动态性,隧道施工组织设计内容也不是一成不变的,须根据隧道施工过程相关因素的变化而不断做出调整,以符合实际情况,使之更好地指导施工。因此,《细则》明确指出:实施性施工组织设计应报监理工程师及相关部门,按程序批准后实施。在实施过程中,应根据客观条件、生产资源配置变化情况,及时调整施工组织设计,并呈送监理工程师批准,实行动态管理。

四、实施性施工组织设计的编制

在调查研究、核对设计文件、组织线路测量复查等工作基础上,编制实施性施工组织设计,并以此作为隧道工程施工的依据。

根据《公路隧道施工技术细则》(JTG/T F60—2009),编制实施性施工组织设计,可按下列步骤进行,如图1-3所示。

（1）复核与分析工程设计文件,掌握工程施工的特点,摘录工程数量。

（2）确定总的施工方案和实际施工期限。在施工方案中,应包括:机械化程度,初步安排施工进度,工序作业流水线和流水速度,划分总的施工程序和初步安排施工场地平面图。

（3）选择各分项工程的施工方法和计算工程量。

（4）确定各分项工程的实际施工进度和施工期限。

（5）编制施工进度网络图,并进行合理的调整,直到满意为止。

（6）计算劳动力、电力、材料和机械设备的需要量,并根据施工进度的要求,编拟供应计划。

（7）布置运输线路,计算运输量,选择运输方式,确定运输工具数量。

```
调查研究、核对设计文件、复测等
        ↓
掌握工程施工特点,摘录工程数量
        ↓
确定总的施工方案和实际施工期限
        ↓
选择分项工程施工方法、计算工作量
        ↓
确定分项工程实际施工进度和施工期限
        ↓
编制及优化施工进度网络图
        ↓
计算资源需要量,编拟供应计划
        ↓
编制运输计划(运输量、运输方式、机具数量)
        ↓
制订各项临时工程施工方案、计算工作量
        ↓
拟订安全、质量、环保等主要技术措施
        ↓
提出施工管理机构方案,制订各项管理制度
        ↓
编写施工组织设计说明书
```

图1-3　隧道工程实施性施工组织设计编制步骤

（8）确定自办材料的开采和加工方案,提出各种附属企业的设置方案和生产计划。

（9）制订各项临时工程施工方案和计算工作量。

（10）拟订安全、质量、环保和节约等主要技术措施。

安全管理包括安全保证体系的组织机构、专职安全管理人员、特种作业人员的资格培训持证上岗;安全生产责任制,针对重点部位和重点环节制订工程项目危险源监控措施和应急

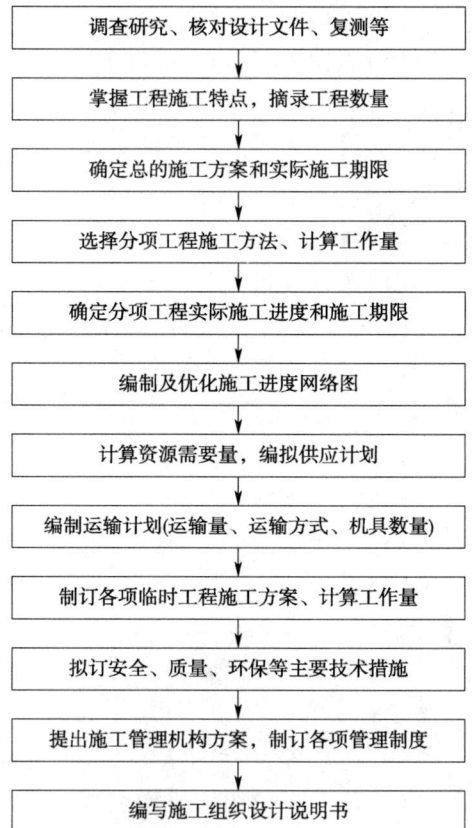

预案;施工人员安全教育计划、安全技术交底;安全技术措施的费用计划,如安全防护用具等。

(11)提出施工管理机构的方案,确定劳动组织的编制,制订各种相应的管理制度。

(12)编写施工组织设计说明书。施工组织设计说明书包括工程概况、合同范围、工期要求、施工条件、编制原则和依据等需要在施工组织设计文件中予以说明的内容。

1.3　单元实训指导

【实训目标】

(1)通过阅读案例工程实施性施工组织设计文件,学生能够归纳阐述隧道工程施工组织设计文件的主要内容。

(2)依托案例工程,结合施工组织设计编制步骤,学生能够归纳总结编制隧道工程施工组织设计所需的主要知识及技能要求,形成本课程学习目标。

【实训准备】

此次实训为本课程的首次实训,对学生熟悉此种教学方式以及对后续实训的实施起到重要的铺垫作用,因此做好相关的实训准备工作是十分必要的。本实训的准备工作主要包括以下内容:

(1)教师将一份完整的某隧道工程实施性施工组织设计文件下发给学生,要求学生在实训前进行完整阅读,熟悉工程基本概况,归纳总结出一份实施性施工组织设计文件包括哪些内容,在案例里是如何体现的。

(2)学生分组,5~7人为一组,并要求学生阅读学习时按组为单位进行研讨,按小组形成学习成果,上课时进行汇报交流。

(3)要求学生认真阅读本次实训指导书,明确实训内容与要求,重点对已学习的实施性施工组织设计主要内容及编制步骤进行复习。

【实训任务】

本实训的第一个环节是通过课前阅读案例工程实施性施工组织设计文件,根据已学相关知识,对一份隧道工程施工组织设计文件应该包含的主要内容进行总结归纳,并阐述这些内容是如何在案例文件中体现的。

实训要求:学生须在课前对案例施工组织设计文件进行学习,并以组为单位研讨并形成汇报成果,上课时间进行汇报交流。

本实训的第二个环节是在全班经过研讨交流对隧道工程实施性施工组织设计主要内容有统一深入理解的基础上,结合施工组织设计编制步骤,以头脑风暴方式归纳总结出编制隧道工程施工组织设计文件所需的主要知识及技能要求。

实训要求:学生课前温习隧道工程施工组织设计编制步骤,并结合案例文件进行思考,课堂头脑风暴时积极发言。

【实训组织形式】

1.分配任务

首先由指导教师对本次实训的主要任务进行讲解和布置,并下发相关案例资料,然后对学生进行分组及组内分工。

2. 课前分组研讨形成成果

根据实训要求,各组学生对案例隧道工程施工组织设计文件进行学习研讨,根据任务要求就"隧道工程实施性施工组织设计文件主要内容及其在案例中的体现"形成汇报成果。

3. 课上分组汇报交流

学生分组就学习成果进行汇报交流,教师在各组汇报过程中进行时间控制(一般控制在8~10min),汇报结束后进行点评、交流过程中进行必要的引导。

4. 头脑风暴

在学生对"隧道工程实施性施工组织设计文件主要内容"深入理解的基础上,师生共同以头脑风暴的方式就"隧道工程施工组织设计文件编制必备知识及技能"进行讨论,共同形成本课程学习目标。

5. 实训总结

实训最后,师生共同对实训形成的成果与共识进行总结。教师对学生在实训过程中的表现进行评价,作为课程成绩评定的依据;学生将实训过程中的收获、体会、存在问题、成果等写成个人实训总结,上交指导教师或上传至课程平台。

单元2 隧道施工准备

知识目标

1. 能够阐述隧道工程施工准备的主要工作内容；
2. 能够描述施工技术准备应包括的内容；
3. 能够阐述施工场地准备应包括的内容及相关要求；
4. 能够阐述施工人员、材料及机械设备准备的内容及相关要求；
5. 能够阐述风、水、电施工准备的内容及相关要求；
6. 能够阐述危险品库设置、排水及污水处理施工前准备的内容及相关要求。

技能目标

能够根据隧道工程特点，编制开工报告。

本单元结构

2.1 现场调查与资料收集
2.2 技术准备
2.3 施工场地准备
2.4 施工人员、材料和机械设备准备
2.5 施工供风、供水及供电
2.6 危险品库、排水及污水处理
2.7 单元实训：某隧道工程分项工程开工报告编制

施工准备工作是工程施工的主要内容，是生产经营管理的重要组成部分。主要包括：施工现场调查、核对设计图纸、编制实施性施工组织设计、施工现场准备、物资材料及劳动力准备等。施工准备工作是对拟建工程目标、资源供应、施工方案的选择及其空间布置和时间安排等诸多方面进行的施工决策。

施工准备工作不仅应在拟建工程开工之前做好，而且随着工程施工的进展，在开工后也要做好。施工准备工作既要有阶段性，又要有连续性。因此，施工准备工作必须有计划、有步骤、分期、分阶段地进行，并且要贯穿于工程整个生产过程的始终。

2.1 现场调查与资料收集

通常，公路隧道工程控制全线工期，因此要求先行开工，其施工组织安排常独立进行。为了对工期、工程费用、施工方法及安全生产等做出计划，施工前必须做好现场调查及资料收集。在进行现场调查与资料收集时，关注的重点主要包括交通运输条件、气候气象、当地

— 11 —

建材、征地拆迁,以及能源、供水、通信、医疗等情况。

具体内容包括:

(1)为了预测隧道施工对地表或地下已设结构物的影响,应对结构物的类型、数量、位置、埋设深度、与隧道的关系等进行调查。

(2)交通运输条件调查的内容包括公路等级、道路里程、路线平纵断面及桥涵构造物限载条件、路面状况、车辆类型、交通量及可利用的乡村公路等。

(3)一般隧道洞口施工场地比较狭窄,为扩大洞口场地面积,应对洞外相邻工程和施工安排、弃渣场位置、弃渣填筑路堤及弃渣对农田水利的影响等进行详细调查,并做出统筹安排。

(4)施工前应调查影响隧道施工的各设施,如建筑物、道路工程、水利工程和电信、电力线等设施的拆迁情况和数量,为制订拆迁计划提供依据。

(5)为制订供水方案,应对隧道附近水源位置、储水量及水质情况等进行调查。

(6)根据设计文件中提供的料场,对砂石等材料的产量、质量进行鉴定,并据此确定材料供应方案。

(7)应尽可能利用当地的电源、动力、通信、机具车辆维修、物资、消防、劳动力、生活供应及医疗卫生条件,以节省工程费用。

(8)气象、水文资料及居民点的社会状况调查内容有:

①气温、气压、湿度、降雨量蒸发及冻土深度。

②河川流量、地下水位、水利状况、工程对地下水影响等。

③居民风俗习惯、宗教信仰、生活水准、社会秩序、环境保护和防止公害条例等。

(9)为减少隧道施工后给自然环境和生活环境造成的不良影响,应对地形、地质、动植物、土地利用、运输道路、水枯干、噪声、振动、排水通路、地表下沉等进行调查,并采取相应对策。

(10)其他尚待解决的问题。

2.2　技　术　准　备

技术准备主要包括核对设计文件、施工测量和编制实施性施工组织设计。当核对设计文件过程中,对设计图纸、资料等有疑问时,可召集建设单位、设计单位、监理单位等进行技术交底,现场复测。

一、核对设计文件

核对设计文件是施工前的一项重要工作,施工单位须全面熟悉设计文件,做好下列核对工作:

(1)技术标准、主要技术条件、设计原则。

(2)隧道工程设计的勘测资料,如地形、地貌、工程地质及水文地质、钻探图表等。在工程地质、水文地质、地表及地下结构物方面,重点调查:

①尽可能查明隧道施工范围内的地形、地质及围岩的实际情况,浅埋段地质和地表下沉的可能性,断层破碎带和褶皱破碎带构造、性质和范围,有无膨胀性土压,有无流沙现象,洞口段偏压和滑坡活动情况,围岩中有无毒气等。

②做好洞内涌水形态、涌水量及其储水范围等水文地质调查。通过调查分析确认是否符合实际,保护措施是否完善。

(3)核对隧道平、纵断面设计,检查隧道平面、高程与所在区段的线路总平面、纵断面设计衔接是否平顺,隧道位置是否合理。

(4)在隧道位置确定的情况下,尽可能使洞门位置、式样、衬砌类型与洞口地形、地貌、地质等条件相适应,并做到经济合理,不留隐患,确保行车安全。

(5)对设计文件中确定的施工方法、通风方案、技术措施进行认真研究,判断与施工实际条件是否相符合。发现问题应及时提出修改意见,不得影响工程进度。

(6)为正确选型和合理布置洞外排水系统和设施,应对洞口地形、地貌、水文、气象等条件进行实地调查,以求符合实际情况。

(7)施工测量是隧道施工中的一个关键环节,它能确保开挖按规定的精度正确贯通,使衬砌内轮廓线符合设计要求。在建设单位主持下,施工单位应会同设计单位现场交接和核对平面和高程测量控制点,遗失的应补桩,资料与现场不符的应按要求更正。

需要说明的是,在施工调查和设计文件核对完成后,应将结果及存在的问题,以书面形式呈送建设项目合同规定的相关建设管理单位。

二、技术交底

在核对设计文件图纸的过程中,对设计图纸存在疑虑时,可会同建设单位、设计单位、监理单位进行设计文件的技术交底。主要对存在分歧的地方进行澄清协商,以明确设计意图,最终达成一致,为编制实时性施工组织设计做好技术准备。

公路隧道施工技术交底的主要内容有:设计图纸、施工技术规范、工程验收标准、各项工序作业指导书;隧道施工图纸、施工方案、施工程序和施工方法及质量要求;隧道施工操作规程、安全技术措施、施工定额和施工进度等。

三、施工测量

施工单位应根据合同图纸和有关勘测,对交付使用的隧道轴线桩、平面控制基点桩以及高程控制的水准基桩等,进行详细的测量检查和核对,并将测量成果报送监理工程师。

施工单位在放线中除公里桩、平曲线要素桩外,应设置必要加桩。在工程实施中,隧道中桩最大间距直线上不得大于10m,曲线上不得大于5m,并明确标出用地界桩、路面和排水沟中心桩、辅助基准点以及其他控制正确放线的水平和垂直标桩。

四、编制实施性施工组织设计

施工单位应根据总体施工组织设计编制实施性施工组织设计。编制的施工组织设计应包括施工方法、工区划分、场地布置、进度计划、工程数量、人员配备、主要材料、机械设备、电力和运输以及安全、质量、环保、技术等主要内容。

实施性施工组织设计应报监理工程师及相关部门,按程序批准后实施;在实施过程中,应根据客观条件、生产资源配置变化情况,及时调整施工组织设计,并呈送监理工程师批准,实行动态管理。

对于长大隧道、地质或水文地质条件复杂、结构受力以及施工环境复杂的隧道,施工单位应根据交通运输部相关要求开展隧道施工安全风险评估工作,并制订各项应急保障预案。

五、其他要求

（1）隧道开工前，应完成洞口前可能干扰洞身施工的相关工程。隧道洞口各项工程是指边、仰坡土石方工程，边墙、翼墙及洞口排水系统等。这些工程互相关联，往往一项工程考虑不周就会影响其他工程，因此应全面考虑，妥善安排，减少干扰，保证安全，尽快完成，为洞身施工创造条件。

（2）应根据施工规模、技术要求等建立工地实验室，并通过政府相关部门的验收。工地实验室是控制工程质量的临时试验机构，承担工程项目施工所必需的标准试验（如配合比试验等）、原材料试验以及施工工程中的试验及检测工作，应通过政府相关部门的验收，取得满足施工要求的临时试验资质。

（3）由于混凝土配合比的试配试验需对混凝土试件进行28d的标准养护，因此，为不影响施工工期，隧道工程开工前，应提前做好混凝土配合比报送监理工程师批准。

2.3　施工场地准备

施工场地布置的合理与否，关系到施工进度和工程费用，隧道工程开工前必须编制施工场地布置专项规划方案，并上报监理工程师和建设单位，批复后实施。建成后，应通过监理工程师组织的专项验收。

施工单位应根据施工规模、技术标准和相关规范的要求，进行施工场地规划、驻地建设、拌和站及工地实验室建设、临建场地布置等。

一、总体要求

施工场地布置应结合工程规模、工期、地形特点、弃渣场和水源等情况，本着因地制宜、充分利用地形、合理布置、统筹安排的原则进行，并满足下列要求：

（1）以洞口为中心布置施工场地。施工场地应事先规划，分期安排，并减少与现有道路交叉和干扰。

（2）轨道运输的弃渣线、编组线和联络线，应形成有效的循环系统。

（3）长隧道洞外应有大型机械设备安装、维修和存放的场地。

（4）机械设备、附属车间、加工场应相对集中。仓库应靠近公路，并设有专用线。

（5）合理布置大堆材料（砂石料）、施工备品及回收材料堆放场地的位置。

（6）生活服务设施，应集中布置在宿舍附近。

（7）运输便道、场区道路和临时排水设施等，应统一规划，做到合理布局，形成网络。

（8）危险品库房应按有关规定办理。

（9）确定风、水、电设施的位置。

（10）确定混凝土拌和站和预制场的位置。

二、临时工程场地布置

临时工程主要包括四通（水、电、道路、通信）一平（平整场地）及临时房屋等。各项临时工程必须在隧道施工前基本完成，但并不一定全部完成，因为当洞口地形条件受限制时，可以利用弃渣场逐步发展施工场地。

临时工程应满足下列要求：

（1）临时工程应在隧道开工前基本完成。

（2）运输便道需引至洞口，满足行车安全要求，并经常养护，保证畅通。

（3）风、水、电设施宜靠近洞口布设，安装机械和管线应按有关规定布置，并及早架设。

（4）临时房屋应结合季节和地区特点，选用定型、拼装或简易式建筑，并能适应施工人员工作和生活的需要。各种房屋应遵守消防安全规定。爆破器材库、油库的位置应符合有关规定。

（5）严禁将临时房屋布置在受洪水、泥石流、塌方、滑坡及雪崩等自然灾害威胁的地段。临时房屋的周围应设有排水系统，并避开高压电线。生活用水的排放，不得影响施工。

（6）临时工程及场地布置时，应采取措施保护自然环境。

（7）临时工程的布置应考虑突发性自然灾害，并制订相应的应急预案。

要求临时工程满足以上条件是为隧道提早进洞做准备。当运输便道未修好，且水泥、钢材、木材、砂石料等无储备场地，以及风、水、电未送至洞口时，不能仓促进洞开挖，否则，如果支护及衬砌不及时，会影响工程质量，如遇不良地质还会导致塌方，给施工带来困难，造成不应有的损失。

三、临建场地布置

隧道工程临建场地布置一般应符合表 2-1 所示各项要求。

隧道临建场地布置一般要求 表 2-1

序号	名　称		布　置　要　求
1		总体布置	隧道临建场地上的房屋不得侵入行车道，方向尽量与线路方向平行或垂直
2		隧道临建场地处理	混凝土强度等级不低于 C20，硬化厚度不小于 20cm，确保施工期间不翻浆、不冒泥
3		空压机房及配电房	空压机的数量根据施工需要确定，摆放间距 1.0～1.2m，采用半开放式房屋，顶部设弧形雨棚
4	隧道临建	隧道临建材料库房及实验室	隧道临建如需设置材料库房、实验室，尽量靠近钢材存放、加工房和混凝土运输路线，便于及时抽检材料和取样
5		钢材存放及加工房	钢材存放与加工房共同设置一处，采用半开放式房屋，其长、高、宽满足施工及钢材存放需要，顶部设雨棚
6		现场会议室	隧道洞门离项目部较远时，应在施工现场设会议室
7		洞口值班室	洞口值班室设在隧道洞口，采用彩钢板房或砖混结构，面积不小于 4m²
8		洞口宣传	进洞须知、工程简介、施工总平面图、安全保证体系、质量保证体系、施工环保水土保持体系、隧道形象进度图（可室内布置）、施工标志牌、公司简介（施工单位）、政务公开、党团现场责任人及职责等内容可根据需要独立或连排设置，若连排设置，其长度和高度需结合现场条件，美观大方；洞顶及洞口间宣传视情况设置

四、弃渣场地布置

隧道工程弃渣应运至指定的弃渣场,隧道洞渣应优先考虑利用,不得随意乱弃。隧道施工前,施工单位应和建设单位及当地政府配合调查,选择出渣运输方便、距离短的场所作为弃渣场,场地容量应可容纳隧道弃渣量。

弃渣场选址时应进行水文和地质条件调查,不得占用其他工程场地和影响附近各种设施的安全;不得影响附近的农田水利设施,不占或少占农田;不得堵塞河道、沟谷,防止抬高水位和恶化水流条件;不得挤压桥梁墩台及其他建筑物。

弃渣场应按设计要求进行防护,当设计要求不能满足实际需要或设计无具体要求时,应对弃渣场的防护进行设计并报监理工程师批复,以确保边坡的稳定,防止发生水土流失、泥石流、滑坡等危害。

弃渣场应按有关要求,及时做好临时用地复垦工作。

五、自办料场

当隧道弃渣强度等物理力学和化学指标符合规范要求,可作为结构用材料时,现场宜建碎石场以充分利用隧道弃渣。场地建设应满足料场建设要求,加工碎石设备应采用带除尘装置的反击破碎石机,并有配套的联合重筛分设备,施工前必须做好环保评估并采取相应措施。

有条件的自采碎石场应专门配备锤式碎石机生产喷射混凝土碎石料。日产量在 $100m^3$ 以上的碎石场宜配置自动或半自动清洗设备,以提高碎石质量。

六、其他

(1)隧道初期支护喷射混凝土可由集中拌和站统一供应,也可在隧道洞口建设专门用于喷射混凝土施工的小型拌和站,但须采用具有两仓自动计量的拌和设备,并配备散装水泥罐,采用散装水泥拌和施工。

(2)在隧道洞口靠近值班室一侧宜设置电动升降杆和入场人员专用通道。隧道洞口外设置可360°旋转拍摄的摄像机。隧道洞口上方设置电子显示屏,实时反映隧道内工作状态。

(3)建立进洞人员登记制度。有条件的施工单位,应积极采用先进的隧道施工人员考勤定位和视频监控等系统。

2.4 施工人员、材料和机械设备准备

一、施工人员

在施工人员的配备上,应根据工程规模、工期和技术难度配备相应的管理、技术、测量、试验、环保、专职质量检查和安全管理人员。

隧道工程施工的钻爆、运输、支护、模筑衬砌等作业均应安排专业化队伍进行施工,施工前应根据施工进度计划、施工技术水平等制订详细的劳动力计划,及时组织进场,以满足施工需要。

从事隧道工程施工的各类特殊岗位人员均应持证上岗。施工单位应加强现场作业人员(包括劳务人员)安全、职业健康等教育培训和考核工作。应对管理人员和作业人员每年进

行不少于2次、不低于40学时的安全生产教育培训,其教育培训情况记入个人工作档案。新进人员和作业人员进入新的施工现场或者转入新的岗位前,施工单位应对其进行安全生产培训考核。未经安全生产教育培训考核或者培训考核不合格的人员,不得上岗作业。

施工单位应向作业人员提供必需的安全防护用具(如安全帽、安全带、口罩、耳塞、防护眼镜等)和安全防护服装,如图2-1所示。

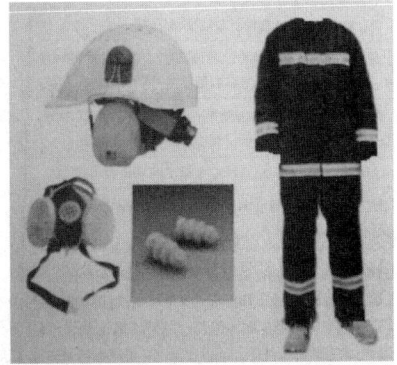

图2-1 安全防护用具和安全防护服装

二、材料采备

隧道施工前应做好水泥、砂石料、钢筋(材)、外加剂、防水板、透水管等各项材料的招标订购工作,并根据施工进度计划,制订材料供应计划。

材料采购应严格按有关规定进行,选择供应能力强、质量合格、价格优惠的供应厂家。

二衬混凝土和喷射混凝土必须使用旋窑水泥。用于隧道主体工程的碎石应采用反击破设备生产的碎石,并确保在不污染情况下用于施工。

材料进场前严格进行检查验收和取样送检,试验合格经监理工程师认可后方可进料;杜绝不合格材料进入现场。

按照应急救援方案配备相应的救援设施和材料。

三、机械设备进场

(1)隧道前期进场的机械设备主要有以下几种:

①土石方施工设备(图2-2)。包括挖掘机、压路机和自卸汽车等。

a)挖掘机

b)压路机

c)自卸汽车

图2-2 土石方施工设备

②隧道开挖及出渣运输设备(图2-3)。包括凿岩机、台车(架)、装载机、大吨位自卸汽车等。

a)钻孔、凿岩台车

b)装药台车

c)装载机

图2-3 隧道开挖及出渣运输设备

③隧道支护设备(图2-4)。包括喷射机、管棚钻机、注浆机等。

a)混凝土喷浆机

b)管棚钻机

图2-4 隧道支护设备

④混凝土施工设备(图2-5)。包括混凝土搅拌机、配料机、混凝土运输机车、混凝土输送泵、振捣设备、衬砌台车(模板、拱架)等。隧道进洞前,二次衬砌模板台车应进场,经监理工程师验收后方可使用。

⑤钢筋(结构)加工设备(图2-6)。包括钢筋调直机、切断机、弯曲机、电焊机、型钢弯曲机等。

a)混凝土搅拌车

b)二衬模板台车

图 2-5　混凝土施工设备

a)钢筋弯曲机

b)型钢弯曲机

图 2-6　钢筋加工设备

⑥风、水、电供应设备。包括内燃空压机、电动空压机、水泵（变频高压供水装置）、变压器、发电机等。

（2）机械设备应本着性能优良、配套合理、工效高的原则配备，满足污染小、能耗低、效率高的要求，并根据施工进度计划安排，分阶段、分期组织进场，以满足施工需要。

（3）应急逃生设备：如逃生管、应急救援食品箱等，见图 2-7。

a)逃生管

b)应急救援食品箱

图 2-7　应急逃生设备

2.5 施工供风、供水及供电

一、施工供风

压风站应在洞口旁边选址修建,宜靠近变电站,应有防水、降温、保温和防雷击等设施。

压风站供风能力须满足隧道正常施工需要,供风管路布置应尽量避免压力损失,保证工作面使用风压不小于0.5MPa。

隧道掘进50m后应进行供风,供风管道前端至开挖面距离不应大于20m。

隧道口通风管道如图2-8所示。

图2-8 隧道口通风管道

二、施工供水

施工单位在施工期间,应按国家规定的施工和生活饮用水的有关标准供水,确保施工和生活用水设施满足需要。

寻找水源,并按施工需要的供水压力(不小于0.3MPa),合理选址修建施工高位水池。施工高位水池宜考虑利用隧道消防用永久高位水池。高位水池施工过程中,应尽量减少对原始植被的破坏。对于修建高位水池困难的隧道,宜采用变频高压供水装置满足施工需要。供水管道前端至开挖面一般不超过20m。

三、施工临时供电

施工供电要考虑永临结合,对于短隧道应采用高压至洞口,再低压进洞;长隧道及特长隧道因考虑高、中压进洞,以满足施工需要。施工过程应保证用电的可靠性,应有备用发电系统以满足停电等应急情况下的施工用电。

隧道施工用电应采用三相五线供电系统。动力设备应采用三相380V;照明电压一般作业地段不宜大于36V,成洞段和补作业地段可采用220V,瓦斯地段不得超过110V,手提作业灯为12~24V;选用的导线截面应使低压线路末端点电压降不大于10%,36V及24V线不得大于5%;高压分线部位应设明显危险警告标志;所有配电箱和开关应全部进行责任人和用途标识。

洞外变电站应设置防雷击和防风装置,且宜设在靠近负荷集中地点和电源来线一侧;当变电站电源线需跨越施工地区时,其最低点距人行道和运输线路的最小高度应满足:电压35kV时7.5m,电压6~10kV时6.5m,电压400V时6m;变压器容量应按电气设备总用量确定,当单台电动设备容量超过变压器容量1/3时,宜适当增加启动附加容量。

洞内变电站应设置在干燥的紧急停车带或不使用的横通道内,变压器与周围及上下洞壁的最小距离,不得小于30cm,同时应按规定设置灯光、轮廓标志等安全防护设施;洞内高压变电站之间的距离宜为1000m,由变电站分别向相反两方向供电,每一方供电距离宜采用500m;洞内高压变电站应采用井下高压配电装置或相同电压等级的开关柜,不应使用跌落式

— 20 —

熔断器,应有防尘措施。

成洞地段固定的电线路,应采用绝缘良好的胶皮线架设;施工地段的临时电线路应采用橡套电缆;瓦斯地段的输电线必须使用密封电缆,不得使用皮线;涌水隧道的电动排水设备应采用双回路输电,并有可靠的切换装置;动力干线上每一分支线,必须装设开关及保险装置;严禁在动力线路上加挂照明设施。

照明和动力线路安装在同一侧时,必须分层架设。电线悬挂高度应满足:110V 以下电线离地面距离不应小于2m,400V 时应大于2.5m,6~10V 时不应小于3.5m。供电线路架设一般要求高压在上、低压在下,干线在上、支线在下,动力线在上、照明线在下。

施工期间"三管两线"布置应架设、安装顺直、整齐,如图2-9所示。

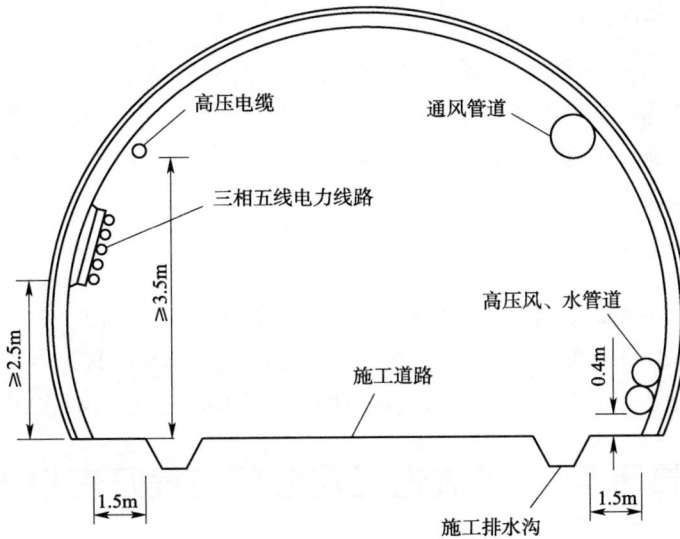

图2-9 "三管两线"布置示意图

2.6 危险品库、排水及污水处理

一、危险品库建设要求

《高速公路施工标准化技术指南 第一分册 工地建设》中对火工用品库房建设及管理的要求包括:

(1)施工现场的火工品应储存在公安机关批准并验收合格的仓库内。

(2)库房应设有专人管理,并制订火工品验收制度、发放制度、防火制度、安全保卫制度、交接班制度、出入库检查和登记制度、废爆炸物品销毁制度等。

(3)库房应与居民区、工厂、公共建筑保持安全距离并隔离。炸药、雷管应分库设置,距离不小于30m。库内应设置自动报警装置以及监控系统。

(4)库门应为开放式且开启灵活、关闭严密;库房应具备良好的通风、防爆照明设备和防静电措施,应符合防爆、防雷、防潮、防火、防鼠、防盗等要求。

(5)库存量不超过公安机关批准的容量。库内货架应保证牢固,距墙不小于0.1m。库内堆放的物资距墙应不小于0.3m,垫高不小于0.3m,放置雷管时应铺设胶质皮垫。

（6）严禁在库房内住宿和进行有碍安全的活动,严禁把其他容易引起燃烧、爆炸的物品带入仓库,严禁无关人员进入库区(检查等确需进入的应做好登记)。

（7）库房周围不应有杂草和灌木丛,在库区所控制的外部距离内不能进行有碍库房安全的活动。

另外,火工用品库房的建设及管理除应符合《高速公路施工标准化技术指南 第一分册工地建设》有关规定外,还应符合以下要求:

（1）建立健全火工用品管理制度,严格火工用品采购、储存、领取、使用和退库各个环节的管理和操作,做到全程监控、全程把关。施工单位要定期对炸药库管理有关台账进行认真检查和清对,监理工程师要加强监督检查。

（2）双洞中隧道及长隧道、特长隧道宜设置专用火工用品库房,短隧道可结合其他隧道及路基、桥涵施工集中设置。

（3）应根据施工进度计划安排及月循环进尺核定火工用品库库容量。

其他危险品,如氧气瓶、乙炔瓶应分开存放,间距不小于5m;剧毒、放射性物品等应单独建库储存,并符合防爆、防雷、防火、防鼠、防盗等要求,且远离生活区。油库应严格制定安全管理制度、用火管理制度和外来人员登记制度。

二、排水及污水处理

应在隧道洞口两侧建浆砌排水沟排出隧道内污水,尺寸满足排水需要(必须考虑雨季降水的影响),两侧水沟经涵管连通横穿路基汇于集水井排入污水处理池。

污水处理不少于3级沉淀,采用浆砌或砖混结构,施工期间不倒塌、不渗漏,沉淀达标方可排放。

2.7 单元实训:某隧道工程分项工程开工报告编制

【实训目标】

隧道施工准备结束具备开工条件后,施工单位就要编制开工报告报监理单位审批,待监理单位审批签发开工令后方可正式开工。所以,在学习完施工准备内容后,本学习情境的实训目标是:结合施工准备的内容,通过阅读案例工程实施性施工组织设计文件、开工报告编写要求及相关开工审批表格,编制出一份分项工程开工报告。

【实训准备】

充分的准备是达到实训目标的保证,本实训的准备工作主要包括以下内容:

（1）教师将一份完整的某隧道工程实施性施工组织设计文件下发学生,要求学生在实训前进行完整阅读,熟悉工程基本概况,并根据开工报告要求提炼出所需内容。

（2）教师下发相关开工审批表格样表(见附表),并就如何填写及要求进行指导。

（3）学生分组,5~7人一组为宜,并进行组内分工,按小组共同研究编制开工报告及填写相关审批表,上课分组进行汇报交流。

【实训任务】

根据开工报告及相关表格编制要求,从案例工程实施性施工组织设计文件中提取有效内容及信息,编制完成该工程开工报告及相关审批表。

实训要求:分组完成实训任务。小组内根据预先的分工(如组长、文本撰写、表格填写、汇报PPT制作、汇报人、资料收集整理人等)及职责共同配合完成项目任务。最后,在课堂上向全班进行汇报并回答全班同学的提问。

【实训组织形式】

1. 分配任务

首先由指导教师对本次实训的主要任务进行讲解和布置,并下发相关案例资料,然后对学生进行分组及组内分工。

2. 完成任务

根据实训要求,学生课后分组进行任务实施,依托课程学习平台或其他方式,教师在学生完成任务的全过程给予指导和答疑。

3. 课上分组汇报交流

学生分组就学习成果就行汇报交流,教师在各组汇报过程中进行时间控制(一般控制在15～20min),汇报后接受全班其他同学的提问,教师最后进行点评和引导。

4. 实训总结

待全部小组汇报完后,以头脑风暴的方式,师生共同对隧道工程开工报告编制及相关审批表格填写的主要内容、方法、注意要点等进行总结。

5. 实训评价

教师对学生在实训过程中的表现进行评价,作为课程成绩评定的依据。学生将实训过程中的收获、体会、存在问题、成果等写成个人实训总结,上交指导教师或上传至课程平台。

单元3 隧道施工方案拟订

![知识目标]

1. 能够理解为什么要拟订隧道施工方案及其拟订原则；
2. 能够阐述隧道施工方案的主要内容；
3. 能够阐述洞口及明洞工程施工工艺流程及质量控制要点；
4. 能够绘制一般分离式隧道及连拱隧道总体施工工序；
5. 能够描述各类隧道开挖方法及其比选原则；
6. 能够阐述隧道施工各工序主要机械设备；
7. 能够理解监控量测在新奥法施工组织中的重要作用,阐述监控量测的基本工作程序；
8. 能够描述附属设施工程施工方案拟订的要点。

![技能目标]

能够根据给工程特点,拟订洞口及明洞工程施工方案、洞身施工方案、监控量测方案及相关附属设施施工方案并编制相应主要机械设备清单。

![本单元结构]

3.1 概述
3.2 洞口及明洞施工方案拟订
3.3 洞身施工方案拟订
3.4 监控量测方案拟订
3.5 附属设施工程施工方案拟订

　　施工方案拟订是在充分研究设计文件和工程实际施工条件的基础上,决定采用哪种施工方法、施工材料及机械设备,以何种施工顺序和作业组织形式来组织项目施工活动。制订施工方案的目标,就是提出在合同规定期限内,使用与预算相应的最少费用,采用确实而又安全、能够施工的条件和方法,制订出技术可行、经济上合理的施工方案。合理施工方案的制订既要考虑工程实际情况(如地质条件、水文条件、社会经济条件、交通条件等),又要考虑施工单位的施工能力(包括员工技术水平、机械设备配备水平、施工组织水平等),是一项综合性强的系统工程。

3.1 概　　述

一、隧道施工方案拟订原则

1.安全第一原则

(1)安全施工方针。坚持"安全第一、预防为主、综合治理"的安全施工方针,深入开展创建"平安工地"活动。切实落实安全主体责任制度,做到不安全不生产,生产必须安全。

(2)根据地质情况确定隧道洞身开挖方式。尤其是长大隧道,地质情况复杂,开挖方案要有科学论证,合理决策,制订稳妥的施工方案。

(3)组织管理落实,安全措施落实。建立进洞人员施工平安卡制度,一人一卡,进洞作业挂在洞口,出洞取走;实行领导带班进洞作业。

(4)施工进度、施工质量服从安全需要。坚决不允许用牺牲施工安全换取工程质量和进度。

(5)制订安全应急预案,并定期进行安全应急预案演练。处理安全事故做到"四不放过",即:事故原因未查清不放过,事故责任和职工未受教育不放过,防范措施未制订和落实不放过,责任人未按照追究制度追究不放过。

2. 遵循新奥法施工原则

隧道新奥法施工的精髓就是用喷射混凝土将开挖面快速封闭成环,要求在隧道成洞施工全过程中,坚持"弱爆破、轻扰动、短进尺、紧支护、快封闭(成环)、强衬砌"的施工原则,开挖后仰拱和边顶拱及时封闭成环,循序渐进,安全施工。

3. 加强监控、科学决策原则

监测项目包括超前地质预报、地面沉降、开裂、洞身收敛、渗水、洞身变化异常、洞顶掉渣等。采用先进的量测探测技术,在施工过程中不间断地进行施工监控,对围岩提前做出判断,科学决策施工方案。需要强调的是,监测不只是测量人员的事,参与洞身开挖施工的每一个人都有义务对开挖环境进行监测。

(1)超前地质预报。超前地质预报的目的是准确掌握围岩的实际情况,提前制订相应的施工方案。

(2)施工监测。对地面沉降开裂、围岩收敛、拱顶沉降、渗水、衬砌内应力、支护稳定性等各种数据要及时采集,及时处理分析,调整支护参数。

4. 地质条件决定掘进方式原则

(1)隧道围岩类别与开挖稳定性的关系列于表3-1。

围岩类别与开挖稳定性的关系 表3-1

围岩级别	主要工程地质条件	地质结构特点	开挖稳定性
I	硬质岩,饱和极限强度 $R_b > 60MPa$,受地质构造影响轻微,节理不发育,无软弱夹层,岩层状为厚层,层间结合良好	岩石呈巨块整体结构	稳定,不坍塌,无岩爆
II	硬质岩,$30MPa < R_b \leqslant 60MPa$,受地质构造影响较重,节理较发育,有少量层(或夹层),有贯通微张节理,但其产状及组合关系不致发生滑动,层状呈中厚或厚,层间结合一般,很少有分离现象,或硬质偶尔夹软层岩石	岩石呈大块整体结构	暴露时间长时可能产生坍塌,层间结合差的平顺层,拱顶易坍塌
	软质岩,$R_b \approx 30MPa$,受地质构造影响轻微,节理不发育,岩层状为厚层,层间结合良好		

围岩级别	主要工程地质条件	地质结构特点	开挖稳定性
Ⅲ	硬质岩,$R_b > 30MPa$,受地质构造影响严重,节理发育,有层状软弱面(或夹层),但其产状及组合关系尚不致发生滑动,岩层状为薄层或中层,层间结合差,多有分层现象,或为硬、软层交替状	呈块、碎石状镶嵌结构	拱部无支护时可能产生中小坍塌,侧壁基本稳定,爆破震动大时易坍塌
	软质岩,$5MPa < R_b \leq 30MPa$,受地质构造影响严重,节理较发育,岩层状呈薄层、中层或厚层,层间结合一般	呈大块状砌体结构	
Ⅳ	硬质岩,$R_b > 30MPa$,受地质构造影响严重,节理很发育,层状软弱面(或夹层)已基本被破坏	呈碎石状压碎结构	拱部无支护时可能发生较大的坍塌,侧壁时有失稳
	软质岩,$5MPa < R_b \leq 30MPa$,受地质构造影响严重,节理较发育	呈块、碎石状镶嵌结构	
	略具压密或呈岩作用状黏性土及砂性土;或钙、铁质胶结碎、卵石土,大块石土;或 Q_1、Q_2 纪黄土	呈大块状压密结构;呈巨块状整体结构;呈巨块状整体结构	
Ⅴ	硬质岩,位于挤压强烈的断裂带内,裂隙杂乱,呈石夹土或土夹石状	呈角砾、矿石状松散结构	易坍塌,处理不当会发生大坍塌;侧壁常发生小坍塌,浅埋会出现地表沉陷或坍塌至地表
	一般第四系的半干硬~硬塑性黏土及稍湿~潮湿状碎、卵石土或 Q_3、Q_4 纪黄土	非黏性土呈松散状,黏性土呈松软状	
Ⅵ	石质围岩处于挤压极强断裂带内,呈角砾、砂、泥松软体	呈松软结构	极易坍塌变形,有水时土砂常与水一起涌出,浅埋时易坍塌至地表
	软塑状黏性土或潮湿粉砂土	黏性土呈蠕动松软结构,砂性土呈潮湿松软状结构	

（2）根据围岩特点，确定掘进形式。

隧道围岩分布的特点，一般洞口围岩的级别都比较高，多属于Ⅵ、Ⅴ或Ⅳ级；洞身的围岩级别要低一些，多是Ⅳ、Ⅲ、Ⅱ或Ⅰ级。洞口围岩类别低，应加强超前支护，用管棚、超前注浆锚杆等措施加固围岩，并提倡零开挖进洞。

围岩级别高，属Ⅳ、Ⅴ或Ⅵ级时，应采用中隔壁法（CD法）或交叉中隔壁法（CRD法）或双侧壁导坑法开挖；浅埋段大跨度隧道要严格控制地表沉降，应选用交叉中隔壁法（CRD法）开挖；Ⅳ级或Ⅴ级围岩的浅埋段，每循环进尺应控制在2榀钢架的长度以内。

围岩级别较低，属Ⅳ级或Ⅲ级时，采用弧形导坑预留核心土法，要严格按工序施工，尤其加强钢拱架的锁脚；如果是土质隧道，应以核心土为基础设置2根以上临时钢架支柱，撑住拱顶，核心土应根据监测结果滞后挖除。

Ⅰ级、Ⅱ级围岩采用台阶法开挖时，台阶的分界线应放在起拱线以上，不得低于起拱线，台阶的长度以10～20m为宜，尽量采用短台阶开挖；下台阶马口长度以不大于2榀钢架为宜，尽量早封闭成环。

5. 地质条件决定支护形式原则

隧道施工中地质情况千变万化，设计前的地质勘查不可能面面俱到，尤其是地层经开挖暴露，失去原来的平衡状态以后产生的新变化是地质勘探无法预先探明的。施工中初期支护的形式，如径向系统锚杆、挂网喷射混凝土支护、钢架联合支护形式等的采用，在尊重设计的同时，要具体情况具体分析，随地质情况变化而变化。

6. 软弱地质超前支护原则

按设计制订的超前支护方案，如超前小导管注浆、超前锚杆、超前钢花管注浆、大管棚超前支护等，都应在施工前或施工中落实到位，不能有半点马虎和麻痹大意，也不能有一丝一毫的侥幸心理。

7. 流水作业、配套施工原则

一般的隧道施工，都采用大型施工机械配套施工，如开挖出渣机械配套作业线、初期支护混凝土机械配套作业线、二次衬砌混凝土施工作业线等，应相互配合形成一条龙作业。

二、施工总体方案选择

根据隧道围岩类别及断面设计情况，结合施工单位现有技术装备力量和隧道施工经验，确定对于不同围岩类别的不同施工方案。

（1）对于Ⅰ、Ⅱ级围岩（坚硬、较坚硬，完整、巨整块体岩石），可采用台阶法或全断面开挖法施工；用锚杆、钢筋网、喷射混凝土支护或联合支护；隧道出渣采用无轨运输；衬砌混凝土施工采用机械化作业；二次衬砌采用混凝土运送罐车、输送泵和全断面液压衬砌台车相配合的方案。

（2）对于Ⅲ、Ⅳ级围岩（坚硬、较坚硬，较碎裂、碎裂岩体或整体软岩，或密实似岩状黏土），应采用导坑法或上弧形开挖预留核心土法施工；超前锚杆支护，格栅钢架辅助支护；隧道出渣采用无轨运输；衬砌混凝土采用机械化作业；二次衬砌采用混凝土施工运送罐车、输送泵和全断面液压衬砌台车相配合的方案。

（3）对于Ⅴ、Ⅵ级围岩（破碎、极破碎软岩，其他软岩石，渗水类土层或松散土层，或软塑状粉土、黏土等），可以采用长锚杆超前支护，或管棚超前支护，或注浆锚杆联合支护，或大管棚支护等方式对围岩进行预加固;用中隔壁法(CD 法)或交叉中隔壁法(CRD 法)施工;也可以采用盾构机全断面施工;格栅钢架加锚杆钢筋网喷射混凝土联合支护;隧道出渣采用无轨运输;衬砌混凝土采用机械化作业;二次衬砌采用混凝土输送车、输送泵和全断面液压衬砌台车相配合的方案。

三、隧道施工质量控制

隧道施工质量控制是保证隧道使用质量的前提。不管是公路隧道还是铁路隧道,或是地铁隧道,建成后常见的质量问题有:洞身渗漏、衬砌开裂、洞内装修剥落、结构尺寸侵界、衬砌背后空洞等,尤其是洞身渗漏最为常见。根据交通运输部统计,目前我国所有建成的公路隧道,洞身不渗漏的寥寥无几,衬砌开裂的情况也相当严重。由于这些质量问题,很多隧道提前大修,不仅花费了大量的人力、物力、财力,而且严重影响工程的正常使用。

保证每道工序的施工质量是保证整个工程质量的根本所在。分析以上质量问题产生的原因,不排除有设计的盲目性所致,但究其主要原因,施工质量存在一定的问题应是首要原因。把住施工过程中每一道工序的质量关,是保证整个工程质量的关键。在多道工序中只要有一道工序质量有问题,就会影响整个工程的质量。

四、隧道施工组织

(1)长大隧道一般都是采取两端对向开洞、双向同时开挖、中间合龙的方式施工。较短隧道也可以采取一端开洞、单向开挖的方式施工。特长隧道还可以利用水平横向支洞或竖井,采取三段、四段同时开挖使用,分段情况应随隧道的具体情况而定。对向开挖两段的合龙点应选择在围岩类别高的区域,并在贯通前加强联系。

(2)双向开挖的隧道可以将隧道施工分为两个工区,安排两个隧道专业机械化施工队;分多段施工的隧道也可以相应安排成多个工区,几个施工队同时独立施工。

(3)洞身开挖爆破作业的施工队伍必须具备相应资质,放炮工人必须具有上岗证。炸药、雷管安全管理符合安全规定,符合公安管理要求;炸药、雷管分设专门仓库,设专人管理,订立专项管理制度。

(4)因为隧道施工场地比较狭窄,钻眼、放炮、开挖、清运、初期支护、二次衬砌等,只能依次按顺序作业,不能同时进行。故应合理进行劳动组合,合理排定施工网络计划,认真计算网络节点参数,根据网络节点参数安排节点工期和实现节点工期。

(5)开洞明挖段,明挖断和洞口仰坡排水、洞口坡面防护、加固都是至关重要的工作。开洞以后要迅速完成上述工作,砌好洞口建筑,形成坚固稳定的洞口。

(6)合理安排施工场地、施工用水、用电、通风。一般可以隧道口的平坦开阔地作为施工用地,安排进出道路和出渣通道。就近接好高压电源、配电房。洞外线路及洞内线路敷设都要预先制订方案。施工用水和洞内排水相结合,能利用时尽量利用,不能利用时或满足不了需要时,应就近找好水源。制订切实可行的洞内通风方案,安排好风机机房位置和通风管道安装。

3.2　洞口及明洞施工方案拟订

某隧道洞口及明洞段设计剖面示意图见图 3-1。

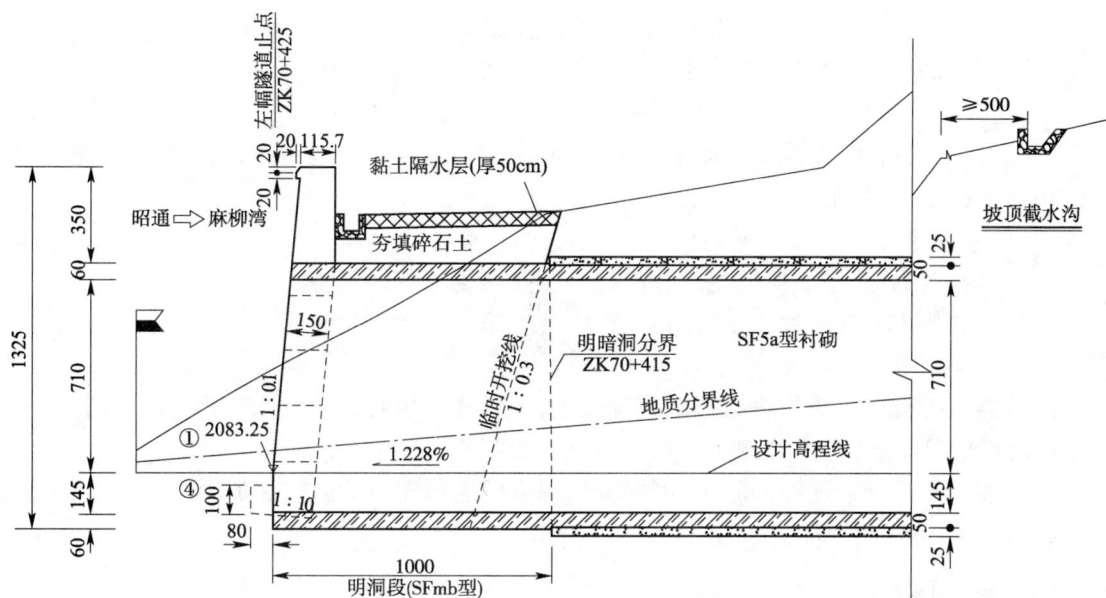

图 3-1　某隧道洞口及明洞段设计剖面示意图(尺寸单位:除里程、高程按 m 计外,其他均以 cm 计)

一、施工准备

(1)隧道洞口开挖前,先对洞口段地形地貌进行复测,认真调查地质情况,并编制隧道进洞专项施工方案。严禁大开大挖,监理工程师应组织设计、施工单位进行专项审查。

(2)隧道进出口联测已完成,且贯通误差符合规范要求;测放出进洞控制桩,并保护好;边仰坡开挖边线、明暗洞交界里程等测量放样已按规程完成。

(3)洞顶截水沟已砌筑完成,洞口初步形成畅通的洞口排水系统。

(4)对洞口情况已进行了详细调查,如洞口的地形,有无不良地质或偏压,植被分布情况,征地拆迁情况,对地表沉降要求严的构筑物分布及结构特点,洞口及附近的地表水系对隧道施工的影响程度,洞口土体含水率、塑性指数等原始参数等。

(5)洞顶沉降观测点、基点已布设完成,并取得第一组数据。

(6)机械设备及人员均已到位,材料已完成报验。

二、一般要求

(1)积极推广"零开挖进洞"理念。隧道洞顶截水沟以内植被禁止砍伐破坏,分离式隧道中间山体应尽可能保护。

(2)隧道进洞前,二次衬砌台车必须进场。

(3)洞口设有明洞且洞口地质情况相对较好的隧道,可按先进暗洞,由内向外施作洞口明洞模筑衬砌,再进行洞身段开挖、初支、二衬施工。

(4)当洞口围岩条件很差时,要严格控制进洞施工顺序,并应在完成套拱和超前大管棚后,立即进行明洞主体模筑衬砌施工,然后再进行暗洞浅埋段施工。

(5)应在隧道二次衬砌施工完成 50m(含明洞)后立即进行洞门及边仰坡绿化工程的

— 29 —

施工。

（6）隧道洞口场地必须进行混凝土硬化处理,要求使用20cm厚石渣垫层,汽车运输通道还必须采用20cm厚的C20混凝土作为面层。可考虑将洞口段路基基层设置为混凝土基层,提前施作。

（7）洞口前的桥梁、涵洞及路基等相关工程应及时安排施工。及时完成洞口前的路基施工,为隧道施工提供场地。

（8）施工宜避开雨季及严寒季节。

（9）隧道与相邻路基断面的宽度和高程差应在路基范围内调整。

（10）紧邻洞口的桥、涵、路基挡护等工程的施工,应结合隧道施工场地布置,及早完成。

（11）洞口工程施工应采取微振动控制爆破,邻近建筑物时,应对建筑物下沉、倾斜、裂缝以及振动等情况作必要的监测。

（12）洞口邻近交通道路的施工,因采取确保道路通行安全的防护和加固措施,应对道路沉降、边坡稳定等进行监测。

三、施工工序

洞口与明洞工程的施工程序为:洞顶截水沟开挖、砌筑→洞口其他排水工程→洞口土石方开挖（路基填筑）→边仰坡及成洞面临时防护（二衬台车进场）→洞口套拱、管棚棚架式体系等辅助进洞措施施工→明洞基础及洞口段路基硬化→洞身施工→明洞防排水施工→明洞回填→洞门施工。

四、施工要点

1. 洞口土石方开挖

（1）洞口边坡、仰坡开挖应尽量保护原生态植被。

（2）洞口土石方开挖宜避开降雨期,如确需在雨季施工时,应制订严密的使用方案和防护措施,同时应加强对山坡稳定情况的监测、检查。

（3）对洞门端墙处的土石方,应视地层稳定程度、洞口施工季节和隧道施工方法等选择施工时机和施工方法。

（4）洞口边坡、仰坡土石方的开挖应减少对岩土体的扰动,严禁采用大爆破。边坡和仰坡上可能滑塌的表土、灌木以及边坡和仰坡上的浮石、危石要清除或加固,坡面凹凸不平应予以整修平顺。

（5）应在进洞前按设计要求对地表及仰坡进行加固防护;松软地层开挖边、仰坡时,宜随挖随支护,随时监测、检查山坡稳定情况。当洞口可能出现地层滑坡、崩塌时,应及时采取预防和稳定措施稳定坡体,确保施工安全。可采取地表砂浆锚杆、地表注浆、预应力锚杆（索）等辅助工程措施或路基施工中稳定边坡的措施。

（6）偏压洞口施工应做好支挡、反压回填等工作后再开挖。开挖方法应结合偏压地形情况选定,不得因人为因素加剧偏压。

（7）洞口边坡及仰坡采用明挖法施工,自上而下分阶段、分层进行开挖。第一阶段挖至设计临时成洞面,并视围岩情况,结合暗洞开挖方法,预留进洞台阶;第二阶段开挖其余部分,形成永久边仰坡。不得掏底开挖或上下重叠开挖。洞口有邻近建（构）筑物时,应采取微振动控制爆破。

（8）洞口边仰坡排水系统应在雨季之前建成。隧道排水应与洞外排水系统合理连接，不得侵蚀软化隧道和明洞基础，不得冲刷洞口前路基边坡及桥涵锥坡等设施。

（9）洞口永久性挡护工程应紧跟土石方开挖及早完成。地基承载力应满足设计要求。

（10）洞口仰坡上方洞身范围内禁止修建施工用水池。

（11）进洞前必须完成应开挖的土石方。废弃的土石方，应堆放在指定的地点，不得堆置在边坡、仰坡上方。

2. 排水工程

（1）洞外排水工程包括边坡和仰坡外的截水沟、排水沟和洞口排水沟、涵管组成的排水系统，所有开挖与铺砌除按图纸施工外，还应符合《高速公路施工标准化技术指南　第二分册　路基工程》中砌石工程的规定。

（2）边坡、仰坡外的截水沟或排水系统应于洞口土石方开挖前完成，防止地面水冲刷而导致边坡、仰坡落石、塌方。截水沟及排水沟的上游进水口应与原地面衔接紧密或低于原地面，下游出水口应妥善引入排水系统。

（3）边坡、仰坡以外的山体表面，如有坑洼积水时，应按设计要求予以处理，但不得用土石方填筑，以免流失堵塞排水沟渠，影响洞口安全。

（4）路堑两侧边沟应与排水设施妥善连接，使排水畅通。

（5）反坡施工洞口，施工期间洞口应设渗水盲沟，并将两侧排水沟于洞口部位设浆砌片石隔墙和洞外隔离。

3. 坡面临时防护

（1）由于洞口边仰坡开挖成型距洞门完成、永久防护到位间隔时间较长，应结合工程所在地气候特点，为防止地表水渗入开挖面，保证此间洞口坡体的稳定性，采取如锚喷网等工程措施予以防护。洞口土石方开挖完成，应随之及时进行防护。

（2）坡面临时防护施工前，应将岩面浮渣及危岩清除干净并用高压风将坡面清理干净。

（3）锚杆施工时，应先在坡面上确定锚杆位置，并控制钻孔方向进行钻孔，孔深和孔径应符合设计要求。钻孔完毕应将孔内岩粉吹干净。

（4）如坡体含水率较大或有地下水，坡面渗漏水较多，应增设泄水孔或平孔排水。

4. 进洞辅助措施

进洞辅助措施包括超前管棚、超前小导管等。超前管棚推荐采用履带式潜孔钻机，如图3-2所示。辅助工程措施所用钢筋、钢管等材质，环向间距、纵向搭接长度和方向等布设参数，以及锚固所用材料均须符合设计及规范要求。

采用注浆施工，施工单位注浆前应认真分析围岩性质，选择合理的注浆设备、材料和施工工艺。监理工程师

图 3-2　履带式潜孔钻机

进行旁站,记录单孔注浆压力和单孔实际注浆量,记录内容必须包括以下内容:施作里程范围、小导管(管棚)根数及长度、最大单根注浆量、最小单根注浆量、总注浆量、注浆控制压力。对小导管、管棚的安装和注浆应有影像资料。

套拱基础应设置在符合图纸要求且稳固的地基上,地基承载力应满足设计要求,基坑的渣体杂物、风化软层和积水应清除干净。另外,应加强套拱内预埋的孔口管定向、定位控制,严格按设计确定其上抬量和角度,确保钻孔定位准确。

洞口套拱+超前小导管(超前管棚)的棚架式体系是洞口山体坡脚切方后保证坡脚稳定的重要措施。当洞口地质很差且覆盖层很薄时,采用超前管棚支护,洞口设混凝土套拱,稳定坡脚且兼做管棚导向墙,具体施工过程如图 3-3 所示。

a)安装套拱导向管、绑扎钢筋

b)套拱堵头模板安装

c)套拱模板加固及泵管安装

d)套拱拆模后施钻管棚孔

e)钢拱架、小导管、钢筋网标准施工

f)套拱施作完成

图 3-3 "洞口套拱+超前管棚"支护体系施工实景图

5. 明洞工程

1）边墙施工

（1）明洞边墙基础应设置在符合图纸要求且稳固的地基上，地基承载力满足设计要求，基坑的渣体杂物、风化软层和积水应清除干净。严禁超挖回填虚土。

（2）偏压和单压明洞的外边墙基底，在垂直路线方向应按设计要求挖成一定坡度、向内的斜坡，以提高基底的抗滑力。如基底松软，应采取措施增加基底承载力。

（3）深基础开挖，应注意核查地质条件，如挖至设计高程，不符合图纸要求时，应提出变更设计。

（4）基础施工完成后应及时回填，避免雨水等侵蚀地基。

2）明洞衬砌及防水

（1）明洞衬砌及防水的施工要点可参照洞内二次衬砌，明洞衬砌与暗洞衬砌设施应连接良好。

（2）明洞拱圈外模拆除、拱圈混凝土达到设计强度的50%后，应及时按设计规范要求施作防水层及拱脚纵向排水管、环向盲沟，防水板应向隧道内延伸不小于0.5m，并与暗洞防水板连接良好。

3）明洞回填

（1）拱圈混凝土达到设计强度，拱圈背防水设施完成后，方可回填拱背土方。

（2）明洞段顶部回填土方应对称分层夯实，每层厚度不得大于0.3m，两侧回填的土面高差不得大于0.5m；底部应铺填0.5～1.0m厚碎石并夯实；回填至拱顶后应分层铺满填筑，顶层回填材料宜采用黏土以利于隔水。明洞黏土隔水层应与边坡、仰坡搭接良好，封闭紧密。墙背与岩（土）壁之间的回填应符合设计要求，不得任意抛填土石。

（3）使用机械回填时，拱圈混凝土强度应达到设计强度，且需先用人工填筑夯实回填至拱顶以上1.0m后，方可使用机械施工。

6. 洞口工程

（1）隧道洞口应尽可能减弱人工痕迹，洞口应与自然景观相协调。可适当在洞口种植高大树木，降低洞口亮度，使光线明暗自然过渡。

（2）洞门基础开挖应注意基坑的支护，基础必须置于稳固的地基上，地基承载力满足设计要求，应做好防水、排水工作，防止基底被水浸泡。基坑废渣、杂物等必须清除干净。

（3）洞门端墙应与隧道衬砌紧密连接。洞门端墙的砌筑（或浇筑）与墙背回填，应两侧同时进行，防止对衬砌产生偏压。

（4）洞门建筑完成后，洞门以上仰坡坡脚如有损坏，应及时修补，确保坡顶以上的截水沟、墙顶排水沟及路堑排水系统完好、连通。

（5）隧道明洞回填、洞门施工完成后，应及时做好洞口边坡及仰坡的地表恢复，应符合环境保护要求，做好水土保持。

（6）隧道洞门结构形式包括端墙式、翼墙式、台阶式、柱式、削竹式、喇叭口式等多种，如图3-4所示。

不同结构形式的洞门其施工工艺流程都有所不同，一般都应遵循以下规定：

①洞门采用料石砌筑时应分层砌筑。

②砌筑砂浆按试验确定的配合比,机械拌制。

a)端墙式洞门

b)翼墙式洞门

c)台阶式洞门

d)柱式洞门

e)削竹式洞门

f)喇叭口式洞门

图3-4 隧道洞门结构形式

③砌体施工过程中应及时按设计布置泄水孔,对个别出水点要及时将水引出,并做好墙背后反滤层、排水盲沟等。

④砌体的大面要平整,缝宽要一致。条石外露面的尺寸为60cm×30cm,丁石外露面的尺寸为30cm×30cm,缝宽为2cm。

⑤隧道洞门严禁粘贴石板材或人造板材。

图3-5所示为端墙式洞门施工工艺流程图。

```
┌─────────────────┐
│    施工准备      │
└────────┬────────┘
         ↓
┌─────────────────┐
│   截、排水沟施工  │
└────────┬────────┘
         ↓
┌─────────────────┐
│ 洞口段及洞门基础开挖 │
└────────┬────────┘
         ↓
┌─────────────────┐                              不符合设计要求
│   基底承载力检测  │──────────────────────────────────┐
└────────┬────────┘                                   │
         │ 符合设计要求                                  │
         ↓                                            ↓
┌─────────────────┐              ┌─────────────────┐
│  绑扎钢筋、模板安装 │◄─────────────│   基底处理加固    │
└────────┬────────┘              └─────────────────┘
         ↓
┌─────────────────┐
│   预留孔洞检查    │
└────────┬────────┘
         ↓
┌─────────────────┐
│  浇筑钢筋混凝土   │
└────────┬────────┘
         ↓
┌─────────────────┐
│      拆模        │
└────────┬────────┘
         ↓
┌─────────────────┐
│   衔接排水设施    │
└────────┬────────┘
         ↓
┌─────────────────┐
│   施作洞门铭牌    │
└─────────────────┘
```

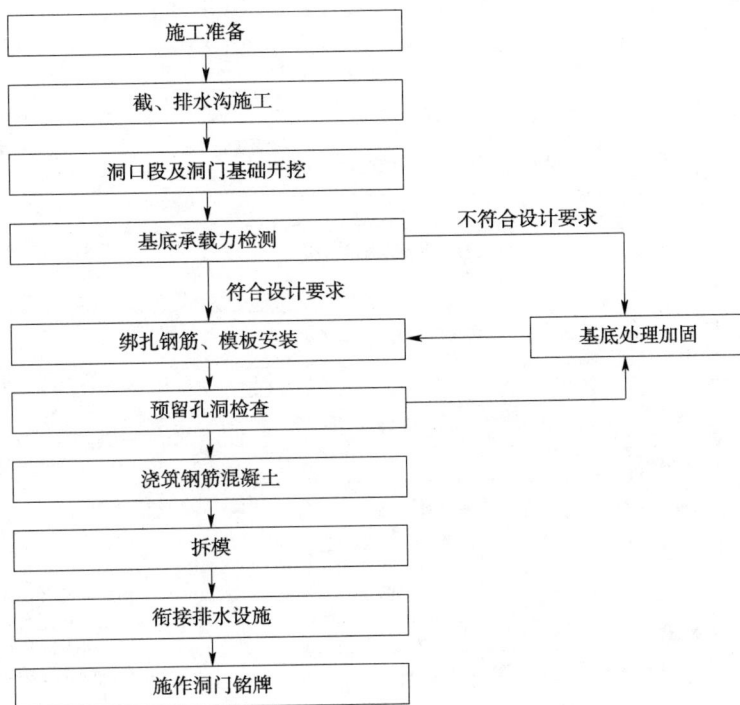

图 3-5　端墙式洞门施工工艺流程图

3.3　洞身施工方案拟订

洞身施工包括洞身开挖、初期支护、仰拱与铺底、洞身防排水、二次衬砌及洞内路面及附属设施施工等工作内容。各工序间相互衔接、相互影响。

一、总体施工工序

一般分离式隧道总体施工工序如图 3-6 所示。
连拱隧道总体施工工序如图 3-7 所示。

二、洞身开挖

洞身开挖应根据隧道长度、断面大小、结构形式、工期要求、机械设备、地质条件等,选择适宜的开挖方案,包括开挖顺序、爆破、施工照明、通风、排水、支护、出渣等。为了最大限度地利用围岩自承能力,必须采用有利于减少超挖、减少围岩扰动的开挖方法进行洞身开挖。

开挖前,技术负责人对现场管理人员及作业工作进行全面的技术交底,开挖时应严格按照审核批准的开挖方案组织开挖。

1. 开挖方法

开挖方案应具有较大适应性,且必须与支护、衬砌施工相协调。需变换开挖方法时,应有过渡措施。根据《公路隧道施工技术细则》(JTG/T F60—2009),目前公路隧道施工常用开挖方法主要包括以下几种,其开挖、支护顺序如表 3-2 所示。

浅埋段开挖超过50m必须进行浅埋段二衬及明洞模筑衬砌施工

根据围岩条件和量测情况合理选择支护参数

洞口及洞内软岩段二次衬砌尽早施工,其他段落根据监控量测结果适时施工,一般情况下二衬距掌子面距离不超过200m

```
┌─────────────────────────────┐
│        开工前施工准备         │
└──────────────┬──────────────┘
               ↓
┌─────────────────────────────┐
│ 洞顶截水沟开挖、砌筑及洞口排水 │
└──────────────┬──────────────┘
               ↓
┌─────────────────────────────┐
│    洞口土石方开挖及临时防护    │
└──────────────┬──────────────┘
               ↓
┌─────────────────────────────┐
│ 套拱、超前管棚等进洞辅助措施施工│
└──────────────┬──────────────┘
               ↓
┌─────────────────────────────┐
│ 浅埋段开挖、初期支护及仰拱施工 │
└──────────────┬──────────────┘
               ↓
┌─────────────────────────────┐      ┌──────────────────┐
│ 浅埋段及洞口明洞模筑衬砌施工    │─────→│ 洞门及其附属工程施工│
└──────────────┬──────────────┘      └──────────────────┘
               ↓
┌─────────────────────────────┐
│      洞身开挖及排水           │←──┐
└──────────────┬──────────────┘   │
               ↓                   │
┌─────────────────────────────┐   │
│      洞身初期支护             │   │
└──────────────┬──────────────┘   │
               ↓                   │
┌─────────────────────────────┐   │
│      仰拱和铺底               │   │
└──────────────┬──────────────┘   │
               ↓                   │
┌─────────────────────────────┐   │
│      洞身防排水设施           │   │
└──────────────┬──────────────┘   │
               ↓                   │
┌─────────────────────────────┐   │
│      模筑二次衬砌             │───┘
└──────────────┬──────────────┘
               ↓
┌─────────────────────────────┐
│      洞内路面及附属工程       │
└─────────────────────────────┘
```

初支紧随开挖面及时施作,减少围岩暴露时间,抑制围岩变形,并及时进行复喷,硬岩地段复喷作业距掌子面不得超过60cm

仰拱和铺底应及时成环

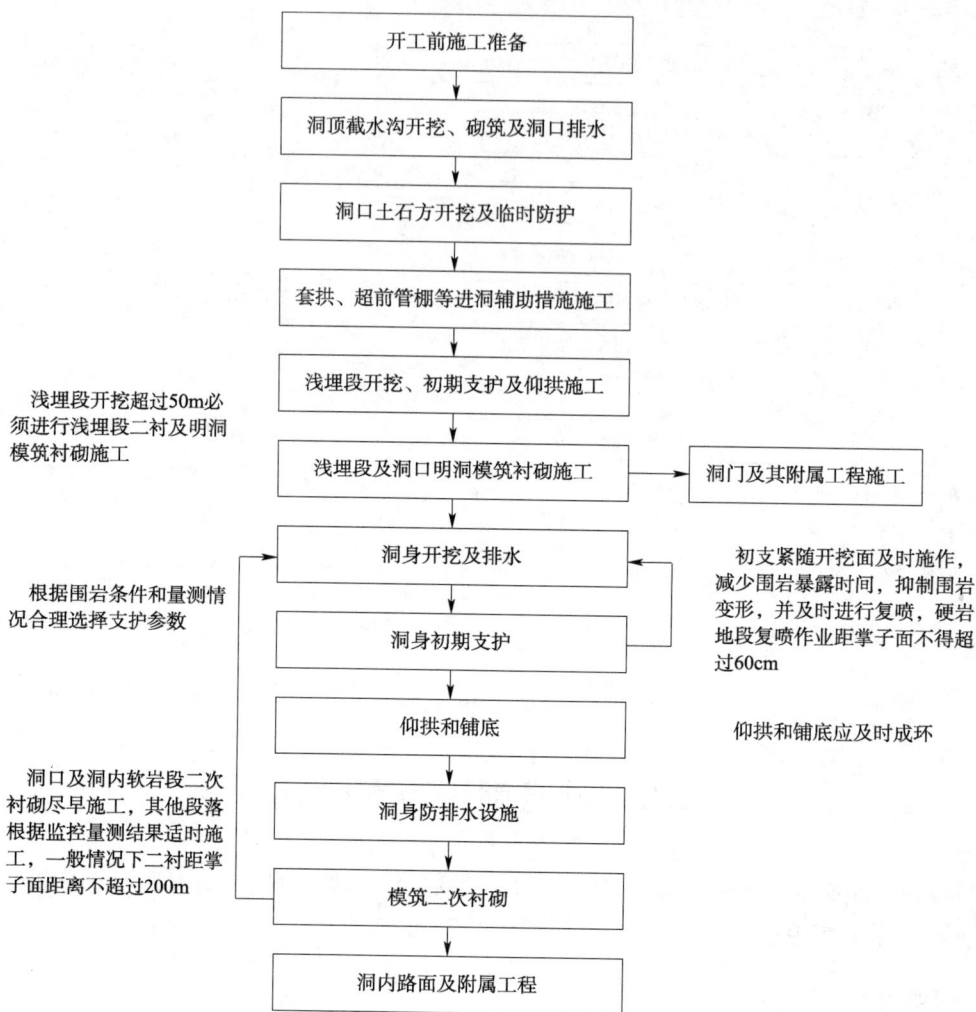

图 3-6　一般分离式隧道总体施工工序

2. 开挖方法比选原则

（1）可行性。隧道工程开挖方法是根据设计资料和设计文件要求确定的,在施工过程中,有可能地质条件发生变化,随之开挖方法也需要变化。无论哪一种方法,都必须考虑施工单位的现场具体施工条件、施工能力和资源状况、施工水平、技术人员及作业人员的综合素质、资金供应和周转状况。经全面考虑、选择的开挖方法才是切实可行的。

（2）安全性。由于提供的地质资料的精度不高、不全面,隧道工程在施工过程中若遇到地质条件变化较大的情况,难免发生由于地质条件突变等因素造成的安全事故。所以,在选择开挖方法时,必须从施工安全可靠的角度出发,减少地质灾害。

（3）工期可控性。采用先进的隧道开挖方法,可以加快隧道工程修建的速度,从而缩短工程的工期,降低成本。

（4）经济性。隧道开挖方法的经济性表现在不同开挖方法的施工成本上。施工单位承包隧道工程的目的是盈利,而不是亏损。隧道工程的经济性是决定选择开挖方法的重要条件和原则,是不可缺少的。

```
┌─────────────────────────────────────────────────────────────┐
│                    开工前施工准备                              │
└─────────────────────────────────────────────────────────────┘
        │                              │
        ▼                              ▼
┌─────────────────────┐      ┌─────────────────────┐
│ 进洞口洞顶截水沟及洞口排水 │      │ 出洞口洞顶截水沟及洞口排水 │
└─────────────────────┘      └─────────────────────┘
        │                              │
        ▼                              ▼
┌─────────────────────┐      ┌─────────────────────┐
│  进口进洞辅助工程措施施工  │      │  出口进洞辅助工程措施施工  │
└─────────────────────┘      └─────────────────────┘
        │                              │
        ▼                              ▼
┌─────────────────────┐      ┌─────────────────────┐
│   进口土石方开挖及防护   │      │   出口土石方开挖及防护   │
└─────────────────────┘      └─────────────────────┘
        │                              │
        ▼                              ▼
┌─────────────────────┐      ┌─────────────────────┐
│   进口段中导洞开挖    │      │   出口段中导洞开挖    │
└─────────────────────┘      └─────────────────────┘
        │                              │
        └──────────────┬───────────────┘
                       ▼
        ┌─────────────────────────────┐
        │    中导洞贯通，中隔墙浇筑       │
        └─────────────────────────────┘
```

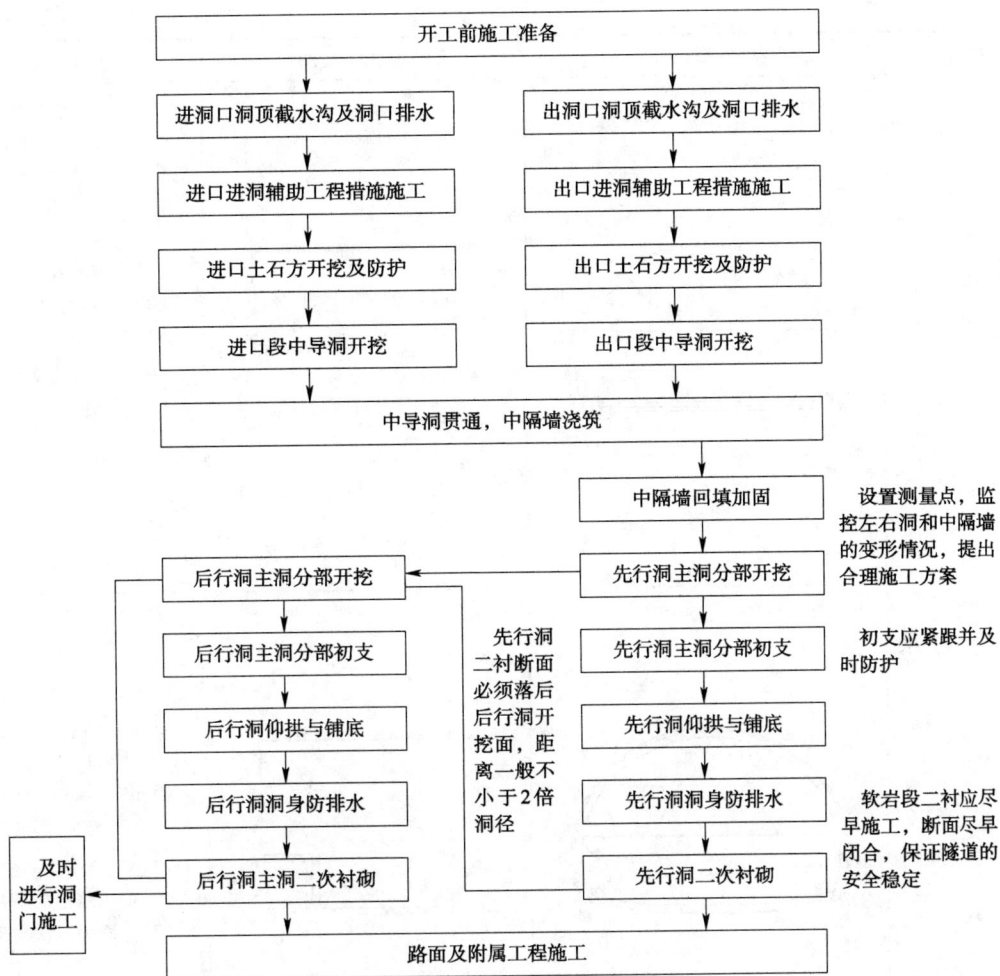

图 3-7　连拱隧道总体施工工序

中隔墙回填加固 — 设置测量点，监控左右洞和中隔墙的变形情况，提出合理施工方案

后行洞主洞分部开挖 ← 先行洞主洞分部开挖

后行洞主洞分部初支 — 先行洞主洞分部初支 — 初支应紧跟并及时防护

后行洞仰拱与铺底 — 先行洞仰拱与铺底

后行洞洞身防排水 — 先行洞洞身防排水 — 软岩段二衬应尽早施工，断面尽早闭合，保证隧道的安全稳定

后行洞主洞二次衬砌 — 先行洞二次衬砌

及时进行洞门施工

路面及附属工程施工

先行洞二衬断面必须落后后行洞开挖面，距离一般不小于2倍洞径

隧道主要开挖方法及开挖、支护顺序　　　　　　表 3-2

开挖方法	横断面示意图	纵断面示意图	施工顺序说明
全断面开挖			(1)全断面开挖； (2)初期支护； (3)全断面二次衬砌

开挖方法	横断面示意图	纵断面示意图	施工顺序说明
台阶法			(1)上台阶开挖； (2)上台阶初期支护； (3)下台阶开挖； (4)下台阶初期支护； (5)全断面二次衬砌
环形开挖留核心土法			(1)上弧形导坑开挖； (2)拱部初期支护； (3)预留核心土开挖； (4)下台阶中部开挖； (5)下台阶侧壁部开挖； (6)仰拱超前浇筑； (7)全断面二次衬砌
双侧壁导坑法（眼镜法）			(1)左(右)导坑开挖； (2)左(右)导坑初期支护； (3)右(左)导坑开挖； (4)右(左)导坑初期支护； (5)上台阶开挖； (6)上台阶初期支护、导坑侧壁拆除； (7)下台阶开挖； (8)仰拱初期支护； (9)仰拱超前浇筑； (10)全断面二次衬砌

开挖方法	横断面示意图	纵断面示意图	施工顺序说明
中隔壁法（CD法）			(1)先行导坑上部开挖； (2)先行导坑上部初期支护； (3)先行导坑中部开挖； (4)先行导坑中部初期支护； (5)先行导坑下部开挖； (6)先行导坑下部初期支护； (7)后行导坑上部开挖； (8)后行导坑上部初期支护； (9)后行导坑中部开挖； (10)后行导坑中部初期支护； (11)后行导坑下部开挖； (12)后行导坑下部初期支护； (13)仰拱超前浇筑； (14)全断面二次衬砌
交叉中隔壁法（CRD法）			(1)左侧上部开挖； (2)左侧上部初期支护； (3)左侧中部开挖； (4)左侧中部初期支护； (5)右侧上部开挖； (6)右侧上部初期支护； (7)右侧中部开挖； (8)右侧中部初期支护； (9)左侧下部开挖； (10)左侧下部初期支护； (11)右侧下部开挖； (12)右侧下部初期支护； (13)仰拱超前浇筑； (14)全断面二次衬砌

在当前的施工实践中,从工程造价和施工的速度考虑,施工方法的选择顺序应为:全断面法→台阶法→中隔壁法(CD法)→交叉中隔壁法(CRD法)→双侧壁导坑法(眼镜法)。如果仅仅从施工安全方面考虑,上述所选择顺序应反过来。如何正确选择施工方法,应根据实际情况综合考虑,但必须符合快速、安全、质量及环境的要求,达到规避风险、加快施工进度与节约投资的目的。隧道开挖方法比选示意图如图3-8所示。

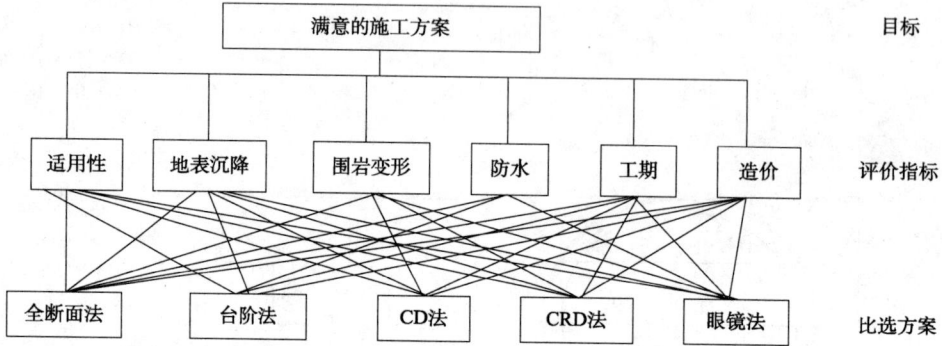

图3-8　隧道开挖方法比选示意图

3. 钻爆作业

钻爆作业是洞身开挖过程中的关键工序,应按照钻爆设计进行。

1)施工工艺

钻爆作业工艺流程如图3-9所示。

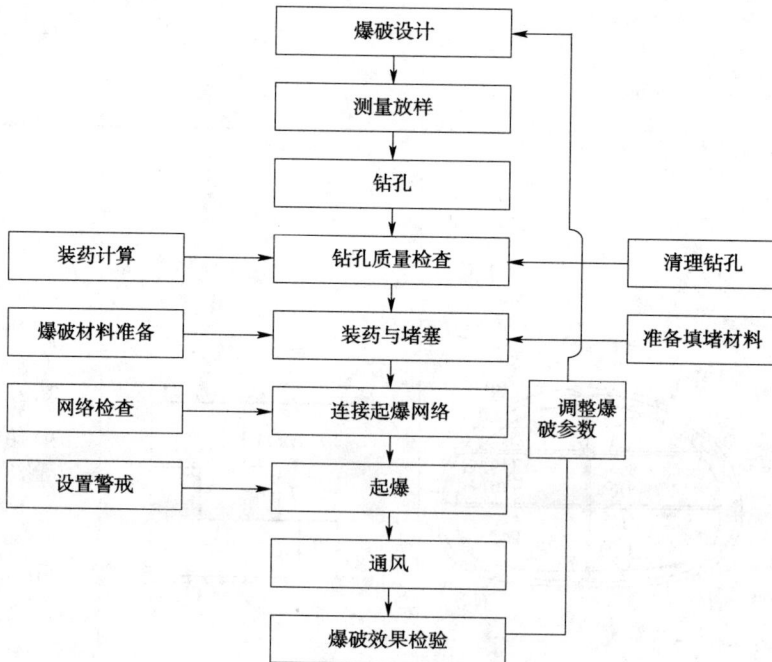

图3-9　钻爆作业工艺流程

2)机械设备选型配套

(1)机械设备应本着"性能先进、配套合理、着重工效"的原则,按大断面(长)隧道机械化施工技术要求选型配套。一般要求如下:一是开挖能力大于施工要求能力;二是装渣能力大于开挖能力；三是运输能力大于装渣能力；四是设备配置的富余系数不宜过大(一般 >1.2)，以避免造成部分设备能力的浪费。

(2)一般隧道大断面开挖可采用多层钻孔平台(图 3-10)，配 12～18 台风动凿岩机钻孔。对于长度大于 5km 或单向掘进超过 2km 的长大隧道，应优先采用性能先进的液压钻孔台车(图 3-11)进行施工。

图 3-10　掌子面多层钻孔平台

图 3-11　液压钻孔台车

使用液压钻孔台车时要重点解决好以下几个问题：①制订合理的机械台班费用；②多方面挖潜节流，降低使用成本；③做好维修保养工作，确保正常使用；④做好配件采购工作，确保及时供应；⑤提高操作人员的专业水平和素质，确保施工质量；⑥台车钻爆工作一体化，提高工作效率。

(3)出渣运输设备的选型配套应保证机械设备充分发挥其功能，并应使出渣能力、运输能力与开挖能力相适应，应使装运能力大于最大开挖能力。出渣方式有无轨运输和有轨运输两种，如图 3-12、图 3-13 所示。长隧道无轨运输出渣，宜配备大功率、大容量、性能先进的装运机械设备，加快施工进度。独头掘进 2km 以内的隧道一般采用无轨运输出渣；独头掘进超过 2km，应根据通风方案、辅助坑道来确定出渣方式。

(4)掘进 150m 以上，隧道施工必须实施管道通风。通风方式及风机功率应能满足使用要求。

图 3-12　装载机配合自卸汽车(无轨运输)

图 3-13　装渣机配合矿车及电瓶车(有轨运输)

三、初期支护与辅助工程措施

初期支护应配合开挖作业及时进行，确保围岩稳定及施工安全。当掌子面自稳能力差时,应采取增加辅助工工程措施或改变开挖方法等措施。软弱围岩地段施工必须坚持"先支护(强支护)、后开挖(短进尺、弱爆破)、快封闭、勤量测"的施工原则,初期支护紧跟掌子面。Ⅳ~Ⅵ级围岩初期支护在未落底前,应采用加强锁脚,同时应保证尽早封闭成环。

隧道支护宜根据现场监控量测结果,分析施工中的各种信息,及时调整支护措施和支护参数。施工中应做好地质描述、超前地质预报,根据围岩条件的变化,因地制宜,提前采取相应措施,做到安全可靠、经济合理。在浅埋、偏压、自稳性差的地段以及大面积淋水或涌水地段施工时,应采用稳定地层和处理涌水的辅助工程措施。

隧道施工作业人员应配备必需的安全防护用具(如安全帽、安全带、口罩、绝缘防滑鞋等)和安全防护服装,安全防护用具和安全防护服装的使用、采购和管理应符合《公路水运工程安全生产监督管理办法》的规定。此外,作业人员的皮肤应避免与速凝剂、树脂胶泥等化学制剂直接接触,严禁树脂接触明火,作业区粉尘浓度必须符合相关规定及规范的要求。

1. 喷射混凝土

喷射混凝土不得采用干喷工艺,宜在软弱及有水地层采用湿喷工艺施工,在硬岩少水地层采用湿喷工艺施工。鼓励采用混凝土喷射机(图3-14)进行喷射混凝土施工,液体速凝剂应采用环保无碱速凝剂。喷射混凝土配合比应通过试验确定,并满足设计强度和喷射工艺的要求。

隧道开挖后应及时初喷,硬岩地段复喷作业距离掌子面不得大于60m,软岩地段初期支护应紧跟掌子面。在每一开挖面应始终最少有一台可正常操作的喷浆机组,在使用前应经检查并批准。还应配备备用设备,当出现故障时,能立即投入使用,保证施工的连续性和及时性。

喷射混凝土施工工序如图3-15所示。

混凝土原材料包括水泥、粗集料、细集料、外加剂、速凝剂、水以及外掺料等,所有材料均需符合规范及设计要求。

图3-14　混凝土喷射机

2. 锚杆施作

为保证拱部锚杆的施作质量,要求对拱部锚杆采用专门的锚杆机(图3-16)进行施作,锚杆机性能必须适合硬岩条件下的钻孔要求,侧墙及拱腰部位可采用一般气腿式凿岩机(图3-17)钻孔。所有锚杆都必须安装垫板,垫板应与混凝土紧密接触。锚杆施工应在初喷后及时进行。Ⅳ、Ⅴ级围岩系统锚杆的尾端应预留足够长度,确保锚杆垫板能够在复喷完成后安装。锚杆施作位置用红漆进行标识,以便于锚杆质量检测。锚杆头采用专用防护套保护,避免刺破防水板。

隧道现场监理工程师应准备锚杆验收专用记录本。对每次锚杆的检查验收,应详细注明锚杆施作的里程桩号、围岩等级、锚杆施作情况、设计数量、实做数量等。每期锚杆计量必须附隧道现场监理工程师签认的锚杆验收记录复印件。隧道锚杆严禁"长杆短做、以短代长"等作弊行为。

```
                                    ┌─────────────────────────┐
                                    │   设备配备及劳力组织方法   │
                                    ├─────────────────────────┤
              ┌─────────┐           │  混凝土制备运输方案、喷射方法 │
              │ 方案报批 │───────────┤─────────────────────────┤
              └────┬────┘           │    喷混凝土试验配合比报批   │
                   │                ├─────────────────────────┤
                   │                │      材料试验报告        │
                   │                └─────────────────────────┘
                   │                ┌─────────────────────────┐
                   ↓                │    材料、机具、劳力准备    │
              ┌─────────┐           ├─────────────────────────┤
              │ 施工准备 │───────────┤      风、水、电准备       │
              └────┬────┘           ├─────────────────────────┤
                   │                │       断面检查         │
                   │                ├─────────────────────────┤
                   │                │       清洗岩面         │
                   ↓                └─────────────────────────┘
              ┌─────────┐           ┌─────────────────────────┐
              │ 混凝土制备 │──────────┤     强制式拌和机拌和     │
              └────┬────┘           ├─────────────────────────┤
                   │                │      分次投料拌和       │
                   ↓                └─────────────────────────┘
              ┌─────────┐           ┌─────────────────────────┐
              │ 混凝土运输 │──────────┤     混凝土输送车运输     │
              └────┬────┘           └─────────────────────────┘
                   ↓
              ┌─────────┐
              │  湿喷机  │
              └────┬────┘
                   ↓
              ┌─────────┐           ┌─────────────────────────┐
              │  初喷   │           │   先墙后拱、分层、分区进行   │
              └────┬────┘           ├─────────────────────────┤
                   │────────────────┤    S形运动、螺旋状喷射     │
              ┌─────────┐           ├─────────────────────────┤
              │  复喷   │           │    首层着重填平、补齐     │
              └────┬────┘           └─────────────────────────┘
                   ↓                ┌─────────────────────────┐
              ┌─────────┐           │   混凝土强度检验：压试件   │
              │ 质量检查 │───────────┤─────────────────────────┤
              └────┬────┘           │     其他项目质量检查     │
                   ↓                └─────────────────────────┘
              ┌─────────┐
              │  结束   │
              └─────────┘
```

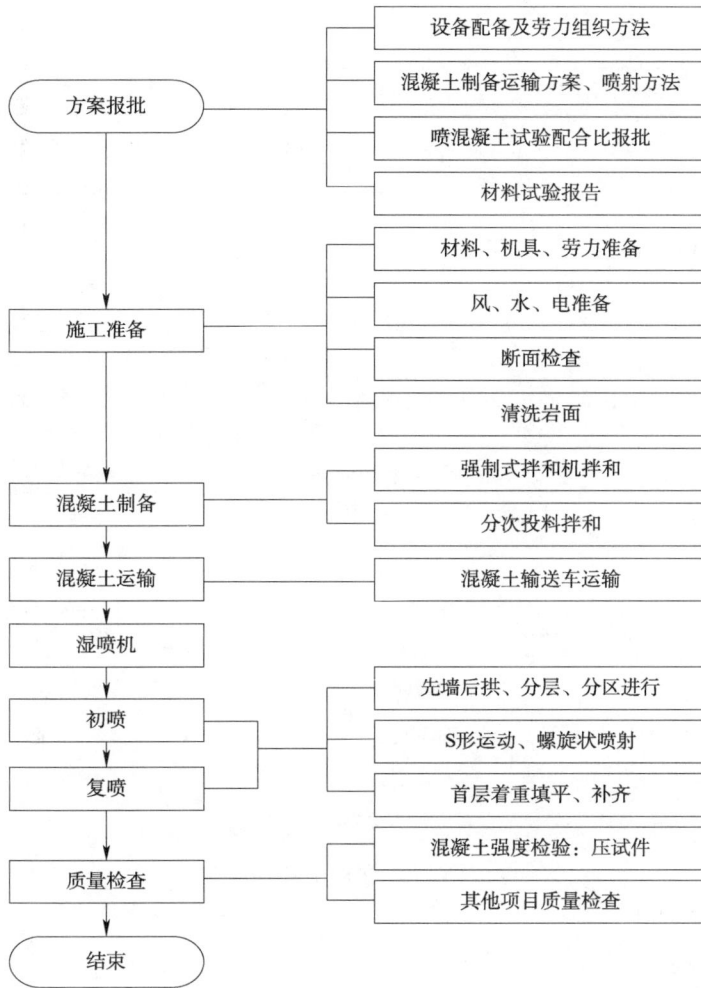

图 3-15　喷射混凝土施工工序

图 3-16　锚杆机

图 3-17　气腿式凿岩机

　　对中空锚杆的注浆,监理工程师必须有旁站记录,严禁未注浆行为。中空注浆锚杆施工工序如图 3-18 所示,其他种类的锚杆施工工序基本相同,可参照执行。

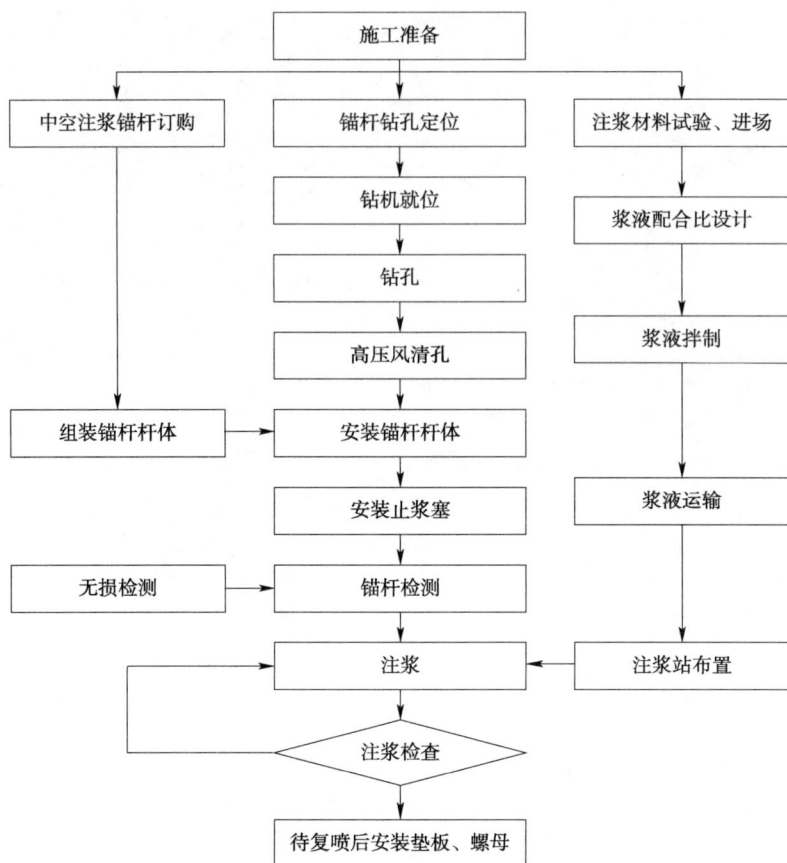

图 3-18　中空注浆锚杆施工工序

3. 钢架制作及安装

钢架应分节段制作,每节段长度应根据设计尺寸及开挖方法确定,不宜大于 4m。每片节段应编号,注明安装位置。型钢钢架宜采用冷弯法制作成型。钢架节段可采用工厂化加工制作方案,亦可在现场加工制作。现场加工的格栅钢架应按 1:1 胎模控制尺寸,所有钢筋节点必须采用焊接,如图 3-19 所示。

a)钢架弯曲、切割

b)接头钢板焊接

图 3-19　钢架制作

拱架接头钢板厚度及螺栓规格必须符合设计要求。接头钢板螺栓孔必须采用机械钻孔,孔口采用砂轮机清除毛刺和钢渣,要求每榀之间可以互换,严禁采用气割冲孔。

常用钢板钻孔机如图 3-20 所示。

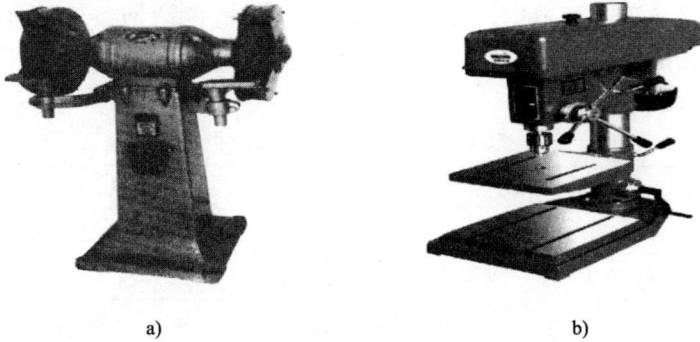

a)   b)

图 3-20　钢板钻孔机

钢架加工尺寸应符合设计要求,其形状应与开挖断面相适应。

不同规格的首榀钢架加工完成后,应放在平地上试拼,周边拼装允许偏差为 ±30mm,平面翘曲应小于 20mm。当各部尺寸满足设计要求时,方可批量生产。

钢架安装施工工序如图 3-21 所示。

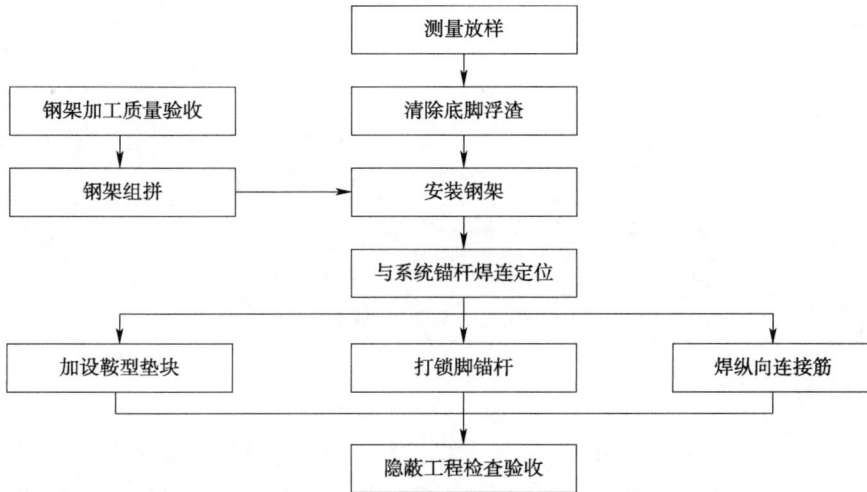

图 3-21　钢架安装施工工序

4. 钢筋网铺设

钢筋网钢筋在使用前应调直并清除锈蚀和油渍。钢筋网铺设原则上应在施工现场进行,如受开挖进尺影响,可采用模具加工钢筋网。应在初喷一层混凝土后再进行钢筋网的铺设。钢筋网宜随受喷面起伏铺设,与受喷面间隙宜控制在 20~30mm 之间。钢筋网应与锚杆或其他固定装置连接牢固,在喷射混凝土时不得晃动。钢筋搭接长度不得小于 30d(d 为钢筋直径),并不得小于一个网格长边尺寸。

5. 辅助工程措施

隧道辅助工程措施(简称辅助工法)包括地层稳定措施和涌水处理措施。地层稳定措施又可以分为对地层预支护和预加固两类,主要有管棚、超前导管、超前钻孔注浆、超前开挖面锚杆、上半部临时仰拱封闭法、拱脚导管锚固、地表砂浆锚杆与注浆加固、墙式遮挡法等。涌水处理措施主要有注浆止水法、超前钻孔排水法、超前导洞排水法、井点降水法和深井排水法等。

是否采用辅助工程,应根据隧道所处的工程地质和水文地质条件、隧道长度、埋置深度、施工机械、工期和经济等方面考虑决定。各辅助工程措施的适用条件如表3-3所示。使用时,可结合隧道所处的围岩条件、施工方法、进度要求、配套机械、工期等进行比选,有时可采取几种方法综合处理。

辅助工程措施及其适用条件　　　　　　　　　　　表3-3

辅助工程措施		适用条件
地层稳定措施	管棚法	V级和VI级围岩,无自稳能力,或浅埋隧道及其地面有荷载
	超前导管法	V级围岩,自稳能力低
	超前钻孔注浆法	V级和VI级软弱围岩地段、断层破碎带地段、水下隧道或富水围岩地段、坍方或涌水事故处理地段以及其他不良地质地段
	超前锚杆法	IV~V级围岩,开挖数小时内可能剥落或局部坍塌
	拱脚导管锚固法	V级围岩,自稳能力低
	地表锚杆与注浆加固法	V级围岩浅埋地段和埋深≤50m的隧道
	墙式遮幕法	浅埋隧道,且隧道上方两侧(或一侧)地面有建筑物
涌水处理措施	注浆止水法	地下水丰富且排水时挟带泥沙引起开挖面失稳,或排水后对其他用水影响较大的地段
	超前钻孔排水法	开挖面前方有高压地下水或有充分补给源的涌水,且排放地下水不会影响围岩稳定及隧道周围环境条件
	超前导洞排水法	同上
	井点降水法	渗透系数为0.6~80m/d的匀质砂土及亚黏土地段
	深井排水法	覆盖较浅的匀质砂土及亚黏土地层

四、仰拱与铺底

隧道设有仰拱时,应及时安排施工,使支护结构早闭合,改善围岩受力状况、控制围岩变形、保障施工安全。仰拱顶上的填充层及铺底应在拱墙混凝土及二衬施工前完成,宜保持超前3倍以上衬砌循环作业长度,以利于衬砌台车模筑混凝土施工,铺底与掌子面距离不超过60m。

仰拱宜全断面一次开挖成型,不宜左右半幅分次浇筑。铺底混凝土可半幅浇筑,并及时进行施工,以改善洞内交通状况和施工环境,但接缝应平顺并做好防水处理。

仰拱开挖应严格按已审批开挖方案进行,并结合拱墙施工抓紧进行仰拱初期支护和仰拱模筑混凝土施工,实现支护结构早闭合。仰拱、铺底施工时,应按图纸要求预埋路面下横向盲沟、拱脚纵横向排水管等排水设施,并注意设置与二衬贯通的变形缝。浅埋段仰拱应尽快封闭成环。

仰拱、铺底施工过程中应采取措施保证洞内临时交通通畅。可采用搭过梁或栈桥(图3-22)

图3-22　洞内仰拱栈桥

施工方案,设临时车辆通行平台保证不中断运输。

隧道底部(包括仰拱),超挖在允许范围内应采用与衬砌相同强度等级混凝土浇筑;超挖大于规定时,应按设计要求回填,不得用洞渣随意回填,严禁侵入衬砌断面(或仰拱断面)。

铺底混凝土厚度和强度应满足设计和施工要求,避免在车辆反复行驶后损坏。

仰拱和铺底的施工工序分别如图 3-23 和图 3-24 所示。

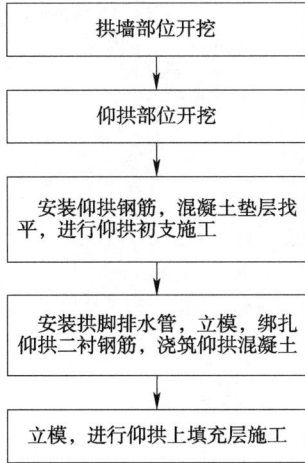

图 3-23　仰拱施工工序　　　　图 3-24　铺底施工工序

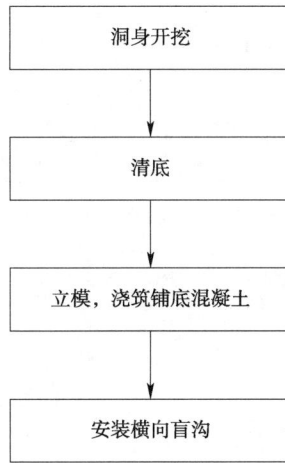

五、防水与排水施工

隧道防排水施工应遵循"防、排、截、堵相结合,因地制宜,综合治理"的原则进行施工,保证隧道结构物和运营设备的正常使用和行车安全,并对地表水、地下水妥善处理,行成一个完整通畅的防排水系统。

隧道施工前应根据工程地质、水文地质资料制订防排水方案。施工中应按现场施工方法、机具设备等情况,选择不妨碍施工的防排水措施。

洞内出现的地下水,经化验确认对衬砌结构有侵蚀性时,应按图纸要求针对不同侵蚀类型采取相应的抗侵蚀措施。设计无要求时,应及时上报变更处理。

要加强衬砌背后的防排水设施,强调结构自身防水,对可能的疑点进行封堵及引排。衬砌背后防排水设施施工应根据隧道的渗水部位和开挖情况适当选择排水设施位置,并配合衬砌进行施工;隧道侧沟、横向盲沟等排水设施亦应配合衬砌等进行施工。

如图纸无特殊要求,衬砌背后的流水均应排入隧道内侧排水沟。若有压浆时,不得将排水设施堵塞。

防水层应在初期支护基本稳定时施工,并做好防水板的保护工作。

停车带、洞室与正洞连接处的防排水工程应与正洞同时完成,其搭接处应平顺,不得有破损和折皱。

加强成品保护工作,开挖和衬砌作业不得损坏防水层,当发现层面有损坏时应及时修补;防水层在下一阶段施工前的连接部分,应采取措施保护。

隧道防排水包括结构防排水和施工防排水。结构防排水施工工序如图 3-25 所示,施工防排水施工工序如图 3-26 所示。

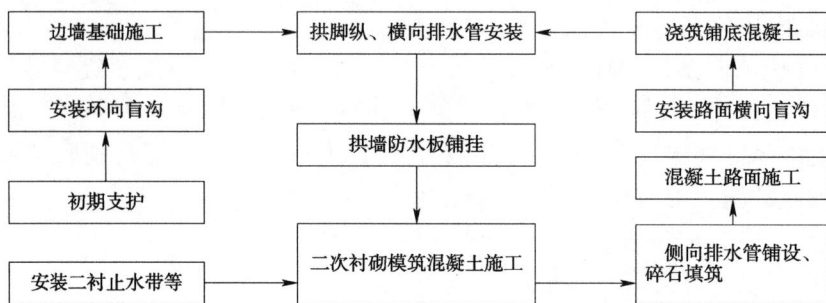

图 3-25　结构防排水施工工序

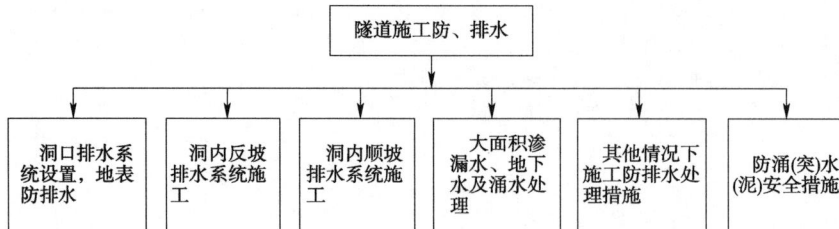

图 3-26　施工防排水施工工序

1. 防水板材要求

（1）防排水材料应符合国家、行业标准，满足设计要求，并有出场合格证明，不得使用有毒、污染环境的材料。

（2）防排水外购材料质量要求：

①为确保隧道营运期间有良好的防水效果，高速公路隧道防水卷材不宜使用复合片，可采用均质片＋无纺土工布的防水层结构形式或者直接采用点粘片。

②均质片、点粘片的母材厚度（不包含无纺土工布）不宜小于 1.5mm，无纺土工布规格不低于 300g/m²。

③防水板宜选用高分子材料，一般幅宽为 2 ~ 4m，耐刺穿性好、柔性好、耐久性好。常用防水板材如图 3-27 所示。

④由于隧道存在基面凹凸不平的特殊性，对隧道防水卷材的指标要求高于其他工程，施工单位在选材时应优先选择物理性能指标高的防水卷材。应具有耐老化、耐细菌腐蚀、有足够强度及延伸率、易操作、易焊接且焊接时无毒气的特点。

⑤防水板、土工布、止水带、塑料排水盲沟、PVC 排水管（二衬背后排水管如图 3-28 所示）等特殊材料应由监理工程师统一现场抽检，执行"盲样"送检的制度。送检的检验项目应至少包括：规格尺寸、外观质量、常温拉伸强度、常温扯断伸长率、撕裂强度、低温弯折、不透水性能。

图 3-27　常用防水板材示例

图 3-28　二衬背后排水管示例

2. 防水板铺设

（1）防水板施工工序如图 3-29 所示。

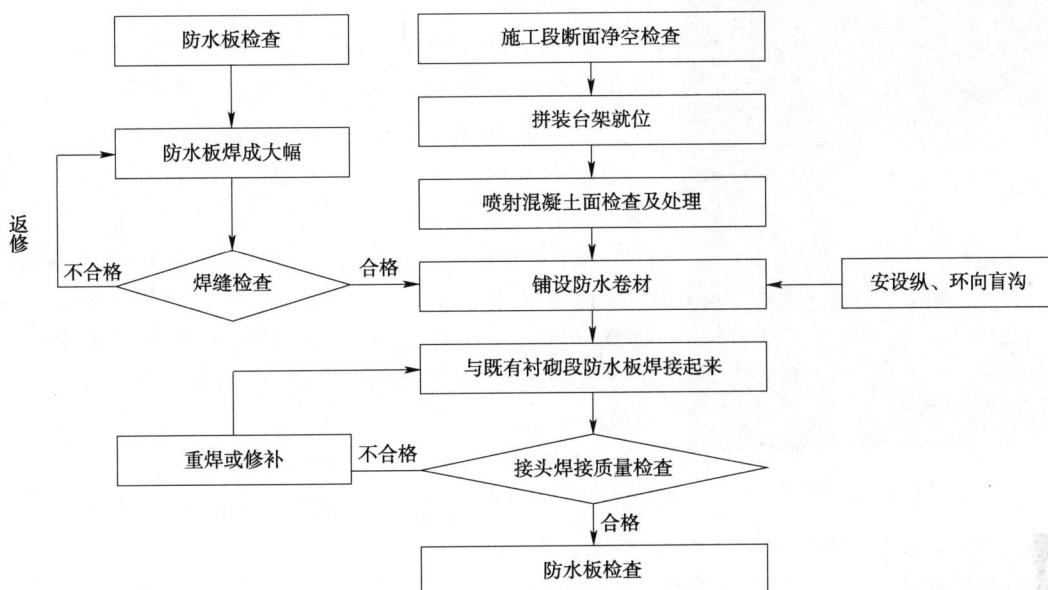

```
┌──────────────┐                    ┌──────────────────┐
│  防水板检查   │                    │ 施工段断面净空检查 │
└──────┬───────┘                    └────────┬─────────┘
       ↓                                      ↓
┌──────────────┐                    ┌──────────────────┐
│ 防水板焊成大幅 │←──────            │   拼装台架就位     │
└──────┬───────┘      │             └────────┬─────────┘
       ↓              │                      ↓
返修                   │不合格       ┌──────────────────┐
       ↓              │             │ 喷射混凝土面检查及处理 │
  ◇焊缝检查◇─────合格──→            └────────┬─────────┘
       不合格                              ↓
                           ┌──────────────┐   ┌──────────────┐
                           │  铺设防水卷材  │←──│ 安设纵、环向盲沟 │
                           └──────┬───────┘   └──────────────┘
                                  ↓
                    ┌────────────────────────┐
          ──────────→│ 与既有衬砌段防水板焊接起来 │
          │          └──────────┬─────────────┘
          │                     ↓
┌──────────────┐  不合格  ◇接头焊接质量检查◇
│  重焊或修补   │←────────
└──────────────┘              │合格
                              ↓
                    ┌──────────────┐
                    │  防水板检查   │
                    └──────────────┘
```

图 3-29　防水板施工工序

（2）防水板铺设应超前二衬施工 1～2 个衬砌段，形成铺挂段→检验段→二衬施工段流水作业。

（3）防水板施工前，应复核中线位置和高程，检查断面尺寸，保证衬砌施工后的衬砌厚度和净空满足规范和设计要求。

（4）防水板的挂前拼焊：

①在洞外根据拟铺挂面积的大小将 2～3 幅幅面较窄的成卷防水板下料，然后将其平铺在地面上，拼焊成便于运输、铺挂的大幅面防水板，减少洞内作业的焊缝数量，以提高焊接质量。防水板应减少接头。

②防水板拼接采用热合机双焊缝焊接，要求搭接宽度不小于 100mm，控制好热合机的温度和速度，保证焊缝质量。焊缝应严密，单条焊缝的有效焊接宽度不应小于 12.5mm。焊接前待焊接头板面应擦净，并应根据材质，通过试验确定焊接温度和速度。焊接时应避免漏焊、虚焊、烤焦或焊穿。

③沿隧道纵向一次铺挂长度宜比本次二次衬砌施工长度多 1.0m 左右，以使与下一循环的防水层相接；同时，可使防水层接缝与衬砌混凝土接缝错开 1.0m 左右，有利于防止混凝土施工缝渗漏水。

（5）铺挂防水板：

①防水板宜采用专用台车铺设，专用台车应与模板台车的行车轨道为同一轨道，台车前端应设有检查初期支护内轮廓的钢架。

②为保证防水板铺挂质量，应先进行试铺定位。

③固定点间距的控制：尺量检查，固定点间距在拱部为 0.5～0.7m，在侧墙为 1.0～1.2m，在凹凸处应适当增加固定点，布置均匀。

防水板吊环间距需根据其铺挂松弛率要求来确定，环向松弛率经验值一般取 10%，纵向

图 3-30　防水板施工图

松弛率一般取6%。根据初期支护表面平整程度适当调整,以保证灌注混凝土时板面与喷射混凝土面能密贴,如图3-30所示。

防水板洞内铺挂宜由下至上、环状铺设,将预先焊接在防水板上的吊环用木螺钉固定在膨胀管上。

(6)铺后续接:防水板的"铺后续接"是指前后两幅大幅面防水板之间的连接,应先用热合焊机焊接环向接缝。施工应将待焊的两块板面接头擦净、对齐,保证搭接长度,严格控制焊接温度、焊机行走速度,保持焊机与焊缝良好接触,做到行走平稳。热合焊机焊完,应加强检查,对个别漏焊处用电烙铁补焊;对丁字焊缝,因焊接困难易漏焊或焊缝强度不足,采取用焊胶打补丁的方法补强处理。

(7)焊缝检查:防水板的接头处不得有气泡、折皱及空隙,接头处应牢固,焊缝强度应不低于母材,通过抽样试验检测。防水板焊缝气密性检测仪如图3-31所示。

防水板的搭接缝焊缝质量采用"充气法"检查,当压力达到0.25MPa时停止充气,保持压力15min,压力下降在10%以内,焊缝质量合格。

(8)成品防护:当衬砌紧跟开挖时,对衬砌前端的防水板要采取保护措施,防止爆破飞石砸破防水板;开挖、铺挂防水板、衬砌三者平行作业时,铺设防水层地段距开挖面不应小于爆破安全距离,并在施工中做好防水板铺挂成形地段防水板的保护。绑扎钢筋时,钢筋头加装保护套;焊接钢筋时,在焊接作业与防水板之间增挂防护

图 3-31　防水板焊缝气密性检测仪

板;防水层安装后,严禁在其上凿眼打孔;振捣混凝土时,振捣棒不得接触防水板。

在浇筑二次衬砌混凝土前,应检查防水层铺设质量和焊接质量,如发现有破损情况,必须进行处理。

防水板需要修补时,修补防水层的补丁不得过小,补丁形状要剪成圆角,不应有长方形、三角形的尖角。防水层修补后,一般用真空检查法检查。

(9)铺设防水层安全保护和记录。铺设防水层地段距开挖工作面不应小于爆破安全距离。二次衬砌时,不得损坏防水层。防水层应按隐蔽工程办理,二次衬砌前应检查质量,并认真填写质量检查记录。

六、二次衬砌施工

为保证衬砌工程质量,隧道一般地段(含洞身、明洞、加宽段)的二衬施工必须采用全断面模板台车和泵送作业。隧道二衬台车执行准入制度,应按规范相关要求进行审批验收。衬砌钢模台车如图3-32所示。

隧道洞口段二衬必须及时施作,掘进超过50m时,必须停止开挖,进行二衬施工;洞内软

岩段二次衬砌应尽早施工,其他段落根据监控量测结果适时施工。一般情况下,二衬作业面距铺底作业面距离为30m,距矮边墙左面距离为50m,距掌子面距离不得超过200m,以保证施工安全。

二衬施工前必须对初期支护断面进行激光测量,对不符合要求的应进行处理。

洞内出现的地下水,经化验确认对衬砌结构有侵蚀性时,应按图纸要求针对不同侵蚀类型采用不同类型的抗侵蚀性混凝土。设计无要求时,应及时上报变更处理。

图 3-32　衬砌钢模台车示例

当围岩级别有变化时,衬砌断面的级别也应相应变化,但需获得监理工程师批准。围岩较差地段的衬砌,应向围岩较好地段伸延,不宜小于5m。

隧道防排水设施、预埋件及预留洞室模板等安装质量要符合设计要求。

建设单位要委托有资质的专业检测单位对二衬钢筋、保护层厚度、空洞情况进行检测。对检查不合格的项目,施工单位必须进行整改处理。

对破碎软岩围岩,在放样时可适当扩大设计轮廓线,以满足隧道建筑限界要求。

对已完成的衬砌地段,应继续观察二衬的稳定性,注意变形、开裂等现象,及时记录。

1. 衬砌模板台车

二次衬砌施工(含加宽段)应采用全液压自动行走的整体衬砌台车,如图3-33所示。衬砌台车要求结构尺寸准确,各种伸缩构件、液压系统、电气控制系统运行良好,各支承机构设置合理,满足自动行走要求,并有闭锁装置,保证定位准确。

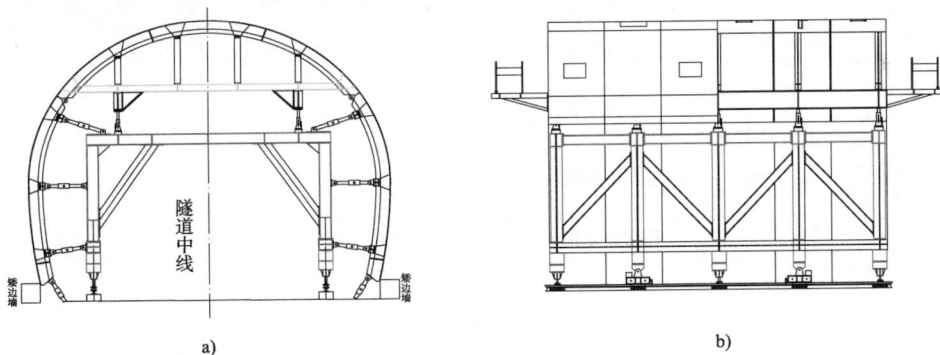

图 3-33　全液压衬砌台车结构图

二衬台车应在隧道进洞前进场,连拱隧道、小净距隧道一端应配备两部二衬台车,以确保左右线开挖面与二衬的合理步距,确保结构安全。对加宽段处在Ⅳ、Ⅴ级围岩段落的,应专门配备加宽段整体衬砌台车,以确保加宽段二衬及时施作。

台车的审批验收分为两个阶段,由监理工程师组织成立专门的审批验收小组,对每座隧道的二衬台车进行审批验收。

第一阶段(二衬台车进场前报批):施工单位进场后,应立即着手进行二衬台车进场前的准备工作。进场前两个月内向监理工程师上报拟进场二衬台车的数量、台车长度、外观几何尺寸、新旧程度、面板厚度及每块板的宽度、每台台车质量等主要台车参数,经监理工程师批准许可后方可组织进场。

第二阶段(二衬台车验收)：二衬台车进场后，由施工单位填写验收表，并上报监理工程师，监理工程师应在7个工作日内，依据批复的二衬台车进场许可，对施工单位进场的二衬台车进行验收；验收合格后，施工单位进行二衬台车的拼装调试，调试成功后，报监理工程师组织验收。若验收发现问题，施工单位应及时整改，待整改并验收合格后，才能移入洞内进行二衬施工。衬砌台车推荐指标见表3-4。

衬砌台车推荐指标   表3-4

内　　容	要　　求
衬砌台车长度	一般为10～12m；小于1200m半径隧道，二衬台车不大于9m
模板外观尺寸	满足设计要求
两端的结构尺寸下相对偏差	不大于3mm
模板厚度	两车道不小于10m，三车道不小于12m
每块模板宽度	不小于1.5m，推荐为2m
每延米台车质量(含矮边墙模板)	两车不小于6.8t，三车道不小于8.5t
行走机构	行动自如、制动良好，带有液压推杆制动器
太车架、液压、支撑系统	足够的刚度和强度；液压缸采用液压锁锁定，同时采用支承丝杠进行机身锁定
工作窗口	布局合理，封闭平整

2. 施工工序

二次衬砌施工工序如图3-34所示。

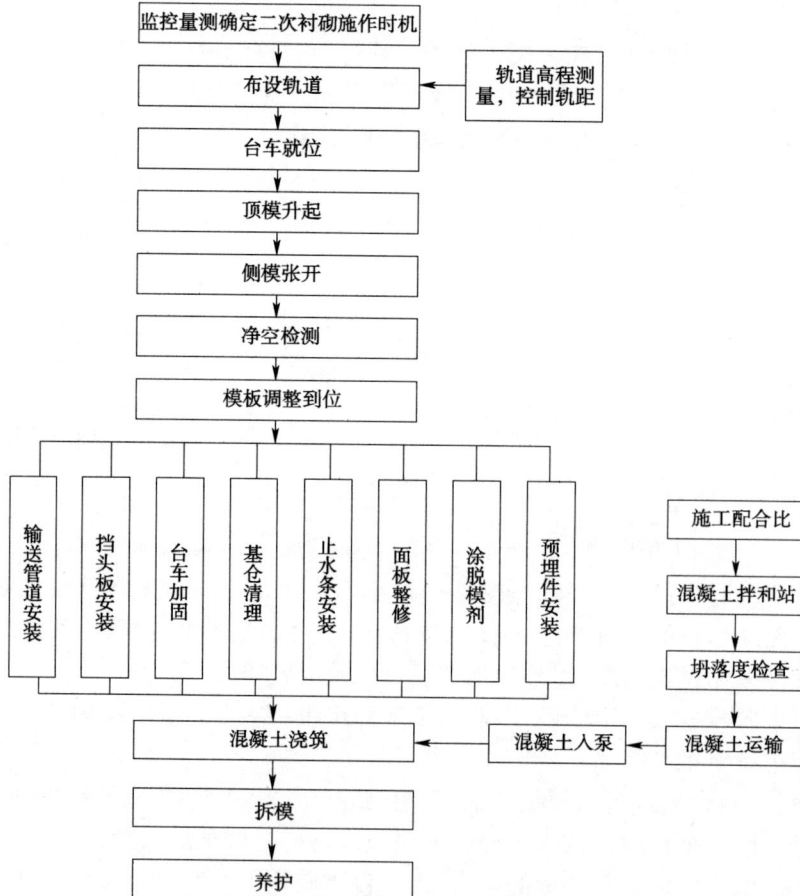

图3-34 二次衬砌施工工序

3.4 监控量测方案拟订

监控量测是新奥法设计理论核心,是施工的重要组成部分。采用复合式衬砌的隧道,必须将现场监控量测项目列入施工组织设计,在施工中认真实施,施工、设计人员与监理工程师必须紧密配合,分析各项量测信息,确认或修正设计参数。

隧道开工前,应根据设计要求,并结合隧道规模、地形地质条件、施工方法、支护类型和参数、工期安排,以及所确定的量测目的等,制订施工全过程量测方案。编制内容应包括:量测项目、量测仪器选择、测点布置、量测频率、数据处理、反馈方法,以及组织机构、管理体系等。量测计划应与施工进度计划相适应。

监控量测工作应结合开挖、支护作业的进程,按要求布点和监测,并根据现场实际情况及时调整补充,量测数据应及时分析、处理和反馈。

监控量测是施工工艺流程中的一个重要工序,应贯穿施工的全过程。监控量测应达到下列目的:

(1)掌握围岩和支护的动态信息并及时反馈,指导施工作业。

(2)通过对围岩和支护的变形、应力量测,为修改设计提供依据。

施工单位应具有实施监控量测的工作能力,对地质条件和周边环境复杂的隧道、长大隧道,可委托有经验的专业化队伍实施监控量测。执行"第三方"监测的隧道不能免除《公路隧道施工技术规范》(JTG F60—2009)所规定施工单位应承担的责任。监控量测负责人必须由有 5 年以上类似工程经验、工程师以上职称的专业人员承担。

现场量测仪器应根据量测项目及测试精度选用。宜选择简单适用、稳定可靠、操作方便、量程合理、便于进行结果处理和分析的测试仪器。

监测、施工、设计等单位人员及监理工程师必须紧密配合,既为量测作业创造条件,又避免因抢工程进度而忽视量测工作。同时,各方应共同研究、分析各项量测信息,确认或修正设计参数或施工方法。

监控量测的基本工作程序如图 3-35 所示。

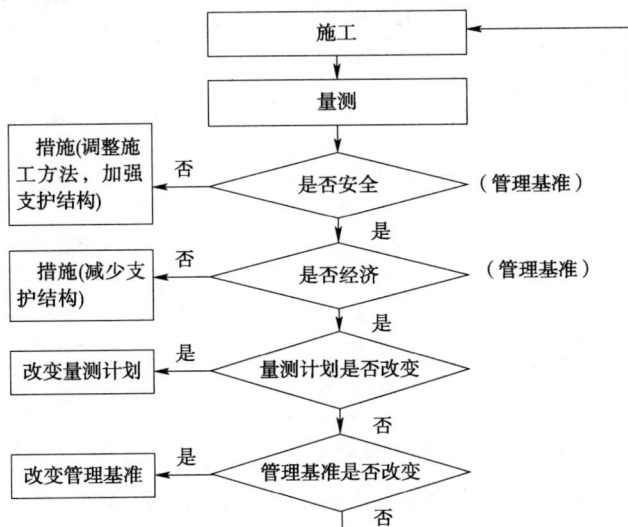

图 3-35 监控量测工作程序

【案例】 某隧道施工监控量测方案

现场监控量测是判断围岩和隧道的稳定状态、保证施工安全、指导施工生产、进行施工管理和提供设计信息的重要手段。

根据以往类似隧道施工经验,结合设计文件,在施工过程中,将按照《公路隧道喷锚构筑法技术规范》(TB 10108—2002)的要求进行监控量测,以量测资料为基础及时修正支护参数,使支护参数与地层相适应并充分发挥围岩的自承能力,围岩与支护体系达到最佳受力状态,并在施工中进行信息化动态管理,达到确保工程质量、施工安全和进度,合理控制投资的目的。在隧道正洞洞身支护完成后,尤其是仰拱施工完毕后,喷锚支护已闭合成环,应及时进行全断面监控量测,随时掌握初期支护的工作状态,指导和确定二次衬砌施作时间。

1. 量测项目

根据本标段工程的地形地质条件、支护类型和施工方法等,初步选择确定本隧道监控量测必测项目和选测项目,见表 3-5、表 3-6。

监控量测必测项目　　　　　　　　　　　　表 3-5

序号	监测项目	测试方法和仪表	测试精度	备注
1	洞内、外观察	现场观察、地质罗盘		
2	水平收敛	收敛仪	0.01mm	
3	拱顶下沉	水准测量的方法,水准仪、钢尺	1mm	
4	洞口地表下沉	水准测量的方法,水准仪、塔尺	1mm	洞口段($H_0 \leqslant 2b$)
5	锚杆轴力量测	钢筋计	0.1MPa	

注:H_0-隧道埋深;b-隧道或斜井最大开挖宽度。

监控量测选测项目　　　　　　　　　　　　表 3-6

序号	监测项目	测试方法和仪表	测试精度	备注
1	围岩内部位移	多点位移计	0.1mm	
2	围岩压力	压力盒	0.001MPa	
3	钢架受力	钢筋计	0.1MPa	
4	喷混凝土受力	混凝土应变计	$10\mu\varepsilon$	
5	二次衬砌内应力	混凝土应变计	0.1MPa	

注:H_0-隧道埋深;b-隧道最大开挖宽度。

2. 量测断面间距

施工中将按照设计文件设置量测断面并布点。结合本标段隧道具体情况,初步拟定必测项目量测断面间距与每断面测点数量,见表 3-7。为掌握各级围岩位移变化规律,在各级围岩起始地段增设量测断面。

围岩级别	断面间距(m)	每断面测点数量	
		净空变化	拱顶下沉
V ~ IV	5 ~ 10	1 ~ 2 条基线	1 ~ 3 点
IV	10 ~ 30	1 条基线	1 点

注:1. 洞口及浅埋地段断面间距取小值。

2. 各选测项目量测断面的数量,宜在每级围岩内选有代表性的 1 ~ 2 个。

3. 软岩隧道的观测断面适当加密。

3. 量测断面布置

隧道开挖每个工作导洞单独布置量测断面,每个量测断面各布置一个拱顶下沉测点和一条水平净空收敛测量基线(台阶法开挖时,在拱脚以上 0.5m 加测一条)。

4. 量测频率

洞内观察分为开挖工作面观察和支护表面状况观察两部分。开挖工作面观察应在每次开挖后进行,地质情况基本无变化时,可每天进行一次。对支护的观察也应每天至少进行一次,观察内容包括喷射混凝土、锚杆、钢架的表面外观状况等。洞外观察包括边仰坡稳定、地表水渗透等。

净空水平收敛量测和拱顶下沉量测采用相同的量测频率。量测频率见表 3-8,实际量测频率从表中根据变形速度和距开挖工作面距离选择较高的一个量测频率。

量 测 频 率   表 3-8

量测频率	变形速度(mm/d)	量测断面距开挖工作面距离
1 ~ 2 次/d	≥10	(0 ~ 1)B
1 次/d	10 ~ 5	(1 ~ 2)B
1 次/2d	1 ~ 5	(2 ~ 5)B
1 次/周	<1	>5B

注:B-隧道开挖宽度。

5. 监测方法

监测方法与要求见表 3-9,拟在隧道拱顶下沉和水平收敛量测中采用目前比较先进的无接触围岩量测技术。

6. 监测资料整理、数据分析及反馈

在取得监测数据后,及时由专业监测人员整理分析。结合围岩、支护受力及变形情况,进行分析判断,将实测值与允许值进行比较,及时绘制各种变形或应力与时间的关系曲线,预测变形发展趋向及围岩和隧道结构的安全状况,及时向项目总工程师及监理工程师汇报。

监控测量方法及要求   表 3-9

序号	监测项目	测点布置	监测方法及要求	仪 器
1	洞内外观察	开挖及支护后进行	目测:地质观察在爆破后初喷前进行,绘制地质素描图,填写开挖工作面地质调查记录表; 检查喷射混凝土有无开裂及发展,锚杆有无松动,钢架支护状态等,并做好相应记录; 查看边仰坡有无开裂、起壳,地表有无裂纹,地表水位有无异常变化	地质罗盘

序号	监测项目	测 点 布 置	监测方法及要求	仪 器
2	地表沉降测	隧道洞口进行地表沉降量测,横断面方向沿隧道中心及两侧间距2~5m处设地表下沉测点,监测范围在隧道开挖影响范围以外	地表下沉量测在开挖工作面前方,隧道埋深与隧道开挖高度之和处开始,直到衬砌结构封闭、下沉基本停止时为止	精密水准仪、钢瓦尺
3	水平收敛量测	路面以上2.5m,左右两侧对称布置量测点,量测断面间距根据围岩级别确定	采用激光断面仪或收敛计进行量测,开挖后按要求迅速安装测点并编号,初读数应在开挖后12h内读取,测点应牢固可靠,易于识别并妥善保护	激光断面仪、收敛计
4	拱顶下沉量测	与水平收敛断面对应拱顶设量测点	喷射混凝土后迅速在拱顶设点,采用精密水准仪和收敛计、钢瓦尺进行量测	精密水准仪和收敛计、钢瓦尺

7. 监控量测管理

1) 监测控制标准

根据有关规范、规程、设计资料及类似工程经验,制定本工程监控量测变形管理等级,见表3-10,据此指导施工。

管理等级	管理位移	施工状态
Ⅲ	$U < U_o/3$	可正常施工
Ⅱ	$U_o/3 \leqslant U \leqslant 2U_o/3$	应加强支护
Ⅰ	$U > 2U_o/3$	停工,采取特殊措施后方可施工

注:U-实测位移值;U_o-最大允许位移值。

观察及量测发现异常时,应及时修改支护参数。一般正常状态须同时满足以下条件:净空变化速度小于0.2mm/d,喷射混凝土表面无裂缝或仅有少量微裂缝,围岩基本稳定;位移速度除在最初$1 \sim 2$d允许有加速外,应逐渐减少。当净空变化速度持续大于1.0mm/d时,应加强初期支护;二次衬砌混凝土施作时间应满足《公路隧道喷锚构筑法技术规范》(TB 10108—2002)要求。

2)监控量测体系

(1)监控量测计划

工程施工前,根据现场实际情况及施工进度,编制详细的监测实施计划,并确定监测技术标准,报监理工程师及建设单位批准。

(2)监控量测小组

为了真实反映监测结果,本标段施工监测由施工技术部组成专门监测小组,具体负责各项监测工作。

施工监测管理流程如图3-36所示。

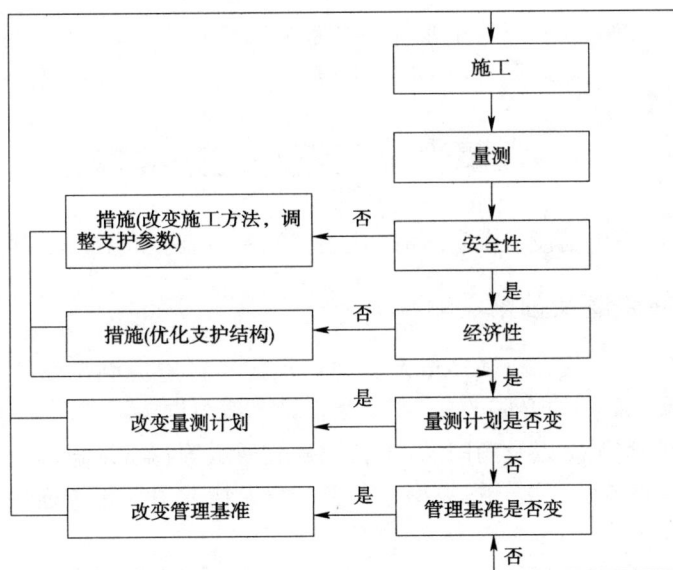

图3-36 施工监测管理流程图

(3)监测管理

积极配合监理工程师做好对监测工作的检查、监督和指导,工程完成后,根据监测资料整理出本标段的监测分析总报告,并纳入竣工资料中。

(4)现场量测要求

净空变化、拱顶下沉量测应在每次开挖后12h内取得初读数,最迟不得超过24h,且在下循环开挖前必须完成。

测试前检查仪表设备是否完好，发现故障及时修理或更换；确认测点是否有松动或人为损坏，当测点状态良好时方可进行测试工作。

测试中按各项量测操作规程安装好仪器仪表，每测点一般测读3次，取算术平均值作为观测值；每次测试都要认真做好原始数据记录，并记录开挖里程、支护施工情况以及环境温度等，保持原始记录的准确性。

测试完毕应检查仪器、仪表，做好养护、保管工作。及时进行资料整理及信息反馈。

（5）保证措施

将监测管理及监测实施计划纳入施工生产计划中，作为一个重要的施工工序来抓，并保证监测有确定的时间和空间。

制订切实可行的监测实施方案和相应的测点埋设保护措施，并将其纳入工程的施工进度控制计划。

施工监测紧密结合施工步骤，监控每一施工步骤对周围环境、围岩、支护结构、变形的影响，据此优化施工方案。

监测组与监理工程师密切配合工作，及时向总监理工程师报告情况和问题，并提供切实可靠的数据记录。

量测项目人员要相对固定，保证数据资料的连续性。量测仪器应由专人使用、专业机构保养、专业机构检校。量测设备、元器件等在使用前均应经过检校，合格后方可使用。

各监测项目在监测过程中必须严格遵守相应的实施细则，量测数据均应要经现场检查、室内两级复核后方可上报。

量测数据的存储、计算、管理均采用计算机系统进行。

针对施工各关键问题开展相应的QC小组活动，及时分析、反馈信息，指导设计和施工。

3.5　附属设施工程施工方案拟订

隧道工程附属设施包括设备洞、横通道及预留洞室，水沟和电缆沟，蓄水池，预埋件等。

一、设备洞、横通道及预留洞室

消防洞、设备洞、车行或人行横通道及其他各类洞室设置应满足设计要求，当原定位置地质条件不良时，施工单位应会同监理、设计及建设单位根据实际情况调整。

隧道边墙内的各类洞室以及消防洞、设备洞和横通道等与正洞连接地段的开挖，宜在正洞掘进至其位置时，将该处一次开挖成型。各类洞室及横通道与正洞连接地段，支护应按设计予以加强。

各类洞室及横通道初期支护宜采用锚喷支护，必要时增设钢架支撑。支护应紧跟开挖。

设备洞、横通道及其他各类洞室的永久性防排水工程，应与正洞同时完成。各类洞室及横通道与正洞连接的折角处，防水层应根据铺设面的形状平顺铺设，不得出现空白。洞室不得设在各种衬砌结构变化处及施工缝、变形缝处。

设备洞、横通道、预留洞室等二次衬砌施工应符合下列规定：

（1）设备洞、横通道与正洞连接处的钢筋应互相连接可靠，绑扎牢固。该处的衬砌应与正洞一次同时完成。

（2）复查防排水工程的质量,防排水工程符合设计要求后,方可进行二次衬砌施工。

（3）衬砌中各类预埋管件以及预留孔、槽和边墙内的各类洞室应按设计位置定位。宜尽早落实各种附属设施之间以及它们与排水系统之间有无冲突,如有冲突,应会同有关方面尽早解决。模板架设时应将经过防腐与防锈处理后的预埋管件绑扎牢固,留出各类孔、槽及边墙内的各类洞室位置。灌注混凝土时,应确保各类预埋管件和预留孔、槽不产生位移。

二、水沟和电缆沟

水沟、电缆沟开挖应与边墙基础开挖同时进行,不得在边墙浇筑后再爆破开挖。电缆沟壁与边墙应连接牢固,必要时可加设短钢筋。

水沟可采用预制或现浇,采用预制边沟安装时应保证边沟接头紧密、不渗漏,与相邻路面接缝平整。

水沟应与衬砌排水、路面排水的管路连通,保持顺畅。

电缆沟盖板应集中预制,提高附属工程施工质量。盖板铺设应平稳,盖板两端与沟壁的缝隙应用砂浆填平,不得晃动或吊空。盖板规格应统一,可以互换。

如在施作矮边墙时未一次成型电缆沟侧墙,施工电缆沟侧墙前应凿毛,并配置连接钢筋和水平钢筋。

电缆沟靠路面一侧应滞后路面施工,以免影响路面机械摊铺。

三、蓄水池

蓄水池混凝土的浇筑应做到外光内实,无渗漏,并选择建在地基坚固处。在混凝土达到设计强度后,应进行注水试验。

设置避雷设备时,应进行接地电阻试验,其冲击接地电阻应符合设计要求。

四、预埋件

通风机的机座与基础应按设计要求施工。对于通风机底盘与机座相连的地脚螺栓,应按设计要求的风机底盘螺栓孔布置预留灌注孔眼。螺栓埋设时,灌浆应密实,螺栓应与机座面垂直。射流风机预埋件如图3-37所示。

水泵基础应稳固可靠,并按设计要求埋设水泵地脚螺栓或预留孔位。

安装工程所用各种预埋件应按设计进行防锈蚀处理。

图 3-37　射流风机预埋件

预埋钢管管口应打磨平整,管内穿 5 号铁丝,并在二衬混凝土浇筑后进行检查、试通。

单元4 施工进度控制与管理

知识目标

1. 能够描述影响施工进度的因素；
2. 能够描述施工进度计划的表示方法及其特点；
3. 能阐述施工进度计划基本作业方法及其特点；
4. 能解释流水施工组织的特点并计算其主要参数；
5. 能阐述网络计划技术的基本原理、优点及分类。

技能目标

1. 能正确绘制隧道施工进度横道图；
2. 能正确分析双代号网络图、单代号网络图中各工序之间逻辑关系的表示方法；
3. 能根据双代号网络关系的表示方法，规范完成双代号网络图的绘制及时间参数计算；
4. 能根据单代号网络关系的表示方法，规范完成单代号网络图的绘制及时间参数计算；
5. 能正确绘制时标网络计划、计算时间参数、判定关键线路；
6. 能根据工程实际情况，进行网络计划的工期优化、资源优化、费用优化。

本单元结构

4.1 施工进度控制概述
4.2 流水施工原理
4.3 网络计划技术
4.4 施工进度计划实施中的监测与调整

　　控制与管理工程进度，能够确保工程建设项目按预定的时间交付使用，及时发挥投资效益，有益于维持社会良好的经济秩序。因此，工程建设各方应采用科学的控制方法和手段来控制与管理工程项目的建设进度。

4.1　施工进度控制概述

　　隧道工程进度控制是指对工程项目建设各阶段的工作内容、工作程序、持续时间和衔接关系根据进度总目标及资源优化配置的原则编制计划并付诸实施，然后在进度计划的实施过程中经常检查实际进度是否按计划要求进行，对出现的偏差情况进行分析，采取补救措施或调整、修改原计划后再付诸实施，如此循环，直到工程竣工验收并交付使用。隧道工程进度控制的最终目的是确保建设项目按预定的时间交付使用或提前交付使用，总目标是工程建设工期。

进度控制是工程建设各方的主要任务之一。由于在工程建设过程中存在着许多影响进度的因素，这些因素往往来自不同的部门或不同的时期，它们对工程进度有着复杂的影响。因此，进度控制人员必须事先对影响工程进度的各种因素进行调查分析，预测它们对工程进度的影响程度，确定合理的进度控制目标，编制可行的进度计划，使工程建设工作始终按计划进行。

但是，不管进度计划的周密程度如何，其毕竟是人们的主观设想，在其实施过程中，必然会因为新情况的产生、各种干扰因素和风险因素的影响而发生变化，使人们难以执行原定的进度计划。为此，进度控制人员必须掌握动态控制原理，在计划执行过程中不断检查建设工程实际进展情况，并将实际状况与计划安排进行对比，从中得出偏离计划的信息。然后在分析偏差及其产生原因的基础上，通过采取组织、技术、经济等措施，维持原计划，使之能正常实施。如果采取措施后不能维持原计划，则需要对原进度计划进行调整或修正，再按新的进度计划实施。这样在进度计划的执行过程中进行不断地检查和调整，以保证建设工程进度得到有效控制。

一、影响进度的因素分析

由于工程具有规模庞大、工程结构与工艺技术复杂、建设周期长及相关单位多等特点，决定了工程进度将受到许多因素的影响。要想有效地控制工程进度，就必须对影响进度的有利因素和不利因素进行全面、细致地分析和预测。这样，一方面可以促进对有利因素的充分利用和不利因素的妥善预防；另一方面也便于提前制定预防措施，事中采取有效对策，事后进行妥善补救，以缩小实际进度与计划进度的偏差，加强对建设工程进度的主动控制和动态控制。

影响工程进度的不利因素有很多，如人为因素，技术因素，设备、材料及构配件因素，机具因素，资金因素，水文、地质与气象因素，以及其他自然与社会环境等方面的因素。其中，人为因素是最大的干扰因素。从产生的根源看，有的来源于建设单位及其上级主管部门；有的来源于勘察设计、施工及材料、设备供应单位；有的来源于政府、建设主管部门、有关协作单位；有的来源于各种自然条件；也有的来源于建设监理单位。在工程建设过程中，常见的影响因素如下：

(1)业主因素。如业主使用要求改变而发生设计变更；应提供施工场地条件不能及时提供或所提供的场地不能满足工程正常需要；不能及时向施工承包单位或材料供应商付款等。

(2)勘察设计因素。如勘察资料不准确，特别是地质资料错误或遗漏；设计内容不完善，规范应用不恰当，设计有缺陷或错误；设计对施工的可能性未考虑或考虑不周；施工图纸供应不及时、不配套，或出现重大差错等。

(3)施工技术因素。如施工工艺错误；不合理的施工方案；施工安全措施不当；不可靠的技术应用等。

(4)自然环境因素。如复杂的工程地质条件；不明的水文气象条件；地下埋藏文物的保护、处理；洪水、地震、台风等不可抗力等。

(5)社会环境因素。如外单位临近工程施工的干扰；节假日交通、市容整顿的限制；临时停水、停电、断路；以及在国外常见的法律及制度变化，经济制裁，战争、骚乱、罢工、企业倒闭等。

（6）组织管理因素。如向有关部门提出各种申请审批手续的延误;合同签订时遗漏条款、表达失当;计划安排不周密,组织协调不力,导致停工待料、相关作业脱节;领导不力,指挥失当,使参加工程建设的各个单位、各个专业、各个施工过程之间交接、配合上发生矛盾等。

（7）材料、设备因素。如材料、构配件、机具、设备供应环节的差错,品种、规格、质量、数量、时间不能满足工程的需要;特殊材料及新材料的不合理使用;施工设备不配套,选型失当,安装失误,有故障等。

（8）资金因素。如有关方拖欠资金,资金不到位,资金短缺,汇率浮动和通货膨胀等。

二、进度控制的措施和主要任务

（一）进度控制的措施

为了做到进度控制,工程管理人员必须根据建设工程的具体情况,认真制定进度控制措施,以确保建设工程进度控制目标的实现。进度控制的措施应包括组织措施、技术措施、经济措施及合同措施。

1. 组织措施

进度控制的组织措施主要包括:

（1）建立进度控制目标体系,明确工程现场进度控制人员及其职责分工;

（2）建立工程进度报告制度及进度信息沟通网络;

（3）建立进度计划审核制度和进度计划实施中的检查分析制度;

（4）建立进度协调会议制度,包括协调会议举行的时间、地点,协调会议的参加人员等;

（5）建立图纸审查、工程变更和计划变更管理制度。

2. 技术措施

进度控制的技术措施主要包括:

（1）施工单位制订进度计划,按期提交相关各方审查,使工程在合理的状态下施工;

（2）编制进度控制工作细则,指导施工管理人员实施进度控制;

（3）采用网络计划技术及其他科学适用的计划方法,并结合电子计算机的应用,对建设工程进度实施动态控制。

3. 经济措施

进度控制的经济措施主要包括:

（1）及时办理工程预付款及工程进度款支付手续;

（2）对应急赶工给予优厚的赶工费用;

（3）对工期提前给予奖励;

（4）对工程延误收取误期损失赔偿金。

4. 合同措施

进度控制的合同措施主要包括:

（1）加强合同管理,协调合同工期与进度计划之间的关系,保证合同中进度目标的实现;

（2）严格控制合同变更,对各方提出的工程变更和设计变更,经监理工程师严格审查后再补入合同文件之中;

（3）加强风险管理,在合同中应充分考虑风险因素及其对进度的影响,以及相应的处理方法;

(4)加强索赔管理,公正地处理索赔。

(二)进度控制的主要任务

1. 设计准备阶段进度控制的任务

(1)收集有关工期的信息,进行工期目标和进度控制决策;

(2)编制工程项目总进度计划;

(3)编制设计准备阶段详细的工作计划,并控制其执行;

(4)进行环境及施工现场条件的调查和分析。

2. 设计阶段进度控制的任务

(1)编制设计阶段工作计划,并控制其执行;

(2)编制详细的出图计划,并控制其执行。

3. 施工阶段进度控制的任务

(1)编制施工总进度计划,并控制其执行;

(2)编制单位工程施工进度计划,并控制其执行;

(3)编制工程年、季、月实施计划,并控制其执行。

为了有效地控制工程进度,监理工程师要在设计准备阶段向建设单位提供工期的相关信息,协助建设单位确定工期总目标,并进行环境及施工现场条件的调查和分析。在设计阶段和施工阶段,监理工程师不仅要审查设计单位和施工单位提交的进度计划,更要编制监理进度计划,以确保进度控制目标的实现。

三、进度控制计划体系

为了确保工程进度控制目标的实现,参与工程项目建设的各有关单位都要编制进度计划,并且确保这些进度计划的实施。工程进度控制计划体系主要包括建设单位的计划系统、监理单位的计划系统、设计单位的计划系统和施工单位的计划系统。在此,重点将施工单位的进度计划具体介绍如下。

施工单位的进度计划包括:施工准备工作计划、施工总进度计划、单位工程施工进度计划及分项工程进度计划。

1. 施工准备工作计划

施工准备工作计划的主要任务是为工程施工创造必要的技术和物资条件,统筹安排施工力量和合理规划施工现场。施工准备的工作内容通常包括:技术准备、物资准备、劳动组织准备、施工现场准备和施工场外准备。为落实各项施工准备工作,加强检查和监督,应根据各项施工准备工作的内容、时间和人员,编制施工准备工作计划。

2. 施工总进度计划

施工总进度计划是根据施工部署中施工方案和工程项目的开展程序,对全工地所有单位工程做出时间上的安排。其目的在于确定各单位工程及分部分项工程的施工期限及开、竣工日期,进而确定施工现场劳动力、材料、成品、半成品、施工机械的需要数量和调配情况,以及现场临时设施的数量、水电供应量和交通需求量。因此,科学、合理地编制施工总进度计划,是保证整个建设工程按期交付使用,充分发挥投资效益,降低建设工程成本的重要条件。

3. 单位工程施工进度计划

单位工程施工进度计划是在既定施工方案的基础上,根据规定的工期和各种资源供应条件,遵循各施工过程的合理施工工序,对单位工程中的各施工过程做出的时间和空间上的安排,并以此为依据,确定施工作业所必需的劳动力、施工机具和材料供应计划。因此,合理安排单位工程施工进度,是保证在规定工期内完成符合质量要求的工程任务的重要前提。同时,为编制各种资源需要量计划和施工准备工作计划提供依据。

4. 分部分项工程进度计划

分部分项工程进度计划是对工程量较大或技术比较复杂的分部分项工程,在依据工程具体情况所制订的施工方案基础上,对其各施工过程中所做出的时间安排。如大型基础土方工程、复杂的基础加固工程、大体积混凝土工程、大型桩基工程、大面积预制构件吊装工程等均应编制详细的进度计划,以保证单位工程施工进度计划的顺利实施。

此外,为了有效地控制建设工程施工进度,施工单位还应编制年度施工计划、季度施工计划和月(旬)作业计划,将施工进度计划逐层细化,形成一个"旬保月、月保季、季保年"的计划体系。

四、进度计划的表示方法

建设工程进度计划的表示方法有多种,常用的有横道图和网络图两种。

(一)横道图

横道图也称甘特图,是美国人甘特(Gantt)在 20 世纪初提出的一种进度计划的表示方法。由于其形象、直观,且易于编制和理解,因而长期以来被广泛应用于建设工程进度控制之中。

用横道图表示的建设工程进度计划一般包括两个基本部分,即左侧的工作名称及工作的持续时间等基本数据部分和右侧的横道线部分。图 4-1 所示即为用横道图表示的某隧道施工进度计划。该计划明确地表示出各项工作的划分、工作的开始时间和完成时间、工作的持续时间、工作之间的相互搭接关系,以及整个工程项目的开始时间、完工时间和总工期。

利用横道图表示工程进度计划,存在下列缺点:

(1)不能明确地反映出各项工作之间错综复杂的相互关系,因而在计划执行过程中,当某些工作的进度由于某种原因提前或拖延时,不便于分析对其他工作及总工期的影响程度,不利于建设工程进度的动态控制。

(2)不能明确地反映出影响工期的关键工作和关键线路,也就无法反映出整个工程项目进度控制的关键所在,因而不便于进度控制人员抓住主要矛盾。

(3)不能反映出工作所具有的机动时间,看不到计划的潜力所在,无法进行最合理的组织和指挥。

(4)不能反映工程与工期之间的关系,因而不便于缩短工期和降低成本。

由于横道图计划存在上述不足,给工程进度控制工作带来很大不便。即使进度控制人员在编制计划时已充分考虑了各方面的问题,在横道图上也不能全面地反映出来,特别是当工程项目规模大、工艺关系复杂时,横道图就很难充分暴露矛盾,而且在横道计划的执行过程中,对其进行调整也是十分烦琐和费时的。由此可见,利用横道图计划控制建设工程进度有较大的局限性。

施工项目	开始时间	结束时间	工期(天)	2015 二季度			2015 三季度			2015 四季度			2016 一季度			2016 二季度			2016 三季度		
				4月	5月	6月	7月	8月	9月	10月	11月	12月	1月	2月	3月	4月	5月	6月	7月	8月	9月
×××隧道(6921m,DZK184+615~DZK191+536)	2015年5月28日	2016年8月30日	460																		
一、进口2250m(DZK184+615~DZK186+865)	2015年5月28日	2016年8月12日	442																		
1.开挖支护	2015年5月28日	2016年7月14日	413																		
2.二衬、仰拱施工	2015年5月28日	2016年8月12日	442																		
二、出口4871m(DZK186+865~DZK191+536)	2015年5月28日	2016年4月22日	329																		
1.开挖支护	2015年5月28日	2016年3月22日	299																		
2.二衬、仰拱施工	2015年5月28日	2016年4月22日	329																		
三、DZK186+865斜井1515m	2015年5月28日	2016年7月8日	409																		
1.施工准备	2015年5月28日	2015年6月28日	30																		
2.斜井自身施工	2015年6月27日	2015年8月5日	40																		
3.开挖支护	2015年8月6日	2016年7月11日	340																		
4.二衬、仰拱施工	2015年9月6日	2016年8月12日	341																		
四、附属工程(水沟电缆槽及底碴)	2015年8月1日	2016年8月30日	395																		

图4-1 某隧道工程施工进度横道图

（二）网络计划技术

建设工程进度计划用网络图来表示，可以使建设工程项目得到有效的控制。国内外实践证明，网络计划技术是用于控制建设工程进度的最有效的工具。无论是工程设计阶段的进度控制，还是施工阶段的进度控制，均可使用网络计划技术。作为工程管理人员，必须掌握和应用网络计划技术。

1. 网络计划的种类

网络计划技术自20世纪50年代诞生以来，已得到迅速发展和广泛利用，其种类也越来越多。但总的说来，网络计划可分为确定型和非确定型两类。如果网络计划中各项工作及持续时间和各工作之间的相互关系都是确定的，就是确定型网络计划，否则属于非确定型网络计划。如计划评审技术（PERT）、图示评审技术（GERT）、风险评审技术（VERT）、决策关键线路法（DN）等均属于非确定型网络技划。在一般情况下，隧道工程进度控制主要使用确定型网络计划。对于确定型网络计划来说，除了普通的双代号网络计划和单代号网络计划外，还根据工程实际的需要，派生出下列几种网络计划：

（1）时标网络计划。时标网络计划是以时间坐标为尺度表示工作进度安排的网络计划，其主要特点是计划时间直观明了。

（2）搭接网络计划。搭接网络计划是可以表示计划中各项工作之间搭接关系的网络计划，其主要特点是计划图形简单。常用的搭接网络计划是单代号搭接网络计划。

（3）有时限的网络计划。有时限的网络计划是指能够体现由于外界因素的影响而对工作计划时间安排有限制的网络计划。

（4）多级网络计划。多级网络计划是一个由若干个处于不同层次且相互间有关联的网络计划组成的系统，它主要适用于大型工程建设项目，用来解决工程进度中的综合平衡问题。

除上述网计划外，还有用于表示工作之间流水作业关系的流水网络计划和具有多个工期目标的多目标网络计划等。

2. 网络计划的特点

利用网络计划控制建设工程进度，可以弥补横道图计划的许多不足。图4-2为双代号网络图表示的某隧道工程施工进度计划，与横道图相比，网络计划具有以下主要特点：

（1）网络计划能够明确表达各项工作之间的逻辑关系。所谓逻辑关系，是指各项工作之间的先后顺序关系。网络计划能够明确地表达各项工作之间的逻辑关系，对于分析各项工作之间的相互影响及处理它们之间的协作关系具有非常重要的意义，同时也是网络计划相对于横道图计划最明显的特征之一。

（2）通过网络计划时间参数的计算，可以找出关键线路和关键工作。在关键线路法（CPM）中，关键线路是指在网络计划中从起节点开始，沿箭线方向通过一系列箭线与节点，最后到达终点节点为止所形成的通路上所有工作持续时间总和最大的线路。关键工作的进度将直接影响到网络计划的工期。通过时间参数的计算，能够明确网络计划中的关键线路和关键工作，也就明确了工程进度控制中的工作重点，这对提高工程进度控制的效果具有非常重要的意义。

（3）通过网络计划时间参数的计算，可以明确各项工作的机动时间。所谓工作的机动时间，是指在执行进度计划时除完成任务所需的时间外尚剩余的、可供利用的富余时间，亦称

"时差"。在一般情况下,除关键工作外,其他各项工作(非关键工作)均有富余时间。这种富余时间可视为一种"潜力",既可以用来支援关键工作,也可以用来优化网络计划,降低单位时间资源需求量。

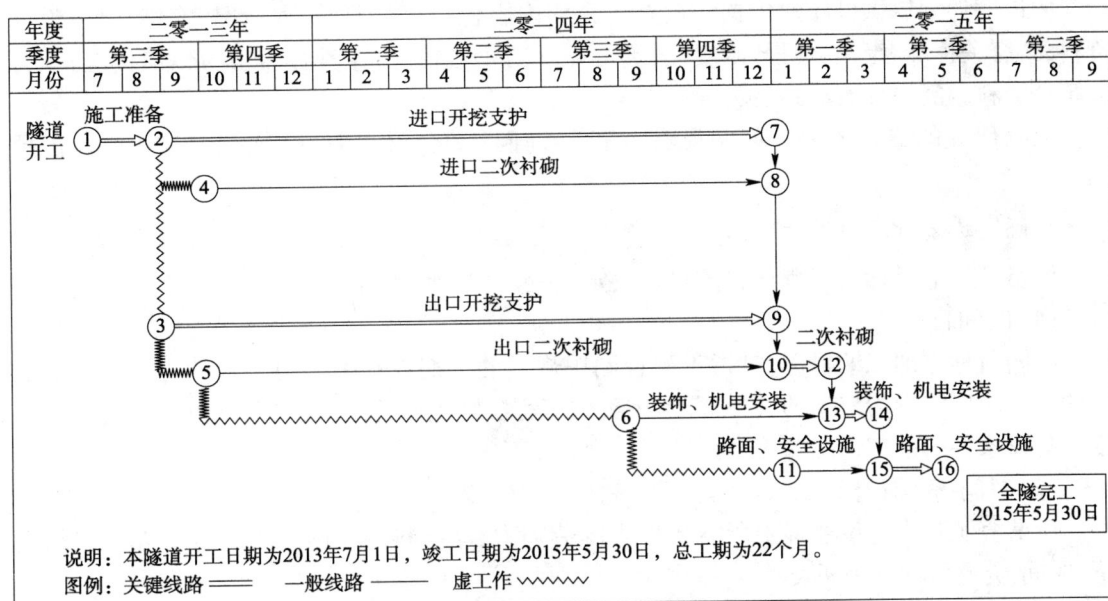

图 4-2　某隧道工程施工进度网络图

(4)网络计划可以利用电子计算机进行计算、优化和调整。对进度计划进行优化和调整是工程进度控制工作中的一项重要内容。如果仅靠手工进行计算、优化和调整是非常困难的,必须借助于电子计算机。而且由于影响建设进度的因素有很多,只有利用电子计算机进行进度计划的调整和优化,才能适应实际变化的要求。网络计划就是这样一种模型,它能使进度控制人员利用计算机对工程进度计划进行计算、调整和优化。正是由于网络计划的这一特点,使其成为最有效的进度控制方法,从而受到普遍重视。

当然,网络计划也有不足之处,比如不像横道计划那么直观明了等,但这可以通过绘制时标网络得到较好的弥补。

五、进度计划的编制程序

当应用网络计划技术编制建设工程进度计划时,其编制程序一般包括四个阶段 10 个步骤,见表 4-1。

建设工程进度计划编制程序　　　　　　　　　　　　　　　表 4-1

编制阶段	编制步骤	编制阶段	编制步骤
Ⅰ.计划准备阶段	1.调查研究	Ⅲ.计算时间参数及确定关键线路阶段	6.计算工作持续时间
	2.确定进度计划目标		7.计算网络计划时间参数
	3.进行项目分解		8.确定关键线路和关键工作
Ⅱ.绘制网络图阶段	4.分析逻辑关系	Ⅳ.网络计划优化阶段	9.优化网络计划
	5.绘制网络图		10.编制优化后网络计划

（一）计划准备阶段

1. 调查研究

调查研究的目的是为了掌握足够充分、准确的资料,从而为确定合理的进度目标、编制科学的进度计划提供可靠的依据。调查研究的内容包括:①工程任务情况、实施条件、设计资料;②有关标准、定额、规程、制度;③资源需求与供应情况;④资金需求与供应情况;⑤有关统计资料、经验总结及历史资料等。

调查研究的方法有:①实际观察、测算、询问;②会议调查;③资料检索;④分析预测等。

2. 确定进度计划目标

网络计划的目标由工程项目的目标决定,一般可分为三类:

(1)时间目标

时间目标也即工期目标,是指工程合同中规定的工期或有关部门要求的工期。工期目标的确定应以定额为依据,同时充分考虑类似工程实际进展情况、气候条件以及工程难易程度和建设条件的落实情况等因素。

(2)时间-资源目标

所谓资源是指建设过程中所需要投入的劳动力、原材料以及施工机具等。在一般情况下,时间-资源目标分为两类:

①资源有限,工期最短。即在一种或几种资源供应能力有限的情况下,寻求工期最短的计划安排。

②工期固定,资源均衡。即在工期固定的前提下,寻求资源需用量尽可能均衡的计划安排。

(3)时间-成本目标

时间-成本目标是指以限定的工期寻求最低成本或寻求最低成本的工期安排。

（二）绘制网络图阶段

1. 进行项目分解

将工程项目由粗到细进行分解,是编制网络计划的前提。如何进行工程项目的分解,工作划分的粗细程度如何,将直接影响到网络图的结构。对于控制性网络计划,其工作划分应粗略一些,而对于实施性网络计划,工作划分细致一些。工作划分的粗细程度,应根据实际需要来确定。

2. 分析逻辑关系

分析各项工作之间的逻辑关系时,既要考虑施工程序或工艺技术过程,又要考虑组织安排或资源配备需要。对施工进度计划而言,分析其工作的逻辑关系时,应考虑:①施工工艺的要求;②施工方法和施工进行的要求;③施工组织的要求;④施工质量的要求;⑤当地的气候条件;⑥安全技术的要求。分析逻辑关系的主要依据是施工方案、有关资源供应情况和施工经验等。

3. 绘制网络图

根据已确定的逻辑关系,即可按绘图规则绘制网络图。既可以绘制单代号网络图,也可以绘制双代号网络图。还可以根据需要,绘制双代号时标网络计划等。

(三)计算时间参数及确定关键线路

1.计算工作持续时间

工作持续时间是指完成该工作所花费的时间。其计算方法有多种,既可以凭以往的经验进行估算,也可以通过实验推算。当有定额可用时,还可利用时间定额或产量定额并考虑工作面及合理的劳动组织进行计算。

(1)时间定额

时间定额是指某种专业的工人班组或个人,在合理的劳动组织与合理使用材料的条件下,完成符合质量要求的单位产品所必需的工作时间,包括准备与结束时间、基本生产时间、辅助生产时间、不可避免的中断时间及工人必需的休息时间。时间定额通常以工日为单位,潜水工作每工日6h,隧道工作每工日7h,其余均按每工日8h计算。

(2)产量定额

产量定额是指在合理的劳动组织与合理使用材料的条件下,某种专业、某种技术等级的工人班组或个人在单位工日中所应完成的质量合格的产品数量。产量定额与时间定额成反比,二者互为倒数。

对于搭接网络计划,还需按最优施工顺序及施工需要,确定出各项工作之间的搭接时间。如果有些工作有时限要求,则应确定其时限。

2.计算网络计划时间参数

网络计划是指在网络图上加注各项工作的时间参数而成的工作进度计划。网络计划时间参数一般包括:工作最早开始时间、工作最早完成时间、工作最迟开始时间、工作最迟完成时间、工作总时差、工作自由时差、节点最早时间、节点最迟时间、相邻两项工作之间的时间间隔、计算工期等。应根据网络计划的类型及其使用要求计算上述时间参数。网络计划时间参数的计算方法有:图上计算法、表上计算法、公式法等。

3.确定关键线路和关键工作

在计算网络计划时间参数的基础上,便可根据有关参数确定网络计划的关键线路和关键工作,其确定方法详见本单元第三节有关内容。

(四)网络计划优化阶段

1.优化网络计划

当初始网络计划的工期满足所要求的工期及资源需求量能得到满足而无须进行网络优化时,初始网络计划即可作为正式的网络计划。否则,需要对初始网络计划进行优化。根据所追求的目标不同,网络计划的优化包括工期优化、费用优化和资源优化三种。应根据工程的实际需要选择不同的优化方法。网络计划的优化方法详见本单元第四节。

2.编制优化后网络计划

根据网络计划的优化结果,便可绘制优化后的网络计划,同时编制网络计划说明书。网络计划说明书的内容包括:编制原则和依据,主要计划指标一览表,执行计划的关键问题,需要解决的主要问题及其措施,以及其他需要说明的问题。

4.2 流水施工原理

流水施工是一种科学、有效的工程项目施工组织方法,它可以充分利用工作时间和操作空间,减少非生产性消耗,提高劳动生产率,保证工程施工连续、均衡、有节奏地进行,从而对提高工程质量、降低工程造价、缩短工期有着显著的作用。

一、流水施工方式

(一)组织施工的方式

考虑工程项目的施工特点、工艺流程、资源利用、平面或空间布置等要求,其施工可以采用顺序作业、平行作业和流水作业等三种组织方式。

下面通过实例比较说明这三种作业方式的特征。

1. 顺序作业法

(1)定义。从某一个施工段开始做起,各专业作业班组按工艺顺序先后进入,完成一个施工段的全部施工任务后,接着再去完成另一个施工段的任务,直至完成全部任务的作业方法称为顺序作业法。

(2)特点。

①没有充分利用工作面进行施工,工期长。

②如果按专业成立施工队,则各专业队不能连续作业,有时间间歇,劳动力及施工机具等资源无法均衡使用。

③如果由一个工作队完成全部施工任务,则不能实现专业化施工,不利于提高劳动生产效率和工程质量。

④单位时间内投入的劳动力、施工机具、材料等资源量较少,有利于资源供应的组织。

⑤施工现场的组织、管理比较简单。

2. 平行作业法

(1)定义。平行施工方式是组织几个劳动组织相同的工作队,在同一时间、不用空间,按施工工艺要求完成各施工对象。

(2)特点。

①充分利用工作面进行施工,工期短。

②如果每一个施工对象均按专业成立工作队,劳动力及施工机具等资源无法均衡使用。

③如果由一个工作队完成一个施工对象的全部施工任务,则不能实现专业化施工,不利于提高劳动生产率。

④单位时间内投入的劳动力、施工机具、材料等资源量成倍地增加,不利于资源供应的组织。

⑤施工现场的组织管理比较复杂。

3. 流水作业法

(1)定义。流水施工方式是将拟建工程项目中的每一个施工对象分解为若干个施工过程,并按施工过程成立相应的专业工作队,各专业施工队按照施工顺序依次完成各个施工对象的施工过程,同时保证施工在时间和空间上的连续、均衡和有节奏地进行,使相邻两专业工作队能最大限度地搭接工作。

(2)特点。

①尽可能地利用工作面进行施工,工期比较短。

②各工作队实现了专业化施工,有利于提高技术水平和劳动生产率。

③专业工作队能够连续施工,同时能使相邻专业工作队的开工时间最大限度地搭接。

④单位时间内投入的劳动力、施工机具、材料等资源量较为均衡,有利于资源供应的组织。

⑤为施工现场的文明施工和科学管理创造了有利条件。

【例 4-1】 某隧道洞口施工过程中,含有 4 个具有独立施工条件的洞口,这 4 个洞口自然形成 4 个独立的施工段,那么施工段数 $m=4$;假设每个洞口的施工任务量相等(即劳动量、施工技术条件、工程属性完全相同),并可按刷坡—开挖—支砌 3 道工序施工,则工序数 $n=3$。显然,这是 4 个施工段和 3 道工序的施工组织类型。

假设前提条件:施工前,按工艺原则,每道工序设置一个专业班组,3 道工序共需组建 3 个专业班组,分别为刷坡班、开挖班和支砌班,每道工序完成需要时间为刷坡 2d、开挖 4d、支砌 3d。

按顺序作业法:案例中,刷坡、开挖、支砌三个专业施工班组,依次完成洞口Ⅰ、洞口Ⅱ、洞口Ⅲ及洞口Ⅳ各道工序,如图 4-3 所示。

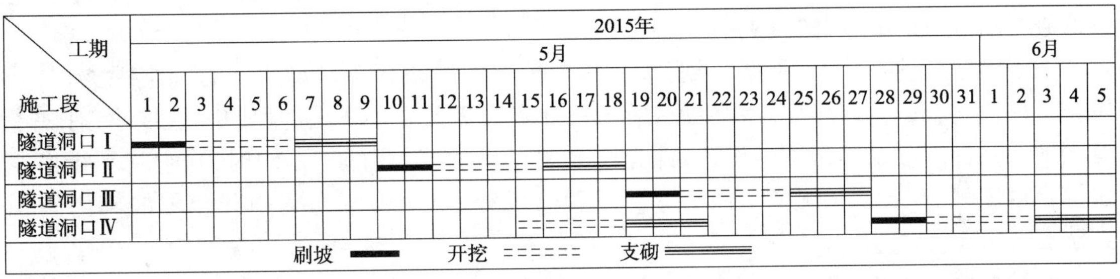

图 4-3 顺序作业法横道图

按平行作业法:案例中,四个洞口同时施工,所需劳动力、材料、机械设备等均为顺序作业法的 4 倍,如图 4-4 所示。

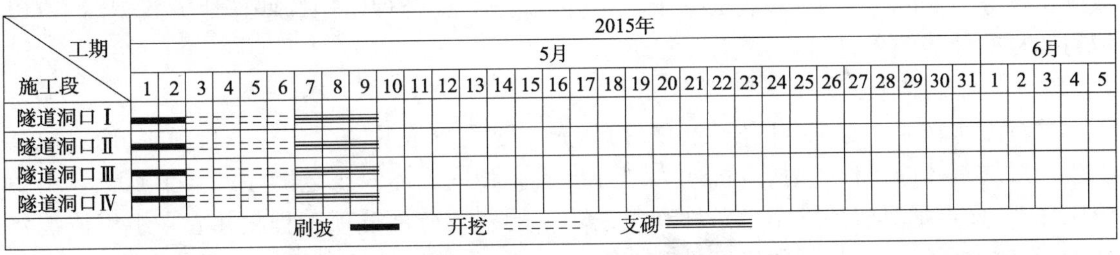

图 4-4 平行作业法横道图

按流水作业法:案例中,隧道洞口施工时,可让进行第一道工序的刷坡班组首先进入某一工段,待施工完该工段的工作任务后,移到下一个工段;此时该工段工作面空出,已具备了下一道工序的施工条件,再让进行第二道工序的洞口挖掘班组进入该工段进行洞口开挖,依此类推,直至完成最后一道工序,即洞口支砌班组完成所有的洞口支砌为止,如图 4-5 所示。

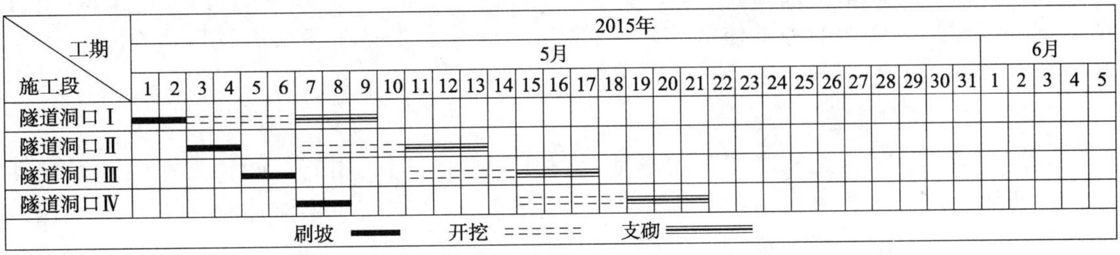

图 4-5 流水作业法横道图

4. 三种基本作业方法的综合比较

对于任何合同段的施工生产过程,从局部生产来看,可以根据具体的施工条件和不同的需要,单独采用以上三种方法来组织生产活动,各有所长。其中,流水作业是在平行和顺序作业的基础上发展起来的,平行作业是保持连续性的先决条件,流水作业是在合理利用资源的情况下保证施工过程连续性的有效方法。由于流水作业能够较好地体现施工组织的四个原则,可以实现连续、均衡和协调生产,反映了多段多工序型施工组织的客观规律,所以它是成批生产的最优方法,具有较高的经济性,有利于提高施工生产的经济效益,它是公路隧道常用的计划作业组织方式。

平行作业法的显著特点是充分利用工作面来加快工程进度,因此,从合同(或项目)总体的施工过程来看,可在开工后充分利用可开辟的各种工作面,组织进出洞口的平行施工,各生产线既独立施工又分工协作。显然,平行作业法是进行施工全过程组织的基本方法,也是采取赶工措施、加快工程进度的有效途径。

至于顺序作业法,对于那些可划分的、相对独立的单段多工序型生产时间组织类型,若按施工项目内在的工艺顺序组织生产,较为符合多段多工序型施工过程的客观规律,有利于有序地展开施工活动。特别是进行合同段(或项目)的全过程施工组织时,将它与平行作业法综合运用,弥补了二者的缺陷,发挥了二者的优势,是一种较为实用和合理的施工组织方法。

5. 三种基本作业方法的综合运用

施工过程时间组织的三种方式不仅可以在局部单独运用,也可从全局出发,将三种作业方式结合起来综合运用,形成以平行流水作业、平行顺序作业以及立体交叉作业等形式来完成施工任务。实际工作中,若能根据施工条件、施工方案合理运用这些作业方式,往往可以取得明显的经济效果,提高生产效率。

(1)平行流水作业法

平行流水作业法是把合同段(或项目)的施工过程分成几条生产线平行施工,而完成某一生产线的具体施工任务时,既可人为划分出具有相同工序及工艺顺序的若干施工段组织流水作业,又可把具有独立施工条件和工艺顺序的若干分部分项工程归并起来组织成流水作业,有效地保证施工过程的连续性和节奏性,这种作业方法称为平行流水作业法。特点:工、料、机需要量比较均衡;工期比流水作业法短;能够有效地缩短专业工作队组的间歇时间;充分利用施工资源。

(2)平行顺序作业法

平行顺序作业法是把合同段(或项目)的施工过程分成几条生产线平行施工,而完成其中某条生产线的具体施工任务时,又可将具有独立施工条件,但工艺顺序互不相同的若干分项工程组织成顺序作业的一种作业方法。特点:适合于突击性工程或合同段内含有若干个相对独立的多段多工序型施工过程的项目。

(3)立体交叉作业法

立体交叉作业法是在流水作业的基础上,利用一切可能利用的空间和工作面开展立体交叉作业的一种施工方法。适用于大型构造物的施工,如隧道桥梁立体交叉工程等。在工作面受限制时,立体交叉作业法可充分利用工作面,有效地缩短工期。

基本作业要素的综合运用主要用于工程项目施工过程的总体安排和布局方面,如果有条件,也可灵活运用于局部的分部分项工程中,进行施工过程组织,必须从实际需要出发,结合施工方案、施工条件和工程属性合理运用,按照施工规范组织,才能达到预期的效果。

(二)流水施工的表达方式

流水施工的表达方式除网络图外,主要还有横道图和垂直图两种。

1. 流水施工的横道图表示方法

它是将各项生产任务的作业时间用一条横向线段(横道)表示在具有时间坐标的表栏上的形式,如图4-6所示。横道图表示法的特点是:绘图简单,施工过程及其先后顺序表达清楚,时间和空间状况形象直观,使用方便,因此工程中常采用横道图来表达施工进度计划。

2. 流水施工的斜率图表示法

斜率图在图示上与横道图的区别仅仅是用斜线表示各项施工任务的时间进程,而且绘图的过程是由下至上进行的,如图4-7所示。斜率图的特点是:施工过程及其先后顺序表达比较清楚,时间和空间状况形象直观,斜向进度线的斜率可以直观地表示出各施工过程的进展速度,但编制实际工程进度计划不如横道图方便。

二、流水施工参数

流水施工参数是表达各施工过程在时间和空间上的开展情况及相互依存关系的参数,包括工艺参数、空间参数和时间参数。

(一)工艺参数

工艺参数主要是用以表达流水施工在施工工艺方面进展状态的参数,通常包括施工过程数 n 和流水强度 V,它们反映了流水作业过程的工艺特征、顺序,以及工艺作业过程的快慢程度,在很大程度上,它决定了流水施工作业的速度。

1. 施工过程数 n

根据施工组织及计划安排将计划任务划分成的子项称为施工过程。施工过程划分的粗细程度由实际需要而定。当编制控制性施工进度计划时,组织流水施工的施工过程可以划分得粗略一些,施工过程可以是单位工程,也可以是分部工程。当编制实施性施工进度计划时,施工过程可以划分得细致一些,施工过程可以是分项工程,甚至可将分项工程按照专业工种不同分解成施工工序。

施工过程的数目一般用 n 表示,它是流水施工的主要参数之一。根据其性质和特点的不同,施工过程一般分为三类,即建造类施工过程、运输类施工过程和制备类施工过程。

(1)建造类施工过程,是指在施工对象的空间上直接进行砌筑、安装与加工,最终形成建筑产品的施工过程。它是工程施工过程中占有主导地位的施工过程。

(2)运输类施工过程,是指将建筑材料、构配件、成品、制品和设备等运到工地仓库或施工现场使用地点的施工过程。

(3)制备类施工过程,是指为了提高建筑产品生产的工厂化、机械化程度和生产能力而形成的施工过程,如砂浆、混凝土、各类制品等的制备过程和混凝土构件的预制过程。

标示号	任务名称		工期(月)	开始时间	2008年				2009年				2010年				2011年				2012年		
					Q3	Q4	Q1	Q2	Q3	Q4	Q1	Q2	Q3	Q4	Q1	Q2	Q3	Q4	Q1	Q2	Q3	Q4
1	施工准备		2	2008.06.30																		
2	隧道	进口端	平导及横通道	26	2008.08.31																		
3			正洞开挖	40	2008.08.31																		
4			衬砌、仰拱填充、水沟电缆槽	40	2008.10.01																		
5		斜井	斜井	4	2008.01.15																		
6			平导及横通道	20.5	2009.01.15																		
7			正洞开挖	34	2009.01.15																		
8			衬砌、仰拱填充、水沟电缆槽	34	2009.02.15																		
9		出口端	平导及横通道	25	2008.08.31																		
10			正洞开挖	42	2008.08.31																		
11			衬砌、仰拱填充、水沟电缆槽	42	2008.10.01																		

图 4-6　某隧道工程施工进度横道图

— 74 —

年度		2014年										2015年											
季度		一		二			三			四			一			二			三			四		
月份		3	4	5	6	7	8	9	10	11	12	1	2	3	4	5	6	7	8	9	10	11	12
图例：	(%)100																						
	90																						
	80																						
1.施工准备	70																						
2.洞身开挖	60																						
3.洞身支护	50																						
4.仰拱及填充	40																						
5.洞身衬砌	30																						
6.洞内路面	20																						
7.附属设施	10																						

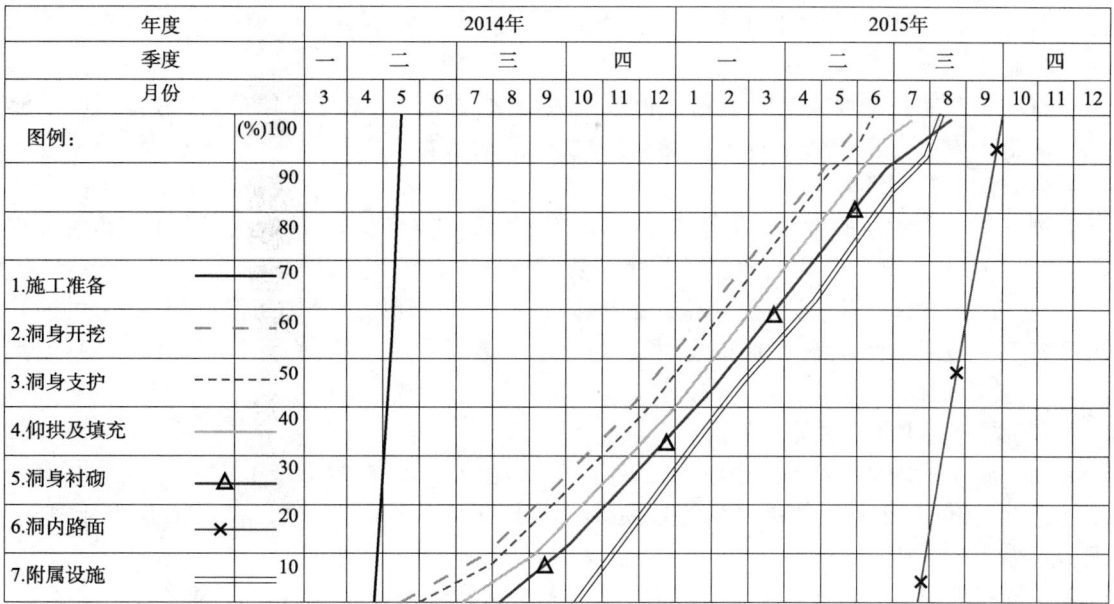

图 4-7　某隧道工程施工进度斜率图

由于建造类施工过程占有施工对象的空间直接影响到工期的长短,因此,必须将其列入施工进度计划,并且大多作为主导的施工过程或关键工作。运输类和制备类施工过程一般不占有施工对象的工作面,一般不列入流水施工进度计划之中。只有当其占有施工对象的工作面、影响工期时,才列入施工进度计划中。

2. 流水强度 V

流水强度指流水施工的某施工过程(专业工作队)在单位时间内所完成的工程量,也称流水能力或生产能力。例如,浇筑混凝土施工过程的流水强度是指每工作班浇筑的混凝土立方数。它反映了流水作业工艺过程流动的强弱程度,决定了施工的速度。

流水强度可用公式(4-1)计算:

$$V = \sum_{i=1}^{x} R_i \times C_i; \tag{4-1}$$

式中:V——某施工过程(队)的流水强度;

　　R_i——投入该施工过程的第 i 种资源量(施工机械台数或工人数);

　　C_i——投入该施工过程的第 i 种资源的产量定额;

　　x——投入该施工过程中的资源种类数。

(二)空间参数

空间参数包括工作面 A 和施工段数 m,它们反映了流水作业的空间分布位置及操作空间的大小,决定着施工资源投入的限度。

1)工作面 A

在施工段上,为生产工人及机械设备所能提供或可供利用的操作空间称为工作面,它反映了施工作业所占用的操作空间的大小。工作面的大小应根据工艺要求及施工组织需要确定。人为开辟的工作面应以"既要充分发挥人机效率,还要遵守安全操作规程要求、规范的要求、施工方案的要求"为度来确定它的大小,如隧道开挖工作面的确定、支护工作面的确定等。例如当采用全断面法进行开挖时,开挖工作面即为洞口段数;当采用上下台阶法进行开挖时,每个洞口段的开挖工作面都分为上下两个台阶。案例中,$A=4$。

2)施工段 m

将施工对象在平面或空间上划分为若干劳动量大致相等的施工段落,称为施工段或流水段。施工段的数目一般用 m 表示,它是流水施工的主要参数之一。

(1)划分施工段的目的

划分施工段的目的就是为了组织流水施工。由于建设工程体形庞大,可以将其划分成若干个施工段,从而为组织流水施工提供足够的空间。在组织流水施工时,专业工作队完成一个施工段上的任务后,遵循施工组织顺序及工艺要求又到另一个施工段上作业,产生连续流动施工的效果。组织流水施工时,可以划分足够数量的施工段,充分利用工作面,避免窝工,尽可能缩短工期。

(2)划分施工段的原则

由于施工段内的施工任务由专业工作队依次完成,因而在两个施工段之间容易形成一个施工缝。同时,施工段数量过少将直接影响流水施工的效果。为使施工段划分的合理,一般应遵循下列原则:

①同一专业施工队在各个施工段上的劳动量应大致相等,相差幅度不宜超过 10% ~15%。

②每个施工段内要有足够的工作面,以保证相应数量的工人、主要施工机械的生产效率,满足合理劳动组织的要求。

③施工段的界限应尽可能与结构界限(如伸缩缝、沉降缝等)相吻合,或设在对建筑结构整体性影响小的部位,以保证建筑结构的整体性。

④施工段的数目要满足合理组织流水施工的要求。施工段数目过多,会降低施工速度,延长工期;施工段数目过少,不利于充分利用工作面,可能造成窝工。

(三)时间参数

时间参数是表达流水施工在时间安排上所处状态的参数,主要包括流水节拍 t_i 和流水步距 K、流水展开期 T_0 与流水稳定期 T_n、间歇时间、平行搭接时间 C 和流水施工工期 T 等。

(1)流水节拍 t_i:指组织流水施工时,某专业工作队在施工段上完成某一道工序(或操作过程)的延续时间,用 t_i 表示。流水节拍是流水施工的主要参数之一,它表明流水施工的速度和节奏性。流水节拍小,其流水速度快,节奏感强;反之,则相反。流水节拍决定着单位时间的资源供应量,同时,流水节拍也是区别流水施工组织方式的特征参数。

决定某道工序流水节拍 t_i 长短的主要因素有:该道工序的施工方案、劳动量或作业量、投入人工及机械设备的数量、作业班制,同时还受到工作面 A 的限制。流水节拍的确定方法有:

①定额计算法。在正常的施工组织条件下,通过查用定额,根据式(4-2)计算:

$$t_i = \frac{Q_i S_i}{R_i n_i} = \frac{P_i}{R_i n_i} \tag{4-2}$$

式中:t_i——工段上第 i 道工序的流水节拍;

Q_i——工段上第 i 道工序要完成的工程数量,Q_i = 实际工程量/定额单位;

P_i——工段上第 i 道工序的劳动量或作业量,即完成第 i 道工序需要的人工工日数或机械台班数;

S_i——工段上第 i 道工序的时间定额,即完成单位合格产品所需要的时间;

R_i——完成工段上第 i 道工序的专业工作队需要的人工或机械台数,受工作面限制;

n_i——完成工段上第 i 道工序的专业工作队的作业班制数,可采用一、二或三班制。

②三种时间估算法。当有些工序的工艺、技术等经改进和革新后无定额可循,无法直接

用定额方法确定流水节拍 t_i 时,可根据以往的施工经验,估计三种时间,计算其加权平均值,采用应用数学中的概率统计方法确定流水节拍 t_i :

$$t_i = \frac{|a + 4c + b|}{6} \tag{4-3}$$

式中: t_i ——根据三种估算时间计算的加权平均时间;

a ——根据经验估算的最乐观的完成时间;

b ——根据经验估算的最悲观的完成时间;

c ——最有可能完成该道工序的时间。

③倒排工期法。当施工项目的工期很紧,必须在规定工期完成施工任务,而且施工项目的整个生产过程又能组织成平行流水作业或流水作业时,可根据合同要求分解成阶段性工期,有时采用倒排进度的方法求流水节拍 t_i 是合理可行的。首先根据要求的总工期 T 倒排进度,确定某一生产线(或施工过程)的施工作业总持续时间 T_z ;再按施工段数 m 用式(4-4)计算各施工段的作业持续时间:

$$T_i = \frac{T_z}{m} \tag{4-4}$$

然后,考虑施工过程的技术与组织间歇时间,根据施工段的工艺顺序及工序数 n 反算流水节拍 t_i 。由于流水节拍要受到施工段的工作面大小的限制,因此,要检查反算的流水节拍 t_i 是否大于由工作面限制的最小流水节拍 t_{min} ,如果不满足,可采取调整施工段数 m 、作业班制和提高机械设备的生产率等组织与技术措施,再综合考虑其他因素重新确定 t_i 。 t_i 的计算公式为:

$$t_i = A_{min}\mu \tag{4-5}$$

式中: t_i ——施工段上某道工序的流水节拍,即作业时间;

A_{min} ——每个人或每台机械作业所需的最小工作面面积;

μ ——单位面积所含劳动量或作业量。

$$\mu = \frac{Q_i S}{A} \tag{4-6}$$

式中: A ——一个施工段仅能利用或提供的工作面面积。

Q_i ——施工段上某道工序的工程数量(Q_i = 实际工程量/定额单位)。

S ——该道工序的时间定额。

④经验法。企业在以往的施工过程中,根据企业本身的施工技术及施工组织与管理特点,积累了许多有关分部分项工程施工过程组织的经验数据,有些企业还制定了自己的核算指标及施工定额。依据这些经验数据确定流水节拍更能反映企业的施工技术和管理水平,也比较简捷,切合实际,更具实效性。可见,依据企业的有关定额、施工经验或实际劳动生产率确定流水节拍也是一种简单实用的有效方法。

(2)流水步距 K :指组织流水施工时,两相邻工序的专业工作队相继投入同一(第一)施工段开始工作时的时间间隔,即开始时间差,用 K 表示。如图4-8 中的 K_{12} 和 K_{23} 。流水步距是流水施工的主要参数之一。流水步距的数目取决于参加流水的施工过程数,如果施工过程数是 n ,则流水步距的总数为 $n-1$ 个。流水步距的大小取决于相邻两个施工过程(或专业工作队)在各个施工段上的流水节拍及流水施工的组织方式。

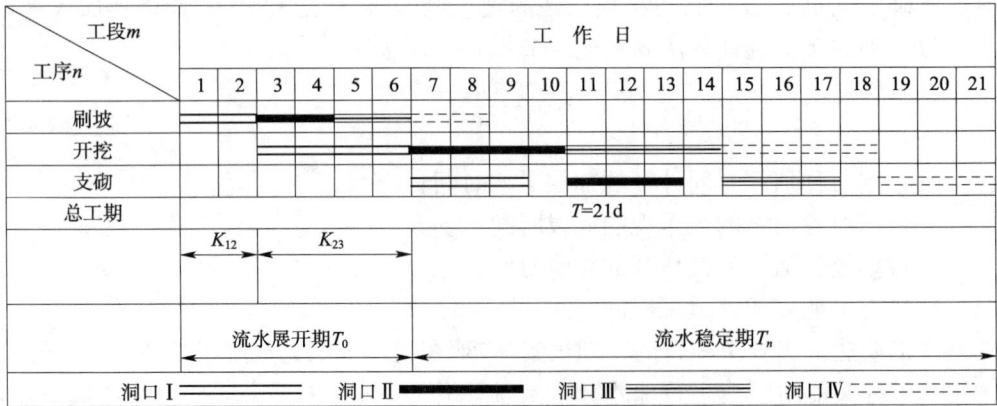

图 4-8　流水作业横道图

确定流水步距时,一般应满足以下基本要求:

①确定流水步距应始终保证相邻两道工序客观存在的先后工艺顺序。

②确定流水步距要尽量确保各专业工作队(组)连续作业。

③确定流水步距应最大限度地缩短两道工序开工时刻的时间间隔,保证前后两道工序的衔接时间最短。

④确定流水步距应以满足施工质量和安全要求为前提。如衬砌混凝土需达到规定强度要求,拆模后才能进行下道工序;每道工序开工必须保证人身安全,具备开工条件才能开工等。

(3)流水展开期 T_0 与流水稳定期 T_n。如图 4-8 所示,从第一道工序的专业工作队(组)开工时间算起,到最后一道工序的专业工作队(组)开工时间为止的间隔时间叫流水展开期,用 T_0 表示;从第一个施工段的末道工序开工时间算起,到最后一个施工段的末道工序结束时间为止的间隔时间称为流水稳定期,用 T_n 表示。

流水展开期和流水稳定期是计算总工期的基础,同时,它们也反映了施工过程中,施工资源需要量的变化规律。当施工进程在流水展开期阶段,各专业工作队(组)依次投入,所需材料设备的需要量持续增长;施工进程超过展开期,意味着专业工作队(组)已全部投入施工,每天的资源需求和完成的工作量是连续、均衡甚至不变的,并在最后一个施工段的第一道工序结束时,资源需要量开始持续递减,直到完成全部施工任务。

(4)间歇时间。所谓间歇时间,是指相邻两个施工过程之间由于工艺或组织安排而需要增加的额外等待时间,包括工艺间歇时间($G_{j,j+1}$)和组织间歇时间($Z_{j,j+1}$)。工艺间歇时间($G_{j,j+1}$)是指满足工艺或质量要求必须等待的时间,如混凝土的养护、油漆的干燥或进行质量检查验收的等待时间等;组织间歇时间($Z_{j,j+1}$)是指由于技术和组织原因造成流水步距以外增加的间歇时间,如仪器、设备检修、机械转移等间歇时间,或由于工艺顺序和流水节拍长短差异等原因造成的、采用组织措施无法规避的间歇时间。

(5)平行搭接时间 C。所谓平行搭接时间,是指相邻两个专业工作队在同一施工段上共同作业的时间。在工作面允许和资源有保证的前提下,专业工作队平行搭接施工,可以缩短流水施工工期。

(6)流水施工工期 T。所谓流水施工工期,是指从第一个专业工作队投入流水施工开始,到最后一个专业工作队完成流水施工为止的整个持续时间。值得注意的是,由于一项工程往往包含很多流水组,故流水施工工期一般均不是整个工程的工期。

三、流水施工的基本组织方式

在流水施工中,由于流水节拍的规律不同,决定了流水步距、流水施工工期的计算方法等也不同,甚至影响到各个施工过程的专业工作队的数目。因此,有必要按照流水节拍的特征将流水施工进行分类,其分类情况如图4-9所示。

(一)有节拍流水施工

有节拍流水施工是指组织流水施工时,每一个施工过程在各个施工段上的流水节拍t_i均相等的流水施工,包括全等节拍流水施工、成倍节拍流水施工和分别流水施工三种形式。

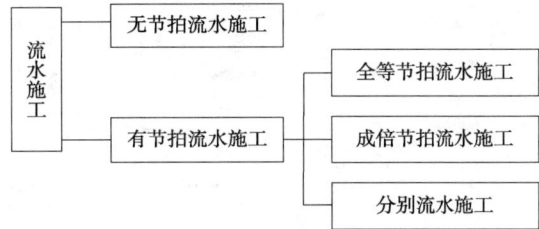

图 4-9 流水施工分类图

1. 全等节拍流水施工

全等节拍流水施工指各个施工过程的流水节拍t_i均相等的流水施工,如表4-2所示。

(1)作图:根据表4-2所列各施工过程流水节拍t_i,绘制两种横道图,其中$m=4$、$n=3$,则:

①横线工序式作业图,如图4-10所示。在横向,同一施工段上,不同施工过程的专业工作队搭接连续;在竖向,不同施工段上,相同施工过程的专业工作队沿流水线转移工段,衔接连续。

②横线工段式作业图,如图4-11所示。在横向,不同工段上,相同施工过程的专业工作队沿流水线连续作业;在竖向,同一工段上,不同施工过程搭接时衔接连续。这是工程上常用的横道图。图中虚箭线表示流水线方向。

某施工项目各施工过程流水节拍表(单位:d)　　　　　　表4-2

施工段 m ＼ 施工过程 n	构件1	构件2	构件3	构件4
模板	1	1	1	1
钢筋	1	1	1	1
混凝土	1	1	1	1

(2)特点。各施工过程的流水节拍t_i与相邻施工后过程之间的流水步距K_i完全相等,即$t_i=k_i=C$(常数),适用于各施工过程中工作量(或作业量)基本相同的施工项目。

(3)流水施工工期计算。可采用作图法和公式法确定总工期,从图4-10和图4-11中可看出,虽然作图方法不同,但工期计算结果相同。

根据图4-10所示的横线工序式横道图,推算流水施工工期计算公式(4-7)为:

$$T = T_0 + T_n = (m-1)K + nt_i = (m+n-1)t_i \tag{4-7}$$

式中:T——流水施工工期;

T_0——流水展开期,从第一道施工过程开工至末道工序开工延续的时间间隔;

T_n——末道施工过程开工直至全部完成各施工任务所需时间;

其他符号意义同前。

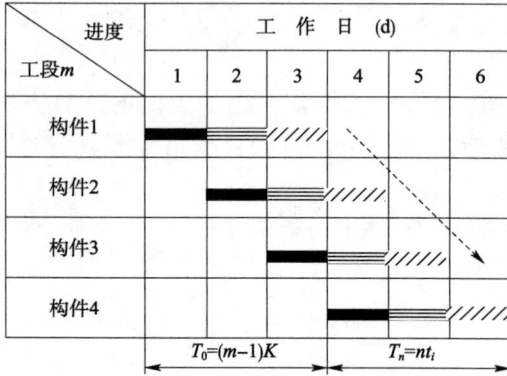

图 4-10　横线工序式全等节拍流水施工横道图

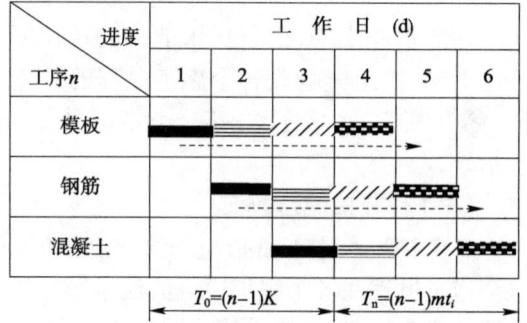

图 4-11　横线工段式全等节拍流水施工横道图

根据图 4-11 横线工序式横道图,推算工期计算公式为:

$$T = T_0 + T_n = (n-1)K + nt_i = (m+n-1)t_i \tag{4-8}$$

值得注意的是,当施工过程中有间歇时间和平行搭接时间时,流水施工总工期 T 应按公式(4-9)计算:

$$T = (m+n-1)t_i + \sum G + \sum Z - \sum C \tag{4-9}$$

式中:$\sum G$——工艺间歇时间之和;

$\sum Z$——组织间歇时间之和;

$\sum C$——平行搭接时间之和;

其他符号意义如前所述。

2. 成倍节拍流水作业

在通常情况下,组织全等节拍的流水施工是比较困难的。因为在任一施工段上,不同的施工过程,其复杂程度不同,影响流水节拍的因素也各不相同,很难使得各个施工过程的流水节拍都彼此相等。但如果施工段划分得合适,保持同一施工过程各施工段的流水节拍相等是不难实现的。使某些施工过程的流水节拍成为其他施工过程流水节拍的倍数,即形成成倍节拍流水施工。成倍节拍流水施工指各施工段上相同施工过程的流水节拍 t_i 相等,同一施工段上不同施工过程的流水节拍 t_i 不等。成倍数关系的流水作业形式如表 4-3 所示。

某施工项目各施工过程流水节拍表(单位:d)　　　　　　表 4-3

施工过程 n ＼ 施工段 m	施工段 1	施工段 2	施工段 3	$B_i = t_i/K_k$(组)
挖基础	2	2	2	1
砌墙身	6	6	6	3
回填土	4	4	4	2
$\sum B_i = n'$				6 个作业组

(1)特点

①同一工序的流水节拍在各个施工段上的彼此相等,不同工序在同一施工段上的流水节拍彼此不相等但互成倍数关系,如表 4-3 所示。

—— 80 ——

②实际组织的专业工作队数目大于工序数。

③各专业工作队都能保持连续施工,施工段没有空闲,整个施工过程是连续的、均衡的,各专业工作队按自己的节奏施工。

（2）施工组织步骤

如果仍按全等节拍流水组织施工,则会造成专业工作队窝工或出现作业面间歇的情况,从而导致总工期延长。为了使各专业对能连续、均衡的依次在各施工段上施工,应按成倍节拍流水组织施工。即按施工过程数 n 组成 n 个专业工作队,但将流水节拍较大的同类工序的专业工作队分成 t_i/K_k 个作业组,加大其资源投入数量,共组成 $\sum t_i/K_k$ 个作业组,再按全等节拍流水组织。具体步骤如下:

①确定不同工序流水节拍 t_i 的最大公约数 K_k（1 除外）。K_k 与原流水步距 K 意义不同,K_k 是作为按成倍节拍流水施工组织的一个参数,是各道工序都共同遵守的"公共流水步距"。

②求施工项目的作业组数目 n'。n' 在组织节奏性流水过程中所起的作用相当于全等节拍流水施工中的施工过程数 n,但又不同于 n。在全等节拍流水施工中,施工过程数 n 一般就是需组建的专业工作队（组）的数目,而成倍节拍流水作业中的 n' 指作业组数目,这些作业组是由专业工作队划分出来的,如表 4-3 所示。砌墙身的一个专业工作队可分成三个作业组依次投入生产,这样比较符合开创工作面时由小及大的自然规律。由此可见,成倍节拍流水施工是 n' 个作业组相隔 K_k 天依次投入生产的作业方式,实质上,仍然是全等节拍流水作业的组织形式。本例中,$n' = \sum B_i = \sum t_i/K_k = \sum(1+3+2) = 6$ 组。

③把各工序作业班组数目的总和 $n' = \sum B_i$ 看成是全等节拍流水作业中的工序数 n,将 K_k 看成是流水步距 K,按全等节拍流水作业组织施工,如图 4-12 所示。

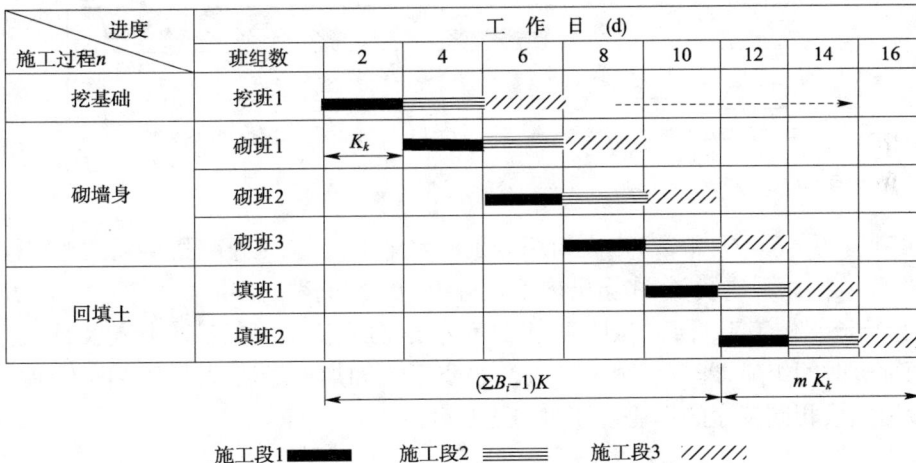

图 4-12　成倍节拍流水施工横道图

（3）流水施工工期计算

由全等节拍流水施工工期计算公式及图 4-12 可知,成倍节拍流水施工的工期可采用式（4-10）计算:

$$T = (m+n'-1)K_k + \sum G + \sum Z - \sum C = (m+\sum B_i-1)K_k + \sum G + \sum Z - \sum C \quad (4-10)$$

式中:n'——作业班组数,不同于专业作业队数目 n;

　　K_k——各道工序流水节拍 t_i 的最大公约数;

　　B_i——某道工序的专业工作队的分组数目,$B_i = t_i/K_k$;

其他符号意义同前。

则由式(3-1-13)可知,本例的总工期为:

$$T = (m + n' - 1)K_k + \sum G + \sum Z - \sum C = (3 + 6 - 1) \times 2 + 0 + 0 - 0 = 16(\text{d})$$

3. 分别流水施工

分别流水施工指在不同工段上相同施工过程的流水节拍 t_i 相等,在同一工段上不同施工过程的流水节拍 t_i 既不相等也不成倍数关系的流水作业形式,如表4-4所示。

某施工项目各施工过程流水节拍表(单位:d)　　　　表4-4

施工过程 n ＼ 施工段 m	构件1	构件2	构件3	构件4
模板	2	2	2	2
钢筋	1	1	1	1
混凝土	3	3	3	3

(1)作图:根据表4-4所列各施工过程流水节拍 t_i,绘制横向工段式横道图,如图4-13所示。

图4-13　分别流水施工横道图

(2)特点。$t_i \neq K \neq C$(常数)。在组织分别流水施工时,施工过程搭接和工地转移存在间隙,专业工作队作业不连续,往往会出现不可避免的组织间歇时间。

(3)计算流水施工工期 T。从图4-13中可看出,分别流水的总工期由流水展开期和流水稳定期两部分时间组成,即第一个工段各流水步距之和加上最后投入生产的专业工作队在每个工段上完成相同工序的作业持续时间之和,即:

$$T = T_0 + T_n = \sum K_{i,i+1} + \sum t_n + \sum G + \sum Z - \sum C \qquad (4\text{-}11)$$

式中:$K_{i,i+1}$——第一个施工段各相邻施工过程的流水步距;

t_n——最后投入生产的专业工作队在各施工段上完成相同施工过程的作业持续时间;

其他符号意义同前。

分别流水施工的最大缺点是同一工段上不同施工过程的流水节拍 t_i 不等,正因为如此,导致其施工组织过程中会出现不可避免的组织间歇时间,使专业工作队作业断断续续。为此,为了缩短工期和尽量保持专业工作队作业的连续性,在工作面容许的情况下,可通过调整同一工段上不同施工过程的人工及其机械设备投入量或者作业班制来改变 t_i 的大小,使其趋于相等。

组织分别流水施工时,首要条件是应尽量保持各工段不同工序搭接的连续性,使工段本身均衡而不间断地作业,减少工作面的空闲时间;其次,考虑在具备开工条件的前提下,尽量将不同工段上的相同工序彼此衔接,减少组织间歇时间,即减少专业工作队工地转移时的等待时间。作图时,在保证开工条件的情况下,尽量使各工序施工安排保持最大限度地向左紧凑,以达到缩短工期的目的。

(二)无节拍流水施工

在组织流水施工时,经常由于工程结构形式、施工条件不同等原因,使得各施工过程在各施工段上的工程量有较大的差异,或因专业工作队的生产效率相差较大,导致各施工过程的流水节拍随施工段的不同而不同,且不同施工过程之间的流水节拍又有很大差异。这时,流水节拍虽无任何规律,但仍可利用流水施工原理组织流水施工,使各专业工作队在满足连续施工的条件下,实现最大限度地搭接。这种无节拍流水施工方式是工程流水施工的普遍方式。

1. 基本特点

无节拍流水施工具有以下特点:

(1)各施工过程在各施工段上的流水节拍不全相等;

(2)相邻施工过程的流水步距不尽相等;

(3)专业工作队数等于施工过程数;

(4)各专业工作队能够在施工段上连续作业,但施工段之间可能有间歇时间。

2. 流水步距的确定

在无节拍流水施工中,通常采用"累加数列错位相减取大差法"计算流水步距。由于这种方法是由潘特考夫斯基(译音)首先提出的,故又称为潘特考夫斯基法。这种方法简洁、准确,便于掌握。

"累加数列错位相减取大差法"的基本步骤如下:

(1)对每一个施工过程在各施工段上的流水节拍依次累加,求得各施工过程流水节拍的累加数列;

(2)将相邻施工过程流水节拍累加数列中的后者错后一位,相减后求得一个差数列;

(3)在差数列中取最大值,即为这两个相邻施工过程的流水步距。

【例4-2】 某预制厂需要由4台设备修建的基础工程,施工过程包括基础开挖、基础处理和浇筑混凝土。因设备型号和基础条件不同,使得4台设备(施工段)的各施工过程有着不同的流水节拍(单位:周),见表4-5,试确定其流水步距。

基础工程流水节拍表(单位:周)   表4-5

施工段 m / 施工过程 n	设备 A	设备 B	设备 C	设备 D
基础开挖	2	3	2	2
基础处理	4	4	2	3
浇筑混凝土	2	3	2	3

【解析】 (1)求各施工过程流水节拍的累加数列:

基础开挖:2,5,7,9

基础处理:4,8,10,13

浇筑混凝土:2,5,7,10

(2)错位相减求得差数列:

基础开挖与基础处理:

$$
\begin{array}{r}
2, \ 5, \ 7, \ 9 \\
-) \qquad 4, \ 8, \ 10, \ 13 \\
\hline
2, \ 1, \ -1, \ -1, \ -13
\end{array}
$$

基础处理与浇筑混凝土:

$$
\begin{array}{r}
4, \ 8, \ 10, \ 13 \\
-) \qquad 2, \ 5, \ 7, \ 10 \\
\hline
4, \ 6, \ 5, \ 6, \ -10
\end{array}
$$

(3)在差数列中取最大值求得流水步距:

基础开挖与基础处理施工过程之间的流水步距:$K_{开挖-处理}=\max[2,1,-1,-1,-13]=2(\mathrm{d})$

基础处理与浇筑混凝土施工过程之间的流水步距:$K_{处理-浇筑}=\max[4,6,5,6,-10]=6(\mathrm{d})$

3. 流水施工工期的确定

流水施工工期可按式(4-12)计算:

$$T=\sum K+\sum t_n+\sum G+\sum Z-\sum C \tag{4-12}$$

式中:T——流水施工工期;

$\sum K$——各施工过程(或专业工作队)之间流水步距之和;

$\sum t_n$——最后一个施工过程(或专业工作队)在各施工段流水节拍之和;

其他符号意义同前所述。

在【例4-2】中,其流水施工工期 $T=(2+6)+(2+3+2+3)=18(周)$。绘制施工进度计划横道图如图4-14所示。

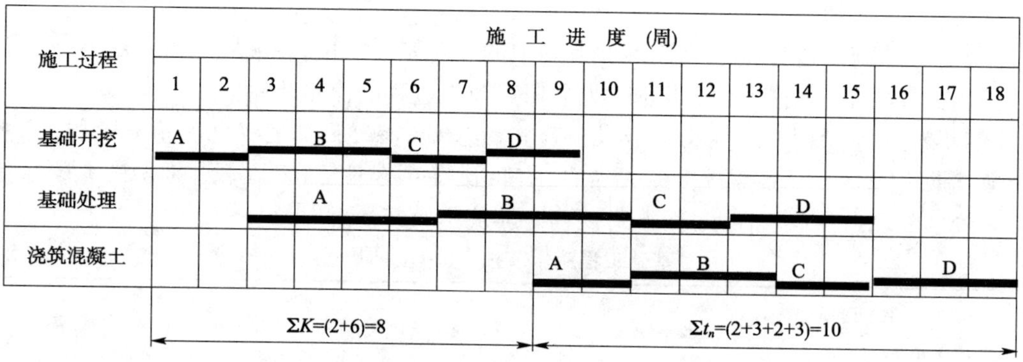

施工过程	施 工 进 度 (周)																	
	1	2	3	4	5	6	7	8	9	10	11	12	13	14	15	16	17	18
基础开挖	A		B		C		D											
基础处理			A			B			C		D							
浇筑混凝土							A		B		C		D					

$\sum K=(2+6)=8$　　　$\sum t_n=(2+3+2+3)=10$

图4-14　设备基础工程流水施工进度图

【例4-3】　某工程由 A、B、C、D 四个施工过程组成,施工顺序为:A→B→C→D,在各施工段上,各施工过程相应的流水节拍为:$t_A=2\mathrm{d}$,$t_B=4\mathrm{d}$,$t_C=4\mathrm{d}$,$t_D=2\mathrm{d}$。在劳动力相对固定的条件下,试确定施工流水方案。

【解析】　本例从流水节拍特点看,可组织成倍流水施工,但因为劳动力不能增加,无法做到等步距。为了保证专业工作队连续施工,按无节拍流水施工方式组织施工。

(1)确定施工段数、施工过程数

为使专业工作队连续施工,取施工段数等于施工过程数,即 $m=n=4$。

(2)求累加数列

A:2,4,6,8

B:4,8,12,16

C:4,8,12,16

D:2,4,6,8

(3)确定流水步距

①K_{AB}

$$
\begin{array}{r}
2,\ 4,\ \ 6,\ \ 8 \\
-)\quad 4,\ \ 8,\ \ 12,\ \ 16 \\
\hline
2,\ 0,\ -2,\ -4,\ -16
\end{array}
\qquad K_{AB}=2
$$

②K_{BC}

$$
\begin{array}{r}
4,\ 8,\ \ 12,\ \ 16 \\
-)\quad 4,\ \ 8,\ \ 12,\ \ 16 \\
\hline
4,\ 4,\ \ 4,\ \ 4,\ \ -16
\end{array}
\qquad K_{BC}=4
$$

③K_{CD}

$$
\begin{array}{r}
4,\ 8,\ \ 12,\ \ 16 \\
-)\quad 2,\ \ 4,\ \ 6,\ \ 8 \\
\hline
4,\ 6,\ \ 8,\ \ 10,\ \ -8
\end{array}
\qquad K_{CD}=10
$$

(4)计算工期

$$T=(2+4+10)+(2+2+2+2)=24(\text{d})$$

(5)绘制流水施工进度计划图

流水施工进度计划图如图 4-15 所示。

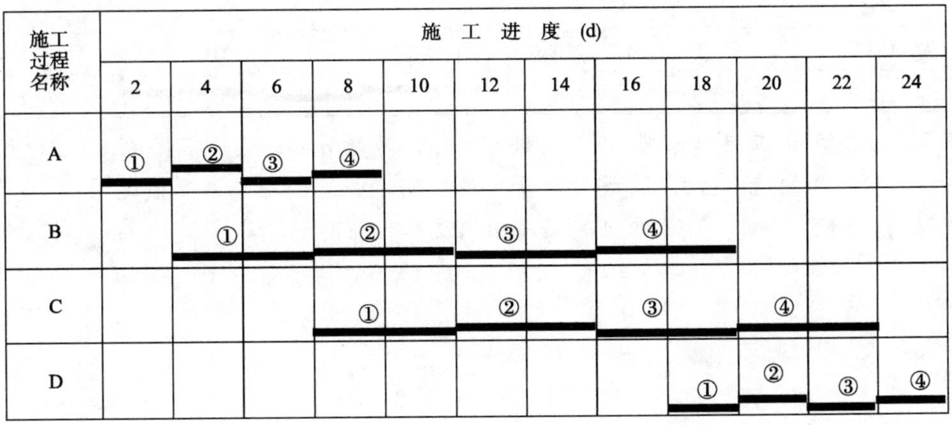

施工过程名称	施工进度 (d)											
	2	4	6	8	10	12	14	16	18	20	22	24
A	①	②	③	④								
B		①		②		③		④				
C				①		②		③		④		
D									①	②	③	④

图 4-15　流水施工进度计划图

从图 4-15 可知,当同一施工段上不同施工过程的流水节拍不相同,但相互为整倍数关系时,如果不组织多个同工种专业工作队完成同一施工过程的任务,流水步距必然不等,只能用无节拍流水的形式组织施工;如果以缩短流水节拍长的施工过程,达到等步距流水,就要在能力范围内增加劳动力的情况下,检查工作面是否满足要求;如果延长流水节拍短的施工过程,工期就要延长。

因此,到底采用哪一种流水施工的组织形式,除要分析流水节拍的特点外,还要考虑工期要求和项目经理部自身的具体施工条件。任何一种流水施工的组织形式,仅仅是一种组织管理手段,其最终目的是要实现企业的目标——质量好、工期短、成本低、效益高和施工安全。

四、流水施工的组织

流水作业的效率具体表现在施工连续、进度加快、工期缩短方面。由于专业化程度提高,不仅保证质量,而且提高了劳动生产率;又由于资源供应均衡,降低了工程成本,因此公路工程施工组织应尽可能采用流水作业法。

流水施工组织的步骤如下:

(1)根据工程项目对象划分施工段;

(2)划分工序并编写工艺流程,且按工艺原则建立专业班组;

(3)各专业班组依次、连续进入各个施工段,完成同类工种的作业;

(4)计算或确定流水作业参数;

(5)相邻施工段及相邻工序尽可能搭接紧密。

【例 4-4】 某路段有 4 座相同性质的通道工程,其施工过程均可分解为挖基坑 A、砌基础 B、浇筑墙身 C、安装盖板 D 四道工序,各道工序在各座通道上的持续时间(流水节拍)见表 4-6,试按一、二、三、四自然顺序和四、二、一、三顺序施工时,分别组织流水作业。

通道工程流水节拍(单位:d) 表 4-6

施工过程 \ 施工段	一	二	三	四
挖基坑 A	3	4	3	2
砌基础 B	5	6	4	5
浇筑墙身 C	6	5	4	6
安装盖板 D	3	2	2	3

根据上述流水施工组织原则,施工段数 $m=4$,工序数 $n=4$,然后根据施工组织顺序分别计算相邻工序之间的流水步距 K,最后计算其总工期 T 并绘制施工进度横道图。

【解析】 (1)按一、二、三、四自然顺序组织流水作业时

$$3, 7, 10, 12$$
$$-) \quad 5, 11, 15, 19$$

$$3, 2, -1, -3, -9$$

$K_{AB}=3$,同理 $\qquad K_{BC}=5, K_{CD}=14$

$$T = (3+5+14) + (3+2+2+3) = 32(d)$$

— 86 —

由 $T=32\mathrm{d}$ 和 $K_{AB}=3$、$K_{BC}=5$、$K_{CD}=14$，即可绘制流水作业施工进度横道图（绘制图形略）。

（2）按四、二、一、三顺序组织流水施工时

$$
\begin{array}{r}
2,\ 6,\ 9,\ 12 \\
-)\qquad 5,11,\ 15,\ 20 \\
\hline
2,\ 1,-2,-3,-20
\end{array}
$$

$K_{AB}=2$，同理 $\qquad K_{BC}=5$，$K_{CD}=13$

$$T=(2+5+13)+(3+2+2+3)=30(\mathrm{d})$$

其流水施工进度横道图如图 4-16 所示。

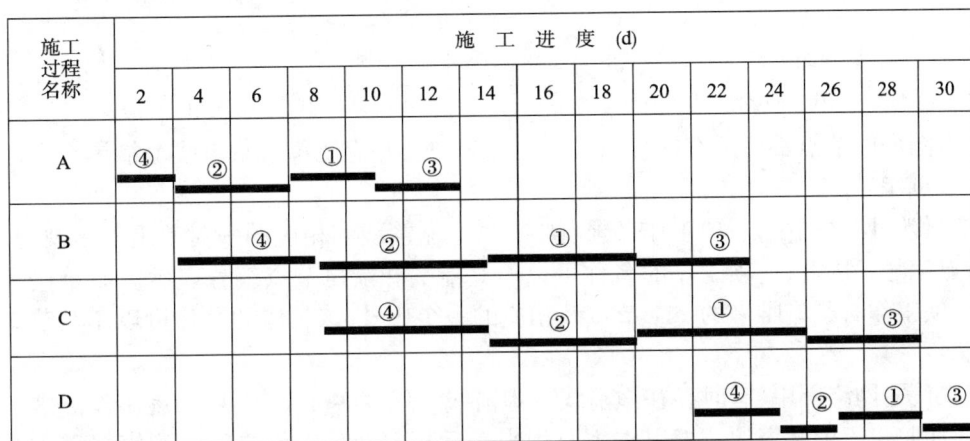

施工过程名称	施工 进 度 (d)														
	2	4	6	8	10	12	14	16	18	20	22	24	26	28	30
A	④	②		①		③									
B		④			②			①			③				
C				④				②			①			③	
D											④		②	①	③

图 4-16　通道工程流水施工进度图

由上述示例可以看出，施工段的组织次序不同，其施工进度的总工期可能不同，在无特殊顺序要求的条件下，应以总工期最短作为组织施工段顺序的依据。

4.3　网络计划技术

在工程进度控制工作中，较多地采用确定型网络计划。确定型网络计划的基本原理是：首先利用网络图形式表达一项工程计划方案中各项工作之间的相互关系和先后顺序关系；其次，通过计算找出影响工期的关键线路和关键工作；接着，通过不断调整网络计划，寻求最佳方案并付诸实施；最后，在计划实施过程中采取有效措施对其进行控制，以合理使用资源，高效、优质、低耗地完成预定任务。由此可见，网络计划技术不仅是一种科学的计划方法，同时也是一种科学动态控制方法。

一、基本概念

（一）网络图的组成

网络图是由箭线和节点组成，用来表示工作流程的有向、有序的网状图形。一个网络图表示一项计划任务。网络图中的工作是计划任务按需要精细程度划分而成的，是消耗时间或同时也消耗资源的一个子项目或子任务。工作可以是单位工程，也可以是分部工程、分项

工程,一个施工过程也可以作为一项工作。在一般情况下,完成一项工作既需要消耗时间,也需要消耗劳动力、原材料、施工机具等资源,但也有一些工作只消耗时间不消耗资源,如混凝土浇筑后的养护过程和墙面抹灰后的干燥过程等。

网络图有双代号网络图和单代号网络图两种。双代号网络图又称箭线式网络图,它是以箭线及其两端节点的编号表示工作,同时,节点表示工作的开始或结束以及工作之间的连续状态。单代号网络图又称节点式网络图,它是以节点及其编号表示工作,箭线表示工作之间的逻辑关系。网络图中工作的表示方法如图 4-17 和图 4-18 所示。

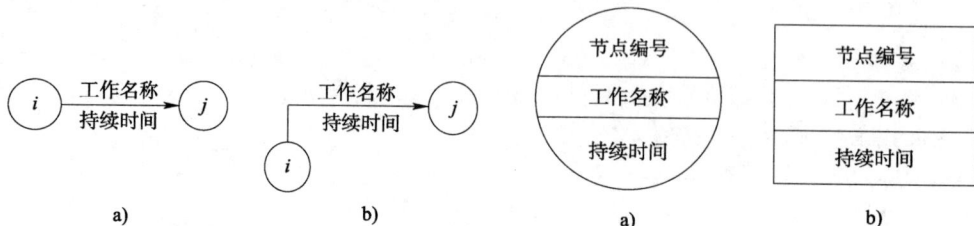

图 4-17　双代号网络图中工作的表示方法　　　图 4-18　单代号网络图中工作的表示方法

网络图中的节点都必须有标号,其标号严禁重复,并应使每一条箭线上箭尾节点编号小于箭头节点编号。

在双代号网络图中,一项工作必须有唯一的一条箭线和相应的一对不重复出现的箭头、箭尾节点编号。因此,一项工作的名称可以用其箭头和箭尾节点编号表示。而单代号网络图中,一项工作必须有唯一的一个节点及相应的一个代号,该工作的名称可以用其节点编号来表示。

在双代号网络图中,有时存在虚箭线。虚箭线不代表实际工作,称为虚工作。虚工作既不消耗时间,也不消耗资源。虚工作主要用来表示相邻两项工作之间的逻辑关系。但有时为了避免两项同时开始、同时进行的工作具有相同的开始节点和完成节点,也需要用虚工作加以区分。虚工作通常用带箭头的虚线表示,如图 4-19 中的工作③—④即为虚工作。

在单代号网络图中,虚拟工作只能出现在网络图的起点节点或终点节点处。

(二)逻辑关系

逻辑关系指工作之间的先后顺序关系,包括工艺关系和组织关系。

1.工艺关系

生产性工作之间由工艺过程决定的、非生产性工作之间由工作程序决定的先后顺序关系称为工艺关系。在图 4-19 所示的双代号网络计划中,支模 1→扎筋 1→混凝土 1 为工艺关系。

2.组织关系

工作之间由于组织安排需要或资源(劳动力、原材料、施工机具等)调配需要而规定的先后顺序关系称为组织关系。在图 4-19 所示的双代号网络计划中,支模 1→支模 2、扎筋 1→扎筋 2 等为组织关系。

(三)紧前工作、紧后工作和平行工作

1.紧前工作

在网络图中,相对于某工作而言,紧排在该工作之前的工作称为该工作的紧前工作。在双代号网络图中,工作与其紧前工作之间可能有虚工作存在。如图 4-19 所示,支模 1 是支模

2 在组织关系上的紧前工作;扎筋虽然存在虚工作,但扎筋 1 仍然是扎筋 2 在组织关系上的紧前工作。支模 1 则是扎筋 1 在工艺关系的紧前工作。

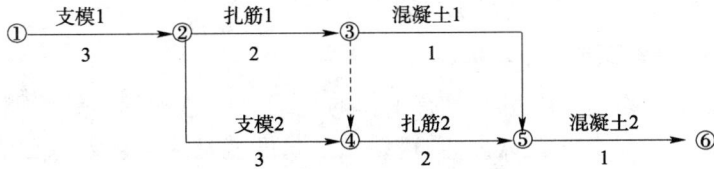

图 4-19 某混凝土工程双代号网络计划

2. 紧后工作

在网络图中,相对某工作而言,紧排在该工作之后的工作称为该工作的紧后工作。在双代号网络图中,工作与其紧后工作之间也可能有虚工作存在。如图 4-19 所示,扎筋 2 是扎筋 1 在组织关系上的紧后工作;混凝土 1 是扎筋 1 在工艺关系上的紧后工作。

3. 平行工作

在网络图中,相对于某工作而言,可以与该工作同时进行的工作即为该工作的平行工作。如图 4-19 所示,扎筋 1 和支模 2 互为平行工作。

紧前工作、紧后工作及平行工作是工作之间逻辑关系的具体体现,只要能根据工作之间的工艺关系和组织关系明确其紧前或紧后关系,即可据此绘出网络图。工作之间逻辑关系是确定网络图的前提条件。

(四)先行工作和后续工作

1. 先行工作

相对于某工作而言,从网络图的第一个节点(起始节点)开始,顺箭头方向经过一系列箭线与节点到达该工作为止的各条通路上的所有工作,都称为该工作的先行工作,如图 4-19 所示,支模 1、扎筋 1、混凝土 1、扎筋 2 均为混凝土 2 的先行工作。

2. 后续工作

相对于某工作而言,从该工作之后开始,顺箭头方向经过一系列箭线与节点到网络图最后一个节点(终点节点)的各条通路上的所有工作,都称为该工作的后续工作。如图 4-19 所示,扎筋 1 的后续工作有混凝土 1、扎筋 2 和混凝土 2。

在工程项目进度控制中,后续工作是一个非常重要的概念。在工程网络计划实施中,如果发现某项工作进度出现拖延,则受影响的工作必然是该工作的后续工作。

(五)线路、关键线路和关键工作

1. 线路

网络图中从起点节点开始,沿箭头方向顺序通过一系列箭线与节点,最后到达终节点的通路称为线路。线路既可依次用该线路上的节点编号来表示,也可依次用该线路上的工作名称来表示。如图 4-19 所示,该网络图中有三条线路,这三条线路既可表示为:①→②→③→⑤→⑥、①→②→③→④→⑤→⑥、①→②→④→⑤→⑥,也可以表示为:支模 1→扎筋 1→混凝土 1→混凝土 2、支模 1→扎筋 1→扎筋 2→混凝土 2、支模 1→支模 2→扎筋 2→混凝土 2。

通常,一个网络图中有许多条线路,线路上各项工作持续时间的总和称为该线路的长度或称为线路时间。它表示完成该线路上的所有工作需耗用的时间,其计算可按下式进行:

$$T_s = \sum D_{i-j} \qquad (4\text{-}13)$$

式中: T_s——第 s 条线路的时间;

D_{i-j}——第 s 条线路上工作 $i-j$ 的持续时间。

2. 关键线路和关键工作

在关键线路法(CPM)中,线路上所有工作的持续时间总和称为该线路的总持续时间。总持续时间最长的线路称为关键线路,关键线路的长度就是网络计划总工期。如图 4-19 所示,线路①→②→④→⑤→⑥或支模 1→支模 2→扎筋 2→混凝土 2 为关键线路。

在工程网络计划中,关键线路可能不止一条。而且在网络计划执行过程中,关键线路还会发生转移。

关键线路上的工作称为关键工作。在工程网络计划实施过程中,关键工作的实际进度提前或拖后,均会对总工期产生影响。关键工作的实际进度是工程项目进度控制工作中的重点。

网络计划的关键线路不是一成不变的,在一定条件下,关键线路和非关键线路可以互相转化。比如,缩短了某些工作的持续时间,或者延长了某些非关键工作的持续时间,就有可能使关键线路增长或发生转移。

3. 非关键线路和非关键工作

在一个网络图中,关键线路以外的线路通称为非关键线路,关键工作以外的工作通称为非关键工作。非关键线路上的工作既有关键工作,也有非关键工作。在所有的非关键线路中,最接近关键线路长度的线路有时也称为次关键线路。

二、网络图的绘制

(一)双代号网络图的绘制

1. 逻辑关系的表示方法

正确表达工作间的逻辑关系是绘制双代号网络图的基础和关键。在网络图中,各工序之间的逻辑关系是千变万化的,表 4-7 列出了网络图中最常见的一些逻辑关系及其表示方法。表中的工作名称均以字母表示。

双代号网络图工作逻辑关系表示方法   表 4-7

序号	工作间逻辑关系	图 例	说 明
1	A 完成后进行 B	A→B	A、B 顺序完成。B 工序依赖 A 工序;A 工序约束 B 工序的开始
2	A、B、C 同时开始	A / B / C	A、B、C 三道工序称为平行工序
3	A、B、C 同时结束	A / B / C	A、B、C 三道工序称为平行工序

序号	工作间逻辑关系	图 例	说 明
4	A 完成后进行 B、C		A 工序制约着 B、C 工序的开始;B、C 是平行工序
5	A、B 均完成后,同时进行 C、D		全约束:A 的紧后工作有 C、D;B 的紧后工作有 C、D。中间节点是关键
6	A 完成后进行 C;A、B 同时完成后进行 D		半约束:A 的紧后工作有 C、D;B 的紧后工作只有 C、D 中的一项,如 D。虚箭线的使用是关键
7	A 完成后进行 C、D;B 完成后进行 D、E		1/3 约束; A 的紧后工作有 C、D;B 的紧后工作有 D、E
8	一个施工段三道工序流水作业		一段三道工序流水
9	两个施工段三道工序的流水施工		两段三道工序流水

2. 绘图规则

在绘制双代号网络图时,应正确表达工作间的逻辑关系和引用虚工作并遵循有关绘图的基本规则;否则,绘制的网络图就不能正确地反映工程项目的施工流程并进行时间参数的计算。绘制双代号网络图必须遵循以下基本规则:

(1)网络图必须按照已定逻辑关系绘制。由于网络图是有向、有序的图形,所以其必须严格按照规则的逻辑关系绘制,这同时这也是为保证工程质量和资源优化配置及合理使用所必需的。例如,已知工作之间的逻辑关系如表4-8所示,若绘出如图4-20a)所示的网络图则是错误的,因为工作A不是工作D的紧前工作。此时,可用虚箭线将工作A和工作D的联系断开,如图4-20b)所示。

逻 辑 关 系　　　　　　　　　　　　表4-8

工作	A	B	C	D
紧前工作	—	—	A、B	B

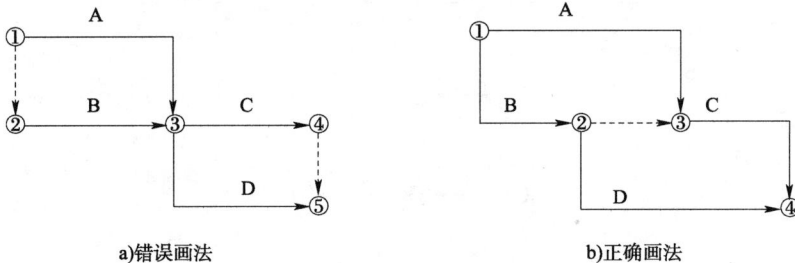

a)错误画法　　　　　　　　　　　b)正确画法

图4-20　按表4-7绘制的网络图

(2)网络图中严禁出现从一个节点出发,顺箭头方向又回到原出发点的循环回路,如果出现循环回路,会造成逻辑关系混乱,使工作无法按顺序进行。如图4-21所示,网络图中存在不允许出现的循环回路BCGF。当然,此时节点编号也发生错误。

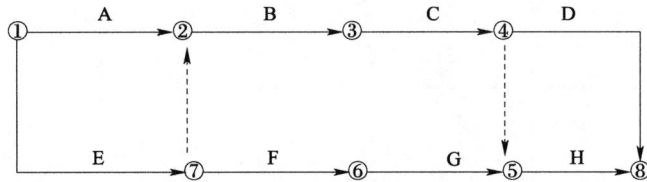

图4-21　存在循环回路的错误网络图

(3)网络图中的箭线(包括虚箭线,以下同)应保持自左向右的方向,不应该出现箭头指向左方的水平箭头和箭头偏向左方的斜向箭线。若遵循该规则绘制网络图,就不会出现循环回路。

(4)网络图中严禁出现双向箭头和无箭头的连线。图4-22所示即为错误的工作箭线画法,因为工作进行的方向不明确,因而不能达到网络图有向要求。

a)双向箭头　　　　　　　　　　b)无箭头

图4-22　错误的工作箭法画法

(5)网络图中严禁出现没有箭尾节点的箭线和没有箭头节点的箭线。图4-23即为错误画法。

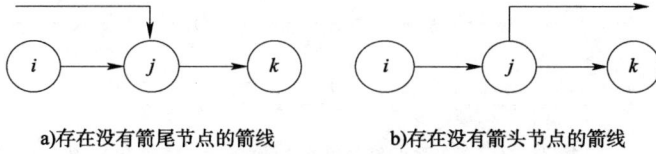

a)存在没有箭尾节点的箭线　　　　　b)存在没有箭头节点的箭线

图 4-23　错误画法

（6）严禁在箭线上引入或引出箭线。图 4-24 即为错误画法。

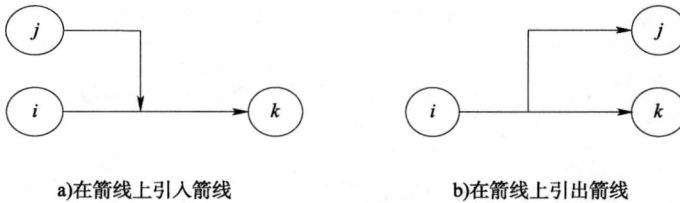

a)在箭线上引入箭线　　　　　b)在箭线上引出箭线

图 4-24　错误画法

但当网络图的起点有多条箭线引出（外向箭线）或终节点有多条箭线引入（内向箭线）时，为使图形简洁，可用母线法绘图。即：将多条箭线经一条共用的垂直线段从起点节点引出，或将多条箭线经一条共用的垂直线段引出终节点，如图 4-25 所示。对于特殊线型的箭线，如粗箭线、双箭线、虚箭线、彩色箭线等，可在母线上引出的支线上标出。

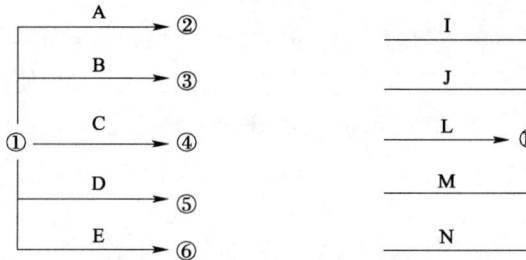

图 4-25　母线法

（7）应尽量避免网络图中工作箭线的交叉。当交叉不可避免时，可以采用过桥法或指向法处理，如图 4-26 所示。

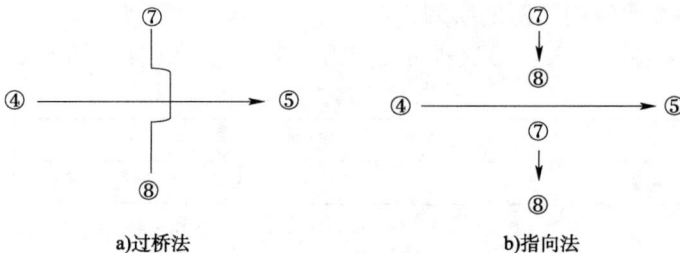

a)过桥法　　　　　b)指向法

图 4-26　箭线交叉的表示方法

（8）网络图中应由一个起点节点和一个终点节点（任务中部分工作需要分期完成的网络计划除外），除网络图的起点节点和终点节点外，不允许出现没有外向箭线的节点和没有内向箭线的节点。图 4-27 所示网络图中有两个起点节点①和②，两个终点节点⑦和⑧。该网络图的正确画法如图 4-28 所示，即将节点①和②合并为一个起点节点，将节点⑦和⑧合并为一个终点节点。

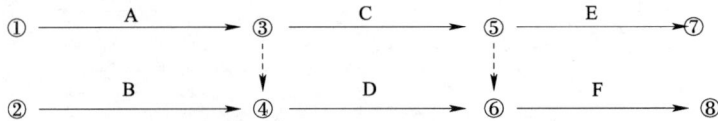

图 4-27　存在多个起点节点和多个终点节点的错误网络图

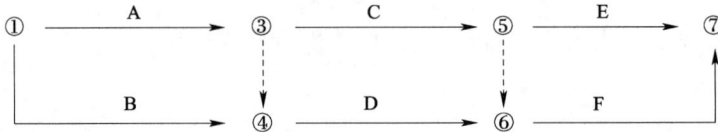

图 4-28　存在多个起点节点和多个终点节点的正确网络图

3. 绘图方法

在构成工作关系及工作持续时间之后,绘制双代号网络计划图通常采用以下几种方法:

（1）前进法

前进法是从网络图的起点开始顺箭线方向用逐节生长法绘图,直到各条线路均达到网路图的终点为止。一般当工作关系表中列出本工作与紧后关系时,可方便地采用前进法绘制网络图。前进法绘图的关键是第一步,要正确而又清楚地确定出哪些工作为开始工作。

（2）后退法

后退法是从网络图终点节点开始逆箭线方向逐节后退,直到各条线路均退回到网络的起点为止。一般当工作关系表中列出本工作与紧前工作关系时,使用后退法较为方便。后退法绘网络图的关键是后退的第一步,也应正确而又清楚地确定出哪些工作为最后结束的工作。

（3）先粗后细法

在工程进度计划实际网络图绘制中,可先粗略划分工程项目,然后逐步细分,先绘制分项或分部工程的子网络图,再拼成单位工程或单项工程总网络图。工程实际绘制网络计划图时广泛采用先粗后细法。

4. 绘图示例

下面举例说明双代号网络图的绘制方法。

【例4-5】　已知各工作之间的逻辑关系见表4-9,则可按上述方法绘制其双代号网络图。

工作逻辑关系表　　　　　　　　　　　　　　　　　　　　　　表4-9

工作	A	B	C	D
紧前工作	—	—	A、B	B

【解析】　（1）绘制工作箭线 A 和工作箭线 B,如图 4-29a）所示。

（2）根据工作逻辑关系表达第六项法则,A 的紧后只有 C 工作,B 的紧后有 C、D 两项工作,他们关系为半约束关系,绘制工作 C、D,如图 4-29b）所示。

（3）遵循双代号网路图绘图规则,将工作箭线 C 和 D 的终节点合并,以保证网络图只有一个终节点。当确认逻辑关系表达正确后,再进行节点编号,如图 4-29c）所示。

【例4-6】　已知各工作之间的逻辑关系见表4-10,则可按上述方法绘制其双代号网络图。

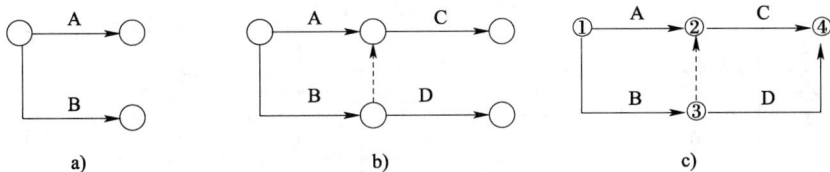

图 4-29 【例 4-5】绘图过程

工作逻辑关系表 表 4-10

工作	A	B	C	D	E	F
紧前工作	—	—	—	A、B	A、B、C	D、E

【解析】 (1)用母线法绘制开始工作 A、B、C 的工作箭线,如图 4-30a)所示。

(2)根据工作间逻辑关系,按照逻辑关系表法则,逐项绘出工作 D、E、F。当确认逻辑关系表达正确后,再进行节点编号,如图 4-30b)、c)、d)所示。

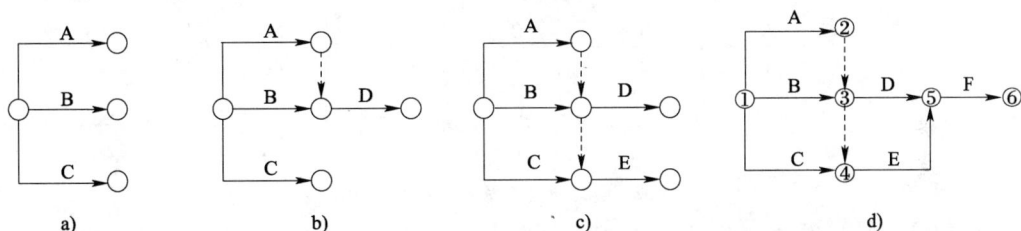

图 4-30 【例 4-6】绘图过程

【**例 4-7**】 已知各工作之间的逻辑关系见表 4-11,则可按上述方法绘制其双代号网络图。

工作逻辑关系表 表 4-11

工作	A	B	C	D	E	F	G
紧前工作	—	—	—	—	A、B	B、C、D	C、D

【解析】 (1)用母线法绘制开始工作 A、B、C、D 的工作箭线,如图 4-31a)所示。

(2)根据工作间逻辑关系,按照逻辑关系表法则,逐项绘出工作 E、F、G。在绘制工作 F 箭线中,需尤其注意虚箭线的应用。当确认逻辑关系表达正确后,再进行节点编号,如图 4-31b)、c)、d)所示。

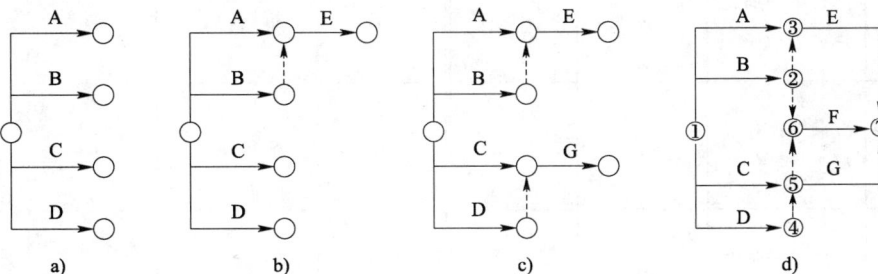

图 4-31 【例 4-7】绘图过程

5. 工程应用实例示例

【**例 4-8**】 某隧道便道工程,工作项目划分与工作相互关系及持续时间见表 4-12,试绘制其施工进度双代号网络计划图。

工作项目划分明细表 表4-12

工作序号	A	B	C	D	E	F	G	H
工作名称	测量	土方工程	路基工程	安装排水设施	清理杂物	路面工程	路肩工程	清理现场
紧前工作	—	A	B	B	B	C、D	C、E	F、G
持续时间	1	10	2	5	1	3	2	1

【解析】 根据表4-12所列工作关系,如果采用前进法绘制网络图,关键是确定A为开始工作,然后从表4-12中找出紧前工作与本工作的前后关系,逐节生长绘图直至网络图的终点;若采用后退法绘制网络图,关键是确定H为结束工作,再从表4-12中寻找本工作与紧前工作的前后关系,逐节后退绘图直至网络图的起点。绘制的双代号网络计划图如图4-32所示。

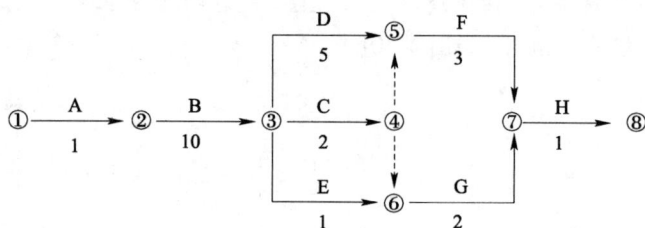

图4-32 隧道便道工程施工进度计划图

【例4-9】 某隧道边墙基础施工工序及其持续时间见表4-13,试绘制其施工进度双代号网络计划图。

某隧道边墙施工工作关系图 表4-13

工作代号	工作内容	紧前工作	持续时间	工作代号	工作内容	紧前工作	持续时间
A	清除边墙基础虚渣	—	2	F	浇筑混凝土并安装接茬钢筋	C、E	3
B	立模	A	4	G	混凝土养护	F	7
C	校正并加脱模剂	B	1	H	拆模	G	2
D	洞外拌和混凝土	—	3	I	洒水养护	H	7
E	运送混凝土进洞	D	3				

【解析】 根据该段边墙施工工作关系计持续时间,绘制双代号网络计划图如图4-33所示。

【例4-10】 某隧道主洞工程围岩等级为 V 级围岩,经研究采用台阶分部法(环形开挖

— 96 —

留核心土法)进行施工,施工主要作业线包括开挖支护、仰拱施工、二次衬砌。为保证施工连续性、均衡性和经济性,分为三个施工段按图 4-34 施工工艺及工作时间组织流水施工。请绘制其双代号网络计划图。

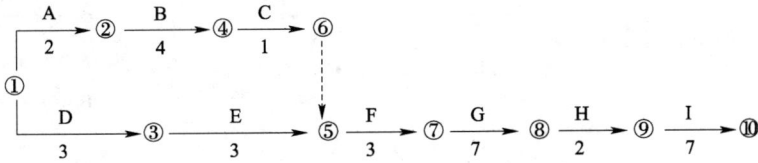

图 4-33　隧道边墙工程双代号网络计划图

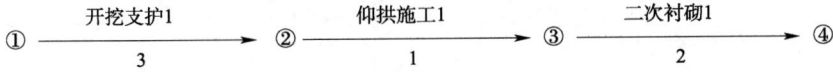

图 4-34　某隧道主洞工程施工流程图

【解析】　本案例中绘图的难点为三段流水逻辑关系地正确表达,需注意虚箭线在理清工作间逻辑关系上的作用。如图 4-35 所示。

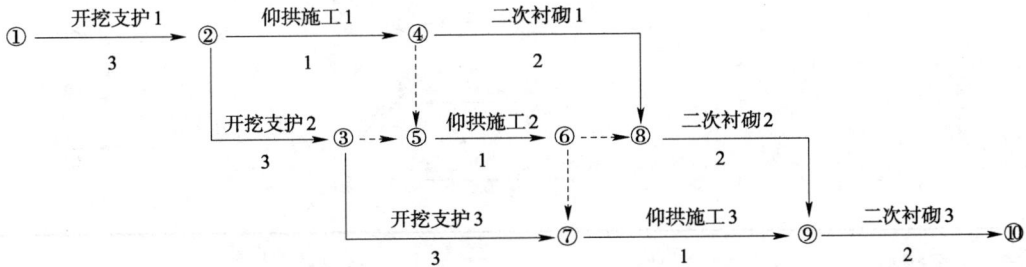

图 4-35　某隧道主洞工程施工流程图

(二) 单代号网络图的绘制

1. 逻辑关系的表示方法

在单代号网络图中,各工作之间的逻辑关系,仍然根据工艺关系和组织关系确定,逻辑关系表示法比较简单。下面将单代号与双代号网络图逻辑关系表示方法进行比较,如表 4-14 所示。

单代号与双代号网络图逻辑关系表示方法比较表　　　　表 4-14

序号	工作间逻辑关系	双代号网络图表示法	单代号网络图表示法
1	A 完成后进行 B		
2	A 完成后进行 B、C		

— 97 —

序号	工作间逻辑关系	双代号网络图表示法	单代号网络图表示法
3	A、B 均完成后,同时进行 C、D		
4	A 完成后进行 C;A、B 同时完成后进行 D		
5	A 完成后进行 C、D;B 完成后进行 D、E(1/3 约束)		

2. 绘图规则

单代号网络图的绘图规则与双代号网络图的绘图规则基本相同,主要区别在于:

当网络图中有多项开始工作时,应增设一项虚拟的工作(S),作为该网络图的起点节点;当网络图中有多项结束工作时,应增设一项虚拟的工作(F),作为该网络图的终点节点。如图 4-36 所示,其中 S 和 F 为虚拟工作。

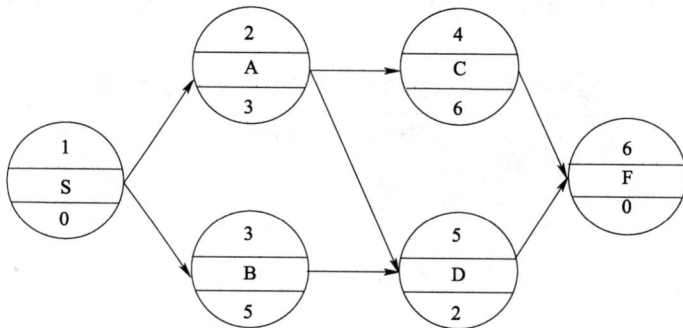

图 4-36　具有虚拟起点节点和虚拟终点节点的单代号网络图

3. 绘图示例

绘制单代号网络图比绘制双代号网络图容易得多,这里仅举一例说明单代号网络图的绘制方法。

【例 4-11】 已知各工作之间的逻辑关系见表 4-15,绘制单代号网络图的过程如图 4-37

所示。

工作	A	B	C	D	E	G	H	I
紧前工作	—	—	—	—	A、B	B、C、D	C、D	E、G、H

【解析】 (1)首先绘出开始工作 A、B、C、D,如图 4-37a)所示。

(2)根据表中所示工作逻辑关系,按照单代号网络图工作逻辑关系表达方法进行绘制,如图 4-37b)所示。

(3)为保证网络图只有一个始节点,增设一项虚拟的工作(S)。当确认逻辑关系表达正确后,再进行节点编号,如图 4-37c)所示。

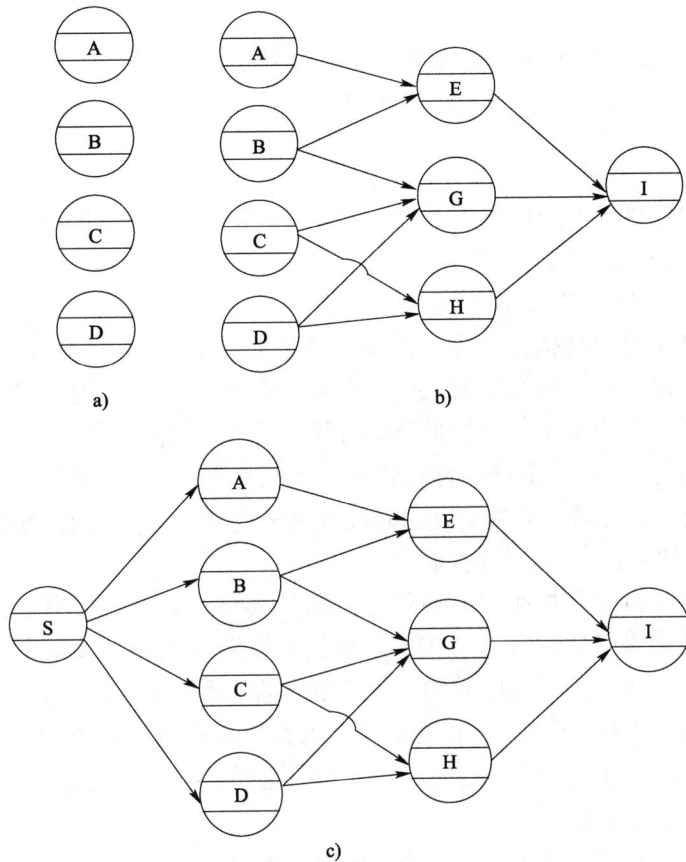

图 4-37 【例 4-10】绘图过程

三、网络计划时间参数的计算

所谓网络计划,是指在网络图上加注时间参数而编制的进度计划。网络计划时间参数的计算应在各项工作的持续时间确定之后进行。

(一)网络计划时间参数的概念

所谓时间参数,是指网络计划、工作及节点所具有的各种时间值。

1. 工作持续时间和工期

(1)工作持续时间

工作持续时间是指一项工作从开始到完成的时间。在双代号网络计划中,工作 $i—j$ 的持续时间用 D_{i-j} 表示;在单代号网络图中,工作 i 的持续时间用 D_i 表示。

(2)工期

工期泛指完成一项任务所需要的时间。在网络计划中,工期一般有以下三种:

①计算工期。计算工期是根据网络计划时间参数计算而得到的工期,用 T_c 表示。

②要求工期。要求工期是任务委托人所提出的指令性工期,用 T_r 表示。

③计划工期。计划工期是指根据要求工期和计算工期确定的作为实施目标的工期,用 T_p 表示。

当已规定了要求工期时,计划工期不应超过要求工期,即:

$$T_p \leqslant T_r \tag{4-14}$$

当未规定要求工期时,可令计划工期等于工期,即:

$$T_p = T_c \tag{4-15}$$

2. 工作的六个时间参数

除工作持续时间外,网络计划中工作的六个时间参数是:最早开始时间、最早完成时间、最迟完成时间、最迟开始时间、总时差和自由时差。

(1)最早开始时间和最早完成时间

工作的最早开始时间是指在紧前工作和有关时限约束下,本工作有可能开始的最早时刻。工作的最早完成时间是指在紧前工作和有关时限约束下,工作有可能完成的最早时刻。工作的最早完成时间等于本工作的最早开始时间与其持续时间之和。

在双代号网络计划中,工作 $i—j$ 的最早开始时间和最早完成时间分别用 ES_{i-j} 和 EF_{i-j} 表示;在单代号网络图中,工作 i 的最早开始时间和最早完成时间分别用 ES_i 和 EF_i 表示。

(2)最迟完成时间和最迟开始时间

工作的最迟完成时间是指在不影响任务按期完成和有关时限约束下,工作最迟必须完成的时刻。工作的最迟开始时间是指在不影响任务按期完成和有关时限约束下,工作最迟必须开始的时刻。工作的最迟开始时间等于本工作的最迟完成时间与其持续时间之差。

在双代号网络计划中,工作 $i—j$ 的最迟完成时间和最迟开始时间分别用 LF_{i-j} LS_{i-j} 和表示;在单代号网络图中,工作 i 的最迟完成时间和最迟开始时间分别用 LF_i 和 LS_i 表示。

(3)总时差和自由时差

工作的总时差是指在不影响工期和有关时限的前提下,一项工作可以利用的机动时间。在双代号网络计划中,工作 $i—j$ 的总时差用 TF_{i-j} 表示;在单代号网络计划中,工作 i 的总时差用 TF_i 表示。

工作的自由时差是指在不影响其紧后工作最早开始时间和有关时限的前提下,一项工作可以利用的机动时间。在双代号网络计划中,工作 $i—j$ 的自由时差用 FF_{i-j} 表示;在单代号网络计划中,工作 i 的自由时差用 FF_i 表示。

从总时差和自由时差的定义可知,对于同一项工作而言,自由时差不会超过总时差。当工作的总时差为零时,其自由时差必然为零。

在网络计划执行过程中,工作的自由时差是该工作可以自由使用的时间。但是,如果利用某项工作的总时差,则有可能使该工作的总时差减小。

3. 节点最早时间和最迟时间

（1）节点最早时间

节点最早时间是指在双代号网络计划中，以该节点为开始节点的各项工作的最早开始时间。节点 i 的最早时间用 ET_i 表示。

（2）节点最迟时间

节点最迟时间是指在双代号网络计划中，以该节点为完成节点的各项工作的最迟完成时间。节点 j 的最早时间用 LT_j 表示。

4. 相邻两项工作之间的时间间隔

相邻两项工作之间的时间间隔是指本工作的最早完成时间与其紧后工作最早开始时间之间可能存在的差值。工作 i 和工作 j 之间的时间间隔用 $LAG_{i,j}$ 表示。

时间参数分类见表4-16。

时间参数分类表　　　　　　　　　　表4-16

		工作最早开始时间（ES）
控制性时间参数	最早时间系列参数	工作最早完成时间（EF）
		节点最早时间（ET）
	最迟时间系列参数	工作最迟开始时间（LS）
		工作最迟完成时间（LF）
		节点最迟时间（LT）
协调性时间参数	工作的总时差（TF）	
	工作的自由时差（FF）	

（二）双代号网络计划时间参数计算

双代号网络计划的时间参数既可以按工作计算，也可以按节点计算，下面分别以简例说明：

1. 按工作计算法

所谓按工作计算法，就是以网络计划中的工作为对象，直接计算各项工作的时间参数。这些时间参数包括：工作的最早开始时间和最早完成时间、工作的最迟开始时间和最迟完成时间、工作的总时差和自由时差。此外，还应计算网络计划的计算工期。

为了简化计算，网络计划时间参数中的开始时间和完成时间都应以时间单位的终了时刻为标准。如第3天开始即是指第3天终了（下班）时刻开始，实际上是第4天上班时刻才开始；第5天完成即为指第5天终了（下班）时刻完成。

下面以图4-38所示双代号网络计划为例，说明按工作计算法计算时间参数的过程。其计算结果如图4-39所示。

（1）计算工作的最早开始时间和最早完成时间

工作的最早开始时间和最早完成时间的计算应从网络计划的起点节点开始，顺着箭线方向依次进行。其计算步骤如下：

①以网络计划起点节点为开始节点的工作，当未规定其最早开始时间，其最早开始时间为零。例如在本例中，工作1－2、工作1－3、工作1－4的最早开始时间都为零，即：

$$ES_{1-2} = ES_{1-3} = ES_{1-4} = 0$$

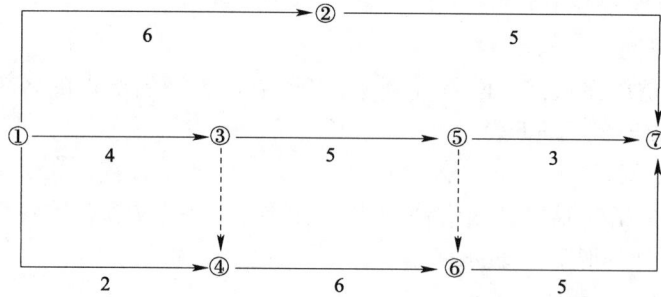

图 4-38　双代号网络计划图

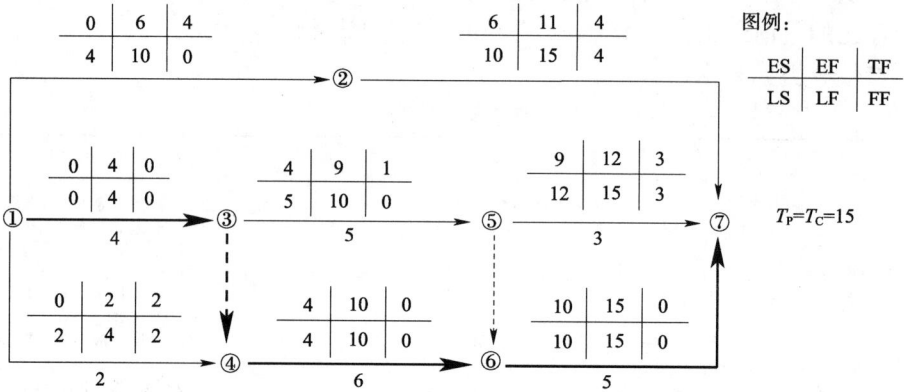

图例:

ES	EF	TF
LS	LF	FF

$T_P = T_C = 15$

图 4-39　双代号网络计划图(六时标注法)

②工作的最早完成时间可利用公式(4-16)进行计算:

$$EF_{i-j} = ES_{i-j} + D_{i-j} \tag{4-16}$$

式中:EF_{i-j}——工作 $i-j$ 的最早完成时间;

　　ES_{i-j}——工作 $i-j$ 的最早开始时间;

　　D_{i-j}——工作 $i-j$ 的持续时间。

例如在本例中,工作 $1-2$、工作 $1-3$、工作 $1-4$ 的最早完成时间分别是:

工作 $1-2$:$EF_{1-2} = ES_{1-2} + D_{1-2} = 0 + 6 = 6$;

工作 $1-3$:$EF_{1-3} = ES_{1-3} + D_{1-3} = 0 + 4 = 4$;

工作 $1-4$:$EF_{1-4} = ES_{1-4} + D_{1-4} = 0 + 2 = 2$。

③其他工作的最早开始时间应等于其紧前工作最早完成时间的最大值,即:

$$ES_{i-j} = Max\{EF_{h-i}\} = Max\{ES_{h-i} + D_{h-i}\} \tag{4-17}$$

式中:ES_{i-j}——工作 $i-j$ 的最早开始时间;

　　EF_{h-i}——工作 $i-j$ 的紧前 $h-i$(非虚工作)的最早完成时间;

　　ES_{h-i}——工作 $i-j$ 的紧前 $h-i$(非虚工作)的最早开始时间;

　　D_{h-i}——工作 $i-j$ 的紧前 $h-i$(非虚工作)的持续时间。

例如在本例中,工作 $3-5$ 和工作 $4-6$ 的最早开始时间为:

工作 $3-5$:$ES_{3-5} = EF_{1-3} = 4$

工作 $4-6$:$ES_{4-6} = Max\{EF_{1-3}, EF_{1-4}\} = Max\{4, 2\} = 4$

④网络计划的计算工期应等于以网络计划终点节点为完成节点的工作的最早完成时间的最大值,即:

$$T_c = Max\{EF_{i-n}\} = Max\{ES_{i-n} + D_{i-n}\} \quad (4-18)$$

式中:T_c——网络计划的计算工期;

$\quad$ EF_{i-n}——以网络计划终点节点 n 为完成节点的工作的最早完成时间;

$\quad$ ES_{i-n}——以网络计划终点节点 n 为完成节点的工作的最早开始时间;

$\quad$ D_{i-n}——以网络计划终点节点 n 为完成节点的工作的持续时间。

例如在本例中,网络计划的计算工期为:

$$T_c = Max\{EF_{2-7}, EF_{5-7}, EF_{6-7},\} = Max\{11, 12, 15\} = 15$$

(2)确定网络计划的计划工期

网络计划的计划工期应按公式(4-14)或公式(4-15)。在本例中,假设未规定要求工期,则其计划工期就等于计算工期,即:$T_p = T_c = 15$。

计划工期应标注在网络计划终点节点的右上方,如图 4-39 所示。

(3)计算工作的最迟完成时间和最迟开始时间

工作最迟完成时间和最迟开始时间的计算应从网络计划的终点节点开始,逆着箭线方向依次进行。其计算步骤如下:

①以网络计划终点节点为完成节点的工作,其最迟完成时间等于网络计划的计划工期,即:

$$LF_{i-n} = T_p$$

式中:LF_{i-n}——以网络计划终点节点 n 为完成节点的工作的最迟完成时间;

$\quad$ T_p——网络计划的计划工期。

例如在本例中,工作 2 – 7、工作 5 – 7、工作 6 – 7 最迟完成时间为:

$$LF_{2-7} = LF_{5-7} = LF_{6-7} = T_p = 15$$

②工作的最迟开始时间可利用公式(4-19)进行计算:

$$LS_{i-j} = LF_{i-j} - D_{i-j} \quad (4-19)$$

式中:LS_{i-j}——工作 $i-j$ 的最迟开始时间;

$\quad$ LF_{i-j}——工作 $i-j$ 的最迟完成时间;

$\quad$ D_{i-j}——工作 $i-j$ 的持续时间。

例如在本例中,工作 2 – 7、工作 5 – 7、工作 6 – 7 最迟开始时间分别是:

工作 2 – 7:$LS_{2-7} = LF_{2-7} - D_{2-7} = 15 - 5 = 10$;

工作 5 – 7:$LS_{5-7} = LF_{5-7} - D_{5-7} = 15 - 3 = 12$;

工作 6 – 7:$LS_{6-7} = LF_{6-7} - D_{6-7} = 15 - 5 = 10$。

③其他工作的最迟完成时间应等于其紧后工作最迟开始时间的最小值,即:

$$LF_{i-j} = Min\{LS_{j-k}\} = Min\{LF_{j-k} - D_{j-k}\} \quad (4-20)$$

式中:LF_{i-j}——工作 $i-j$ 的最迟完成时间;

$\quad$ LS_{j-k}——工作 $i-j$ 的紧后工作 $j-k$(非虚工作)最迟开始时间;

$\quad$ LF_{j-k}——工作 $i-j$ 的紧后工作 $j-k$(非虚工作)最迟完成时间;

$\quad$ D_{j-k}——工作 $i-j$ 的紧后工作 $j-k$(非虚工作)持续时间。

例如在本例中,工作 3 – 5 和工作 4 – 6 的最迟完成时间分别为:

工作 3 – 5:$LF_{3-5} = Min\{LS_{5-7}, LS_{6-7}\} = Min\{12, 10\} = 10$;

工作 4 – 6:$LF_{6-7} = LS_{6-7} = 10$。

（4）计算工作的总时差

工作的总时差等于该工作最迟完成时间与最早完成时间之差，或该工作最迟开始时间与最早开始时间之差，即：

$$TF_{i-j} = LF_{i-j} - EF_{i-j} = LS_{i-j} - ES_{i-j} \qquad (4-21)$$

式中：TF_{i-j}——工作 $i-j$ 的总时差；

其余符号意义同前。

例如在本例中，工作 $3-5$ 的总时差为：

$$TF_{3-5} = LF_{3-5} - EF_{3-5} = 10 - 9 = 1 \quad 或 \quad TF_{3-5} = LS_{i-j} - ES_{i-j} = 5 - 4 = 1$$

（5）计算工作的自由时差

工作自由时差的计算应按以下两种情况分别考虑：

①对于有紧后工作的工作，其自由时差等于本工作之紧后工作最早开始时间减本工作最早完成时间所得之差的最小值，即：

$$FF_{i-j} = Min\{ES_{j-k} - EF_{i-j}\} = Min\{ES_{j-k} - ES_{i-j} - D_{i-j}\} \qquad (4-22)$$

式中：FF_{i-j}——工作 $i-j$ 的自由时差；

ES_{j-k}——工作 $i-j$ 的紧后工作 $j-k$（非虚工作）的最早开始时差；

其余符号意义同前。

例如在本例中，工作 $1-4$ 和工作 $3-5$ 的自由时差分别为：

工作 $1-4$：$FF_{1-4} = ES_{4-6} - EF_{1-4} = 4 - 2 = 2$；

工作 $3-5$：$FF_{3-5} = Min\{ES_{5-7} - EF_{3-5}, ES_{6-7} - EF_{3-5}\} = Min\{9-9, 10-9\} = 0$。

②对于无紧后工作的工作，也就是以网络计划终点节点为完成节点的工作，其自由时差等于计划工期与本工作最早完成时间之差，即：

$$FF_{i-n} = T_p - EF_{i-n} = T_p - ES_{i-n} - D_{i-n} \qquad (4-23)$$

式中：FF_{i-n}——以网络计划终点节点 n 为完成节点的工作 $i-n$ 的自由时差；

EF_{i-n}——以网络计划终点节点 n 为完成节点的工作 $i-n$ 的最早完成时间；

ES_{i-n}——以网络计划终点节点 n 为完成节点的工作 $i-n$ 的最早开始时间；

D_{i-n}——以网络计划终点节点 n 为完成节点的工作 $i-n$ 的持续时间。

例如在本例中，工作 $2-7$、工作 $5-7$、工作 $6-7$ 的自由时差分别是：

工作 $2-7$：$FF_{2-7} = T_p - EF_{2-7} = 15 - 11 = 4$；

工作 $5-7$：$FF_{5-7} = T_p - EF_{5-7} = 15 - 12 = 3$；

工作 $6-7$：$FF_{6-7} = T_p - EF_{6-7} = 15 - 15 = 0$。

需要指出的是，对于网络计划中以终节点为完成节点的工作，其自由时差与总时差相等。此外，由于工作的自由时差是其总时差的构成部分，所以，当工作的总时差为零时，其自由时差必然为零，可不必进行专门计算。例如在本例中，工作 $1-3$、工作 $4-6$ 和工作 $6-7$ 的总时差全部为零，故其自由时差也全部为零。

（6）确定关键工作和关键线路

在网络计划中，总时差最小的工作为关键工作。特别地，当网络计划的计划工期等于计算工期时，总时差为零的工作就是关键工作。例如在本例中，工作 $1-3$、工作 $4-6$ 和工作 $6-7$ 的总时差均为零，故为关键工作。

找出关键工作之后，将这些关键工作首尾相连，便构成从起点节点到终点节点的通路，位于该通路上各项工作的持续时间总和最大,这条通路就是关键线路。在关键线路上可能有虚工作存在。

关键线路一般用粗箭线或双线箭线标出,也可以用彩色箭线标出。例如在本例中,线路①→③→④→⑥→⑦即为关键线路。关键线路上各项工作的持续时间总和应等于网络计划的计算工期,这一特点也是判别关键线路是否正确的准则。

在上述计算过程中,将每项工作的六个时间参数均标注在图上,故称为六时标注法,如图4-39所示。为使网络计划的图面更加简洁,在双代号网络计划中,除各项工作的持续时间以外,通常只需标注两个最基本的时间参数——各项工作的最早开始时间和最迟开始时间即可,而工作的其他四个时间参数(最早完成时间、最迟完成时间、总时差、自由时差)均可根据工作的最早开始时间、最迟开始时间及持续时间导出。这种方法称为二时标注法,如图4-40所示。

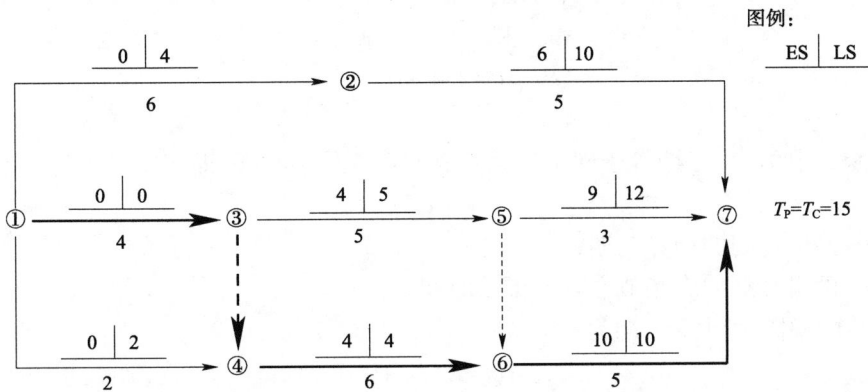

图4-40　双代号网络计划图(二时标注法)

2. 按节点计算法

所谓按节点计算法,就是先计算网络计划中各个节点的最早时间和最迟时间,然后再据此计算各项工作的时间参数和网络计划的计算工期。

下面仍以图4-38所示双代号网络计划为例,说明按节点计算法计算时间参数的过程。其计算结果如图4-41所示。

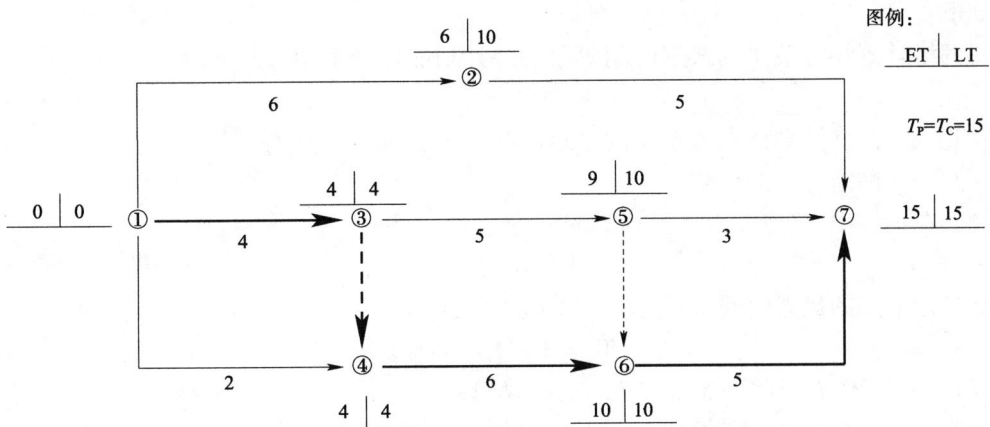

图4-41　双代号网络计划图(按节点计算法)

（1）计算节点的最早时间

节点最早时间的计算应从网络计划的起点节点开始，顺着箭头方向依次进行。其计算步骤如下：

①网络计划的起点节点，如未规定最早时间时，其值等于零。例如在本例中，起点节点①的最早开始为零，即：$ET_1 = 0$。

②其他节点的最早时间应按公式（4-24）进行计算：

$$ET_j = Max\{ET_i + D_{i-j}\} \tag{4-24}$$

式中：ET_j——工作 $i-j$ 的完成节点 j 的最早时间；

ET_i——工作 $i-j$ 的开始节点 i 的最早时间；

D_{i-j}——工作 $i-j$ 的持续时间。

例如在本例中，节点③和节点④的最早时间分别为：

$$ET_3 = ET_1 + D_{1-3} = 0 + 4 = 4$$
$$ET_4 = Max\{ET_1 + D_{1-4}, ET_3 + D_{3-4}\}$$
$$= Max\{0 + 2, 4 + 0\}$$
$$= 4$$

③网络计划的计算工期等于网络计划终点节点的最早时间，即：

$$T_c = ET_n \tag{4-25}$$

式中：T_c——网络计划的计算工期；

ET_n——网络计划的终点节点 n 的最早时间。

例如在本例中，其计算工期为：

$$T_c = ET_7 = 15$$

（2）确定网络计划的计算工期

网络计划的计算工期应按公式（4-14）或公式（4-15）确定。在本例中，假设未规定要求工期，则其计划工期就等于计算工期，即：

$$T_p = T_c = 15$$

计算工期应标注在终点节点的右上方，如图 4-41 所示。

（3）计算节点的最迟时间

节点最迟时间的计算应从网络计划的终点节点开始，逆着箭线方向依次进行。其计算步骤如下：

①网络计划终点节点的最迟时间等于网络计划的计划工期，即：

$$LT_n = T_p \tag{4-26}$$

式中：LT_n——网络计划终点节点 n 的最迟时间；

T_p——网络计划的计划工期。

例如在本例中，终点节点⑦的最迟时间为：

$$LT_7 = T_p = 15$$

②其他节点的最迟时间应按公式（4-27）进行计算：

$$LT_i = Min\{LT_j - D_{i-j}\} \tag{4-27}$$

式中：LT_i——工作 $i-j$ 的开始节点 i 的最迟时间；

LT_j——工作 $i-j$ 的完成节点 j 的最迟时间；

D_{i-j}——工作 $i-j$ 的持续时间。

例如在本例中,节点⑥和节点⑤的最迟时间分别为:

$$LT_6 = LT_7 - D_{6-7} = 15 - 5 = 10$$

$$LT_5 = Min\{LT_6 - D_{5-6}, LT_{67} - D_{5-7}\} = Min\{10 - 0, 15 - 3\} = 10$$

(4)根据节点的最早时间和最迟时间判定工作的六个时间参数

①工作的最早开始时间等于该工作开始节点的最早时间,即:

$$ES_{i-j} = ET_i \tag{4-28}$$

例如在本例中,工作 $1-2$ 和工作 $2-7$ 的最早开始时间分别为:

$$ES_{1-2} = ET_1 = 0$$

$$ES_{2-7} = ET_2 = 6$$

②工作的最早完成时间等于该工作开始节点的最早时间与其持续时间之和,即:

$$EF_{i-j} = ET_i + D_{i-j} \tag{4-29}$$

例如在本例中,工作 $1-2$ 和工作 $2-7$ 的最早完成时间分别为:

$$EF_{1-2} = ET_1 + D_{1-2} = 0 + 6 = 6$$

$$ES_{2-7} = ET_2 + D_{2-7} = 6 + 5 = 11$$

③工作的最迟完成时间等于该工作完成节点的最迟时间,即:

$$LF_{i-j} = LT_j \tag{4-30}$$

例如在本例中,工作 $1-2$ 和工作 $2-7$ 的最迟完成时间分别为:

$$LF_{1-2} = LT_2 = 10$$

$$LF_{2-7} = LT_7 = 15$$

④工作的最迟开始时间等于该工作完成节点的最迟时间与其持续时间之差,即:

$$LS_{i-j} = LT_j - D_{i-j} \tag{4-31}$$

例如在本例中,工作 $1-2$ 和工作 $2-7$ 的最迟开始时间分别为:

$$LS_{1-2} = LT_2 - D_{1-2} = 10 - 6 = 4$$

$$LS_{2-7} = LT_7 - D_{2-7} = 15 - 5 = 10$$

⑤工作的总时差可根据式(4-21)、式(4-29)和式(4-30)得到:

$$TF_{i-j} = LF_{i-j} - EF_{i-j}$$
$$= LT_j - (ET_i + D_{i-j})$$
$$= LT_j - ET_i - D_{i-j} \tag{4-32}$$

由式(4-32)可知,工作的总时差等于该工作完成节点的最迟时间减去该工作开始节点的最早时间所得差值再减去其持续时间。例如在本例中,工作 $1-2$ 和工作 $3-5$ 的总时差分别为:

$$TF_{1-2} = LT_2 - ET_1 - D_{1-2} = 10 - 0 - 6 = 4$$

$$TF_{3-5} = LT_5 - ET_3 - D_{3-5} = 10 - 4 - 5 = 1$$

⑥工作的自由时差可根据式(4-22)和式(4-28)得到:

$$FF_{i-j} = Min\{ES_{j-K} - ES_{i-j} - D_{i-j}\}$$
$$= Min\{ES_{j-K}\} - ES_{i-j} - D_{i-j}$$
$$= Min\{ET_j\} - ET_i - D_{i-j} \tag{4-33}$$

由式(4-33)可知,工作的自由时差等于该工作完成节点的最早时间减去该工作开始节点的最早时间所得差值再减其持续时间。例如在本例中,工作 $1-2$ 和工作 $3-5$ 的自由时差分别为:

$$FF_{1-2} = ET_2 - ET_1 - D_{1-2} = 6 - 0 - 6 = 0$$
$$TF_{3-5} = ET_5 - ET_3 - D_{3-5} = 9 - 4 - 5 = 0$$

特别需要注意的是,如果本工作与其各紧后工作之间存在虚工作时,其中的 ET_i 应为本工作紧后工作开始节点的最早时间,而不是本工作完成节点的最早时间。

(5)确定关键线路和关键工作

在双代号网络计划中,关键线路上的节点称为关键节点。关键工作两端的节点必为关键节点,但两端为关键节点的工作不一定是关键工作。关键节点的最迟时间与最早时间的差值最小。特别地,当网络计划的计划工期等于计算工期时,关键节点的最早时间与最迟时间必然相等。例如在本例中,节点①、③、④、⑥、⑦就是关键节点。关键节点必然处在关键线路上,但由关键节点组成的线路不一定是关键线路。例如在本例中,由关键节点①、④、⑥、⑦组成的线路就不是关键线路。

当利用关键节点来判别关键线路和关键工作时,还要满足下列判别式:

$$ET_i + D_{i-j} = ET_j \tag{4-34}$$

或

$$LT_i + D_{i-j} = LT_j \tag{4-35}$$

式中:ET_i——工作 $i-j$ 的开始节点(关键节点)i 的最早时间;

D_{i-j}——工作 $i-j$ 的持续时间;

ET_j——工作 $i-j$ 的完成节点(关键节点)j 的最早时间;

LT_i——工作 $i-j$ 的开始节点(关键节点)i 的最迟时间;

LT_j——工作 $i-j$ 的完成节点(关键节点)j 的最迟时间。

如果两个关键节点之间的工作符合上述判别式,则该工作必然为关键工作,它应该在关键线路上。否则,该工作就不是关键工作,关键线路也就不会从此处通过。例如在本例中,工作 1-3、虚工作 3-4、工作 4-6 和工作 6-7 均符合上述判别式,故线路①→③→④→⑥→⑦为关键线路。

(6)关键节点的特性

在双代号网络计划中,当计划工期等于计算工期时,关键节点具有以下特性,掌握这些特性,有助于确定工作时间参数。

①开始节点和完成节点均为关键节点的工作,不一定是关键工作。例如在图 4-41 所示网络计划中,节点①和节点④为关键节点,但工作 1-4 为非关键工作。由于其两端为关键节点,机动时间不可能为其他工作所利用,故其总时差和自由时差均为2。

②以关键节点为完成节点的工作,其总时差和自由时差必然相等。例如在图 4-41 所示网络计划中,工作 1-4 的总时差和自由时差均为2;工作 2-7 的总时差和自由时差均为4;工作 5-7 的总时差和自由时差均为3。

③当两个关键节点间有多项工作,且工作间的非关键节点无其他内向箭线和外向箭线时,则两个关键节点间各项工作的总时差均相等。在这些工作中,除以关键节点为完成节点的工作自由时差等于总时差外,其余工作的自由时差均为零。例如在图 4-41 所示网络计划中,工作 1-2 和工作 2-7 的总时差均为4,工作 2-7 的自由时差等于总时差,而工作 1-2 的自由时差为零。

④当两个关键节点间有多项工作,且工作间的非关键节点有外向箭线而无其他内向箭线时,则两个关键节点间各项工作的总时差不一定相等。在这些工作中,除以关键节点为完

成节点的工作自由时差等于总时差时外,其余工作的自由时差均为零。例如在图 4-41 所示网络计划中,工作 3 – 5 和工作 5 – 7 的总时差分别为 1 和 3,工作 5 – 7 的自由时差等于总时差,而工作 3 – 5 的自由时差为零。

（三）单代号网络计划时间参数计算

单代号网络计划与双代号网络计划只是表现形式不同,它们所表达的内容则完全一样。下面以图 4-42 所示单代号网络计划为例,说明其时间参数的计算过程。计算结果如图 4-43 所示。

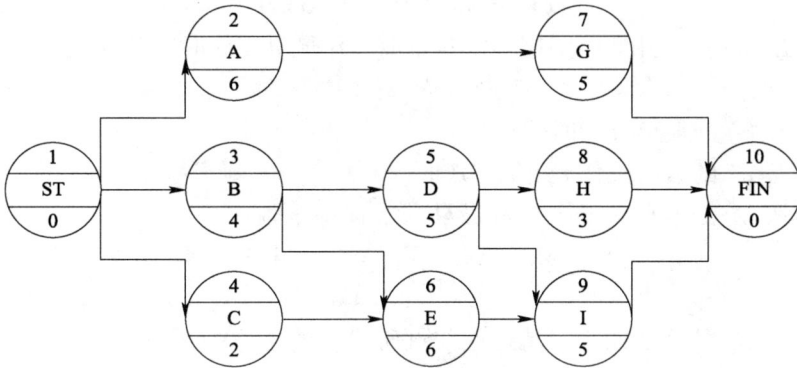

图 4-42   单代号网络计划

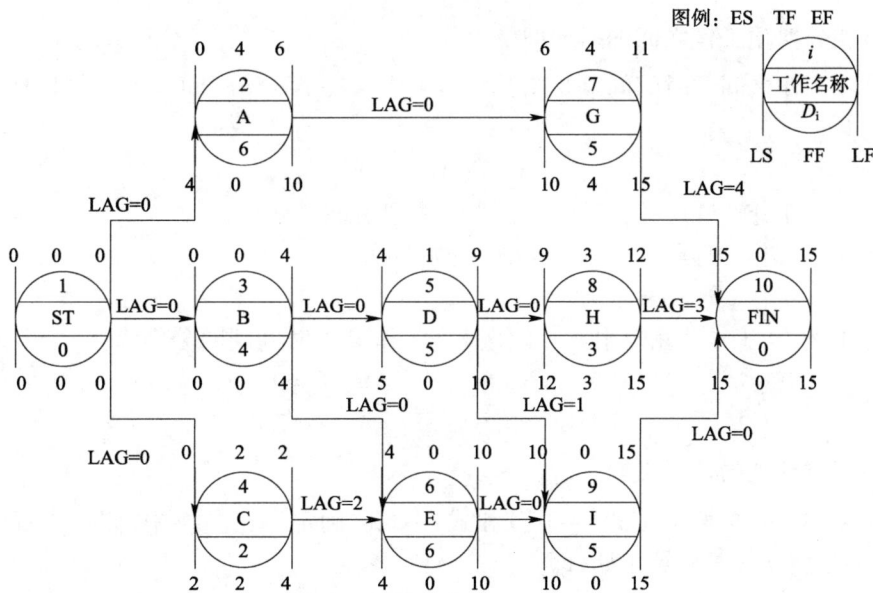

图 4-43   单代号网络计划

1. 计算工作的最早开始时间和最早完成时间

工作最早开始时间和最早完成时间的计算应从网络计划的起点节点开始,顺着箭线方向按节点编号从小到大的顺序依次进行。其计算步骤如下:

（1）网络计划起点节点所代表的工作,其最早开始时间未规定时取值为零。例如在本例中,起点节点 ST 所代表的工作（虚拟工作）的最早开始时间为零,即:

$$\text{ES}_1 = 0 \tag{4-36}$$

— 109 —

（2）工作的最早完成时间应等于本工作的最早开始时间与其持续时间之和，即：

$$EF_i = ES_i + D_i \tag{4-37}$$

式中：EF_i——工作 i 的最早完成时间；

    ES_i——工作 i 的最早开始时间；

    D_i——工作 i 的持续时间。

例如在本例中，虚工作 ST 和工作 A 的最早完成时间分别为：

$$EF_1 = ES_1 + D_1 = 0 + 0 = 0$$
$$EF_2 = ES_2 + D_2 = 0 + 6 = 6$$

（3）其他工作的最早开始时间应等于其紧前工作最早完成时间的最大值，即：

$$ES_j = Max\{EF_i\} \tag{4-38}$$

式中：ES_j——工作 j 的最早开始时间；

    EF_i——工作 j 的紧前工作 i 最早完成时间。

例如在本例中，工作 E 和工作 G 的最早开始时间分别为：

$$ES_6 = Max\{EF_3, EF_4\} = Max\{4, 2\} = 4$$
$$ES_7 = ES_2 = 6$$

（4）网络计划的计算工期等于其终点节点所代表的工作的最早完成时间。例如在本例中，其计算工期为：

$$T_c = EF_{10} = 15$$

2. 计算相邻两项工作之间的时间间隔

相邻两项工作之间的时间间隔是指其紧后工作的最早开始时间与本工作最早完成时间的差值，即：

$$LAG_{i,j} = ES_j - EF_i \tag{4-39}$$

式中：$LAG_{i,j}$——工作 i 与其紧后工作 j 之间的时间间隔；

    ES_j——工作 i 的紧后工作 j 的最早开始时间；

    EF_i——工作 i 的最早完成时间。

例如在本例中，工作 A 和工作 G、工作 C 和工作 E 的时间间隔分别为：

$$LAG_{2,7} = ES_7 - EF_2 = 6 - 6 = 0$$
$$LAG_{4,6} = ES_6 - EF_4 = 4 - 2 = 2$$

3. 确定网络计划的计划工期

网络计划的计划工期仍按式（4-3-2）和式（4-3-3）确定。在本例中，假设未规定要求工期，则其计划工期就等于计算工期，即：

$$T_p = T_c = 15$$

4. 计算工作的总时差

工作总时差的计算应从网络计划的终点节点开始，逆着箭线方向按节点编号从大到小的顺序依次进行。

（1）网络计划终点节点 n 所代表的工作的总时差应等于计划工期与计算工期之差，即：

$$TF_n = T_p - T_c \tag{4-40}$$

当计划工期等于计算工期时，该工作的总时差为零。例如在本例中，终点节点⑩所代表的工作 FIN（虚拟工作）的总时差为：

$$TF_{10} = T_p - T_c = 15 - 15 = 0$$

(2)其他工作的总时差应等于本工作与其各紧后工作之间的时间间隔加该紧后工作的总时差所得之和的最小值,即:

$$TF_i = Min\{LAG_{i,j} + TF_j\} \tag{4-41}$$

式中:TF_i——工作 i 的总时差;

$LAG_{i,j}$——工作 i 与其紧后工作 j 之间的时间间隔;

TF_j——工作 i 的紧后工作 j 总时差。

例如在本例中,工作 H 和工作 D 的总时差分别为:

$$TF_8 = LAG_{8,10} + TF_{10} = 3 + 0 = 3$$
$$TF_5 = Min\{LAG_{5,8} + TF_8, LAG_{5,9} + TF_9\}$$
$$= Min\{0 + 3, 1 + 0\}$$
$$= 1$$

5. 计算工作的自由时差

(1)网络计划终点节点 n 所代表的工作的自由时差等于计划工期与本工作的最早完成时间之差,即:

$$FF_n = T_p - EF_n \tag{4-42}$$

式中:FF_n——终点节点 n 所代表的工作的自由时差;

T_p——网络计划的计划工期;

EF_n——终点节点 n 所代表的工作的最早完成时间(即计算工期)。

例如在本例中,终点节点⑩所代表的工作 FIN(虚拟工作)的自由时差为:

$$FF_{10} = T_p - EF_{10} = 15 - 15 = 0$$

(2)其他工作的自由时差等于本工作与其紧后工作之间时间间隔的最小值,即:

$$FF_i = Min\{LAG_{i,j}\} \tag{4-43}$$

例如在本例中,工作 D 和工作 G 的自由时差分别为:

$$FF_5 = Min\{LAG_{5,8}, LAG_{5,9}\} = Min\{0, 1\} = 0$$
$$FF_7 = LAG_{7,10} = 4$$

6. 计算工作的最迟完成时间和最迟开始时间

工作的最迟完成时间和最迟开始时间的计算可按以下两种方法进行:

(1)根据总时差计算

①工作的最迟完成时间等于本工作的最早完成时间与其总时差之和,即:

$$LF_i = EF_i + TF_i \tag{4-44}$$

例如在本例中,工作 D 和工作 G 的最迟完成时间分别为:

$$LF_5 = EF_5 + TF_5 = 9 + 1 = 10$$
$$LF_7 = EF_7 + TF_7 = 11 + 4 = 15$$

②工作的最迟开始时间等于本工作的最早开始时间与其总时差之和,即:

$$LS_i = ES_i + TF_i \tag{4-45}$$

例如在本例中,工作 D 和工作 G 的最迟开始时间分别为:

$$LS_5 = ES_5 + TF_5 = 4 + 1 = 5$$
$$LS_7 = ES_7 + TF_7 = 6 + 4 = 10$$

（2）根据计划工期计算

工作最迟完成时间和最迟开始时间的计算应从网络计划的终点节点开始，逆着箭线方向按节点编号从大到小的顺序依次进行。

①网络计划重点节点 n 所代表的工作的最迟完成时间等于该网络计划的计划工期，即：

$$LF_n = T_p \tag{4-46}$$

例如在本例中，终点节点⑩所代表的工作 FIN（虚拟工作）的最迟完成时间为：

$$LF_{10} = T_p = 15$$

②工作的最迟开始时间等于本工作的最迟完成时间与其持续时间之差，即：

$$LS_i = LF_i - D_i \tag{4-47}$$

例如在本例中，虚拟工作 FIN 和工作 G 的最迟开始时间分别为：

$$LS_{10} = LF_{10} - D_{10} = 15 - 0 = 15$$

$$LS_7 = LF_7 - D_7 = 15 - 5 = 10$$

③其他工作的最迟完成时间等于该工作各紧后工作最迟开始时间的最小值，即：

$$LF_i = Min\{LS_j\} \tag{4-48}$$

式中：LF_i——工作 i 的最迟完成时间；

LS_j——工作 i 的紧后工作 j 的最迟开始时间。

例如在本例中，工作 H 和工作 D 的最迟完成时间分别为：

$$LF_8 = LS_{10} = 15$$

$$LF_5 = Min\{LS_8, LS_9\} = Min\{12, 10\} = 10$$

7. 确定网络计划的关键线路

（1）利用关键工作确定关键线路

如前所述，总时差最小的工作为关键工作。将这些关键工作相连，并保证相邻两项关键工作之间的时间间隔为零而构成的线路就是关键线路。

例如在本例中，由于工作 B、工作 E 和工作 I 的总时差均为零，故这些工作均为关键工作。由网络计划的起点节点①和终点节点⑩与上述三项关键工作组成的线路上，相邻两项工作之间的时间间隔全部为零，故线路①→③→⑥→⑨→⑩为关键线路。

（2）利用相邻两项工作之间的时间间隔确定关键线路

从网络计划的终点节点开始，逆着箭线方向依次找出相邻两项工作之间时间间隔为零的线路就是关键线路。例如在本例中，逆着箭线方向可以直接找出关键线路①→③→⑥→⑨→⑩，因为在这条线路上，相邻两项工作之间的时间间隔均为零。

在网络计划中，关键线路可以用粗箭线或双箭线标出，也可以用彩色箭线标出。

四、双代号时标网络计划

双代号时标网络计划（简称时标网络计划）必须以水平时间坐标为尺度表示工作时间。时标的时间单位应根据需要在编制网络计划之前确定，可以是小时、天、周、月或季度等。

在时标网络计划中，以实箭线表示工作，实箭线的水平投影长度表示该工作的持续时间；以虚箭线表示虚工作，由于虚工作的持续时间为零，故虚箭线只能垂直画；以波形线表示工作与其紧后工作之间的时间间隔（以终点节点为完成节点的工作除外，当计划工期等于计算工期时，这些工作箭线中波形的水平投影长度表示其自由时差）。

时标网络计划既具有网络计划的优点，又具有横道计划直观易懂的优点，它将网络计划的时间参数直观地表达出来。

(一)时标网络计划的编制方法

时标网络计划宜按各项工作的最早开始时间编制。为此,在编制时标网络计划时应使每一个节点和每一项工作(包括虚工作)尽量向左靠,直至不出现从右向左的逆向箭线为止。

在编制时标网络计划之前,应先按已经确定的时间单位绘制时标网络计划表。时间坐标可以标注在时标网络计划表的顶部或底部。当网络计划的规模比较大且比较复杂时,可以在时标网络计划表的顶部和底部同时标注时间坐标。必要时,还可以在顶部时间坐标之上或底部时间坐标之下同时加注日历时间。时标网络计划表见表4-17。表中部的刻度线宜为细线,为使图面清晰简洁,此线也可不画或少画。

时 标 网 络 计 划   表4-17

日历																
(时间单位)	1	2	3	4	5	6	7	8	9	10	11	12	13	14	15	16
网络计划																
(时间单位)	1	2	3	4	5	6	7	8	9	10	11	12	13	14	15	16

编制时标网络计划应先绘制无时标的网络计划草图,然后按间接绘制法或直接绘制法进行。

1. 间接绘制法

所谓间接绘制法,是指先根据无时标的网络计划草图计算其时间参数并确定关键线路,然后在时标网络计划表中进行绘制。在绘制时应先将所有节点按其最早时间定位在时标网络计划中的相应位置,然后再用规定线型(实箭线或虚箭线)按比例绘出工作和虚工作。当某些工作箭线的长度不足以到达该工作的完成节点时,须用波形线补足,箭头应画在与该工作完成节点的连接处。

2. 直接绘制法

所谓直接绘制法,是指不计算时间参数而直接按无时标的网络计划草图绘制时标网络计划。现以图4-44所示网络计划为例,说明时标网络计划的绘制过程。

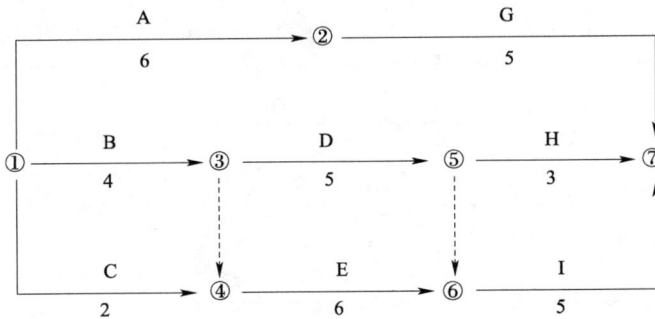

图4-44 双代号网络计划图

(1)将网络计划的起点节点定位在时标网络计划表的起始刻度线上。如图4-45所示,节点①就是定位在时标网络计划表的起始刻度线"0"位置上。

(2)按工作的持续时间绘制以网络计划起点节点为开始节点的工作箭线。如图4-45所示,分别绘出工作箭线 A、B 和 C。

(3)除网络计划的起点节点外,其他节点必须在所有以该节点为完成节点的工作箭线均

113

绘制出后,定位在这些工作箭线中最迟的箭线末端。当某些工作箭线的长度不足以到达该节点时,须用波形线补足,箭头画在与该节点的连接处。例如在本例中,节点②直接定位在工作箭线 A 的末端;节点③直接定位在工作箭线 B 的末端;节点④的位置需要在绘出虚箭线③→④之后,定位在工作箭线 C 和虚箭线③→④中最迟的箭线末端,即坐标"④"的位置上。此时,工作箭线 C 的长度不足以到达节点④,因而用波形线补足,如图 4-46 所示。

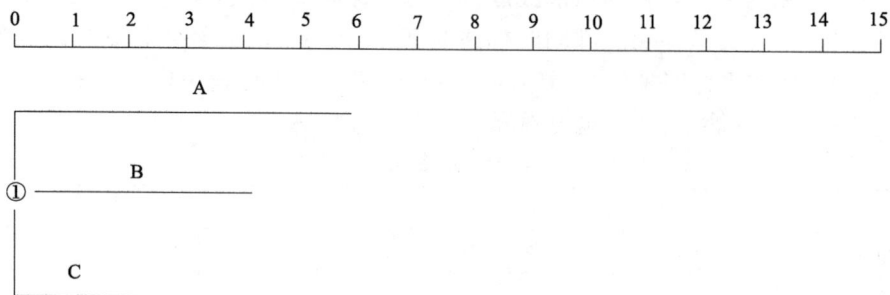

图 4-45　直接绘制法第一步

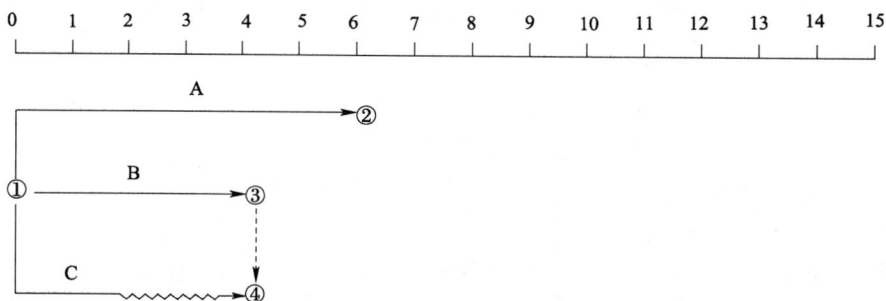

图 4-46　直接绘制法第二步

（4）当某个节点的位置确定之后,即可绘制以该节点为开始节点的工作箭线。例如在本例中,在图 4-46 中基础之上,可以分别以节点②、节点③和节点④为开始节点绘制工作箭线 G、工作箭线 D 和工作箭线 E,如图 4-47 所示。

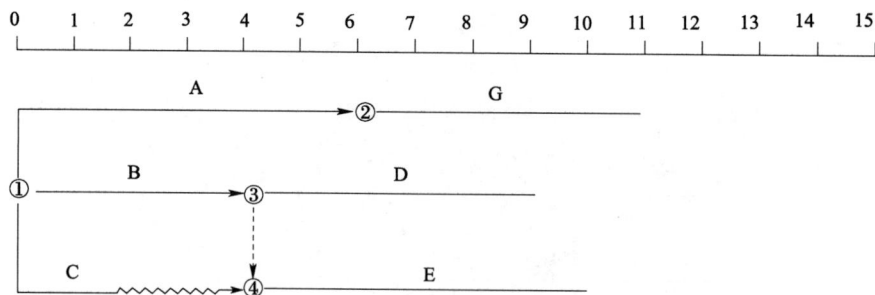

图 4-47　直接绘制法第三步

（5）利用上述方法从左至右依次确定其他各个节点的位置,直至绘出网络计划的重点节点。例如在本例中,在图 4-47 的基础上,可以分别确定节点⑤和节点⑥的位置,并在它们之后分别绘制工作箭线 H 和工作箭线 I,如图 4-48 所示。

最后,根据工作箭线 G、工作箭线 H 和工作箭线 I 确定出重点节点的位置。本例所对应的时标网络计划如图 4-49 所示,图中双箭线表示的线路为关键线路。

在绘制时标网络计划时,特别需要注意的问题是处理好虚箭线。首先,应将虚箭线与实箭线等同看待,只是其对应工作的持续时间为零;其次,尽管其本身没有持续时间,但可能存在波形线,因此,要按规定画出波形线。在画波形线时,其垂直部分仍应画为虚线(如图4-49所示时标网络计划中的虚箭线⑤→⑥)。

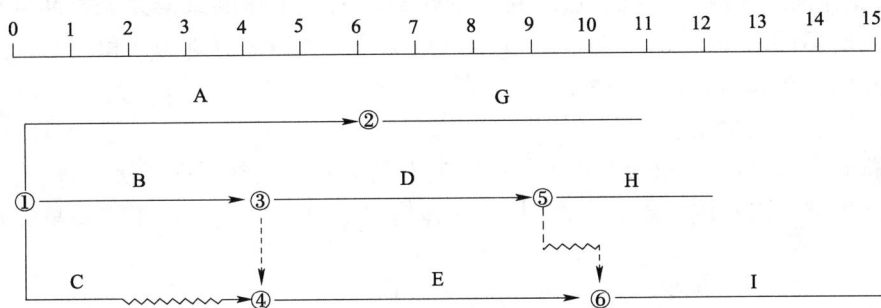

图4-48　直接绘制法第四步

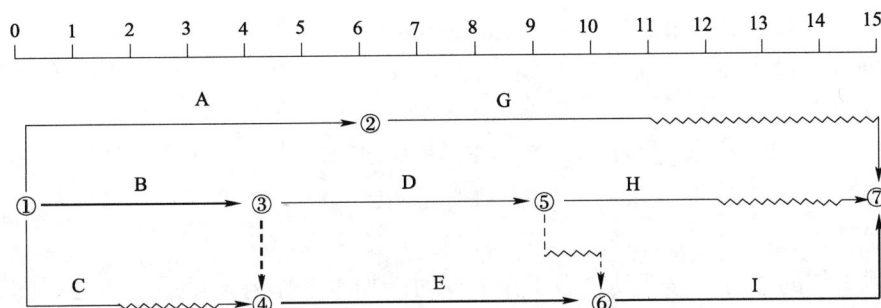

图4-49　双代号时标网络计划

(二)时标网络计划中时间参数的判定

1. 关键线路和计算工期的判定

(1)关键线路的判定

时标网络计划中关键线路可以从网络计划的重点节点开始,逆着箭线方向进行判定。凡自始至终不出现波形线的线路即为关键线路。因为不出现波形线,就说明在这条线路上相邻两项工作之间的时间间隔全部为零,也就是在计算工期等于计划工期的前提下,这些工作的总时差和自由时差全部为零。例如在图4-47所示时标网络计划中,线路①→③→④→⑥→⑦即为关键线路。

(2)计划工期的判定

网络计划的计算工期应等于终点节点所对应的时标值与起点节点所对应的时标值之差。例如,在图4-49所示时标网络计划的计算工期为:

$$T_c = 15 - 0 = 15$$

2. 相邻两项工作之间时间间隔的判定

除以终点节点为完成节点的工作外,工作箭线中波形线的水平投影长度表示工作与其紧后工作之间的时间间隔。例如在图4-49所示的时标网络计划中,工作C和工作E之间的时间间隔为2;工作D和工作I之间的时间间隔为1;其他工作之间的时间间隔均为零。

3. 工作六个时间参数的判定

（1）工作的最早开始时间和最早完成时间的判定

工作箭线左端节点中心所对应的时标值为该工作的最早开始时间。当工作箭线中不存在波形线时,其右端节点中心所对应的时标值为该工作的最早完成时间;当工作箭线中存在波形线时,工作箭线实线部分右端点所对应的时标值为该工作的最早完成时间。例如在图4-49所示的时标网络计划中,工作 A 和工作 H 的最早开始时间分别为0和9,而它们的最早完成时间分别为6和12。

（2）工作总时差的判定

工作总时差的判定应从网络计划的终点节点开始,逆着箭线方向依次进行。

①以终点节点为完成节点的工作,其总时差应等于计划工期与本工作最早完成时间之差,即:

$$TF_{i-n} = T_p - Ef_{i-n} \tag{4-49}$$

式中:TF_{i-n}——以网络计划终点节点 n 为完成节点的工作的总时差;

T_p——网络计划的计划工期;

Ef_{i-n}——以网络计划终点节点 n 为完成节点的工作的最早完成时间。

例如在图4-49所示的时标网络计划中,假设计划工期为15,则工作 G、工作 H 和工作 I 的总时差分别为:

$$TF_{2-7} = T_p - Ef_{2-7} = 15 - 11 = 4$$
$$TF_{5-7} = T_p - Ef_{5-7} = 15 - 12 = 3$$
$$TF_{6-7} = T_p - Ef_{6-7} = 15 - 15 = 0$$

②其他工作的总时差等于其紧后工作的总时差加本工作与该紧后工作之间的时间间隔所得之和的最小值,即:

$$TF_{i-j} = Min\{TF_{j-k} + LAG_{i-j,j-k}\} \tag{4-50}$$

式中:TF_{i-j}——工作 $i-j$ 的总时差;

TF_{j-k}——工作 $i-j$ 的紧后工作 $j-k$(非虚工作)的总时差;

$LAG_{i-j,j-k}$——工作 $i-j$ 与其紧后工作 $j-k$(非虚工作)之间的时间间隔。

例如在图4-49所示的时标网络计划中,工作 A、工作 C 和工作 D 的总时差分别为:

$$TF_{1-2} = TF_{2-7} + LAG_{1-2,2-7} = 4 + 0 = 4$$
$$TF_{1-4} = TF_{4-6} + LAG_{1-4,4-6} = 0 + 2 = 2$$
$$TF_{3-5} = Min\{TF_{5-7} + LAG_{3-5,5-7}, TF_{6-7} + LAG_{3-5,6-7}\}$$
$$= Min\{3 + 0, 0 + 1\} = 1$$

（3）工作自由时差的判定

①以终点节点为完成节点的工作,其自由时差应等于计划工期与本工作最早完成时间之差,即:

$$FF_{i-n} = T_p - Ef_{i-n} \tag{4-51}$$

式中:FF_{i-n}——以网络计划终点节点 n 为完成节点的工作的自由时差;

T_p——网络计划的计划工期;

Ef_{i-n}——以网络计划终点节点 n 为完成节点的工作的最早完成时间。

例如在图4-49所示的时标网络计划中,工作 G、工作 H 和工作 I 的自由时差分别为:

$$FF_{2-7} = T_p - Ef_{2-7} = 15 - 11 = 4$$

$$FF_{5-7} = T_p - Ef_{5-7} = 15 - 12 = 3$$

$$FF_{6-7} = T_p - Ef_{6-7} = 15 - 15 = 0$$

事实上,以终点节点为完成节点的工作,其自由时差与总时差必然相等。

②其他工作的自由时差就是该工作箭线中波形线的水平投影长度。但当工作之后只紧接虚工作时,则该工作箭线上一定不存在波形线,而其紧接的虚箭线中波形线水平投影长度最短者为该工作的自由时差。

例如在图 4-49 所示的时标网络计划中,工作 A、工作 B、工作 D 和工作 E 的自由时差均为零,而工作 C 的自由时差为 2。

(4)工作最迟开始时间和最迟完成时间的判定

①工作的最迟开始时间等于本工作的最早开始时间与其总时差之和,即:

$$LS_{i-j} = ES_{i-j} + TF_{i-j} \tag{4-52}$$

式中:LS_{i-j}——工作 $i-j$ 的最迟开始时间;

ES_{i-j}——工作 $i-j$ 的最早开始时间;

TF_{i-j}——工作 $i-j$ 的总时差。

例如在图 4-49 所示的时标网络计划中,工作 A、工作 C、工作 D、工作 G 和工作 H 的最迟开始时间分别为:

$$LS_{1-2} = ES_{1-2} + TF_{1-2} = 0 + 4 = 4$$

$$LS_{1-4} = ES_{1-4} + TF_{1-4} = 0 + 2 = 2$$

$$LS_{3-5} = ES_{3-5} + TF_{3-5} = 4 + 1 = 5$$

$$LS_{2-7} = ES_{2-7} + TF_{2-7} = 6 + 4 = 10$$

$$LS_{5-7} = ES_{5-7} + TF_{5-7} = 9 + 3 = 12$$

②工作的最迟完成时间等于本工作的最早完成时间与其总时差之和,即:

$$LF_{i-j} = EF_{i-j} + TF_{i-j} \tag{4-53}$$

式中:LF_{i-j}——工作 $i-j$ 的最迟完成时间;

EF_{i-j}——工作 $i-j$ 的最早完成时间;

TF_{i-j}——工作 $i-j$ 的总时差。

例如在图 4-49 所示的时标网络计划中,工作 A、工作 C、工作 D、工作 G 和工作 H 的最迟开始时间分别为:

$$LF_{1-2} = EF_{1-2} + TF_{1-2} = 6 + 4 = 10$$

$$LF_{1-4} = EF_{1-4} + TF_{1-4} = 2 + 2 = 4$$

$$LF_{3-5} = EF_{3-5} + TF_{3-5} = 9 + 1 = 10$$

$$LF_{2-7} = EF_{2-7} + TF_{2-7} = 11 + 4 = 15$$

$$LF_{5-7} = EF_{5-7} + TF_{5-7} = 12 + 3 = 15$$

图 4-49 所示时标计划中时间参数的判定结果应与图 4-39 所示网络计划时间参数的计算结果完全一致。

五、网络计划的优化

网络计划的优化是指在一定约束条件下,按既定目标对网络计划进行不断改进,以寻求满意方案的过程。

网络计划的优化目标应按计划任务的需要和条件选定,包括工期目标、费用目标和资源目标。根据优化目标的不同,网络计划的优化可分为工期优化、费用优化和资源优化三种。

(一)工期优化

优化的目标是缩短工期,调整初始网络计划方案,称为网络计划的工期优化。工期优化的目的在于科学地安排施工进度计划,以便缩短工期,使隧道工程建设项目投资尽早发挥效益。

1. 工期优化的措施

在施工网络计划中,关键线路控制任务的总工期,因此压缩关键工序的持续时间,缩短关键线路的长度是网络计划工期优化措施的一种途径,但并非最佳措施。在网络计划的工期优化中最佳措施是合理地调整施工组织,以便达到缩短工期的目的。

(1)将施工顺序作业调整为平行作业。

(2)将施工顺序作业调整为交叉作业或者流水作业。

(3)相应于工序时差推迟非关键工序的开始时间。

(4)延长非关键工序持续时间,相应缩短关键工序的持续时间。

(5)加快关键工序的完成。

2. 工期优化的方法

循环优化法是网络计划工期优化常用的一种方法,缩短工期必须在关键线路上考虑,循环优化法的基本步骤是:

(1)确定初始网络计划的计划工期及其关键线路。

(2)将计划工期与指令工期比较,计算出需要缩短的时间。

(3)采用合理的优化措施压缩关键线路的长度,求出调整网络计划后的新计划的工期,新计划工期若满足指令工期要求,则完成了优化过程;否则,重复以上步骤,再次压缩新关键线路的长度,直到满足指令工期为止。如果需要找寻网络计划的最短工期,也可按上述步骤循环压缩关键线路的长度,直到网络计划中关键线路的长度再也不能缩短为止,此时得到的网络计划工期就是最短工期。

需要注意的是,当网络计划图同时存在多条关键线路时,必须同时压缩各条关键线路的长度,才能达到缩短工期的目的。

(二)费用优化

费用优化又称工期—费用优化,是指寻求工程总成本最低时的工期安排,或按要求工期需求时最低成本的计划安排的过程。

1. 工期—费用优化的原则

在进行网络计划的工期成本优化时,应遵循以下原则:

(1)在确定缩短整个建设工程计划任务工期的前提下,必须采取正常的工作速度来缩短关键线路上的各道施工工序的持续时间,即不应出现由于作业时间的缩短而早晨突击赶工的情况,或产生窝工等待的浪费现象。因为一般在合理组织和正常施工条件下进行施工时,其建设费用最低。

(2)在缩短关键线路上各道施工工序的持续时间时,首先要选择资源消耗少的作业来缩短,以免造成大量人员、设备的增加和材料供应量的增加。

(3)若有多条关键线路时,要优先考虑缩短其共同作业的持续时间,还要结合所花费的总费用进行综合考虑。

2. 工期—费用关系及其优化步骤

在隧道工程施工过程中，完成一项工作通常可以采用多种施工方法和组织方法，而不同的施工方法和组织方法，又会有不同的持续时间和费用。由于一项工程往往包括许多工作，所以在安排建设工程进度计划时，就会出现许多方案。进度方案不同，所对应的总工期和费用也不同。为了能从多种方案中找出总成本最低的方案，必须首先分析费用和时间之间的关系。

（1）工期—费用的关系

工程总费用由直接费和间接费组成。直接费由人工费、材料费、施工机具使用费、措施费及现场经费组成。施工方案不同，直接费也就不同；如果施工方案一定，工期不同，直接费用也不同。直接费会随着工期的缩短而增加。间接费包括企业经营管理的全部费用，一般会随着工期的缩短而减少。在考虑工程总费用时，还应考虑工期变化带来的其他损益，包括效益的增量和资金的时间价值等。工程费用与工期的关系如图 4-50 所示。

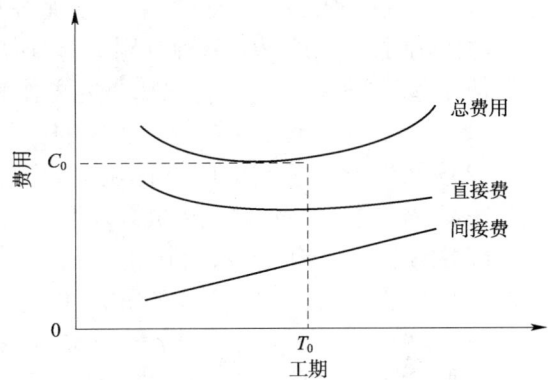

图 4-50　工期—费用曲线

（2）工期—费用优化的步骤

工期—费用优化的基本步骤为：

①按正常工序时间编制网络计划图，并计算计划工期和完成计划的直接费用。

②列出整个网络计划各道工序在正常工期和最短工期时的直接费，以及缩短单位时间所需增加的费额，即费用斜率。

③根据费用最小原则，找出关键工序中费用斜率最小者予以先压缩，这样可使直接费增加最少。

④计算加快某关键工序后，新计划的总工期和直接费额，并重新确定关键线路。

⑤重复③和④步骤，直到网络计划中关键线路上的工序都达到最短持续时间，再不能压缩为止。

⑥根据以上计算结果可得到一条直接费用曲线。

⑦总费用曲线最低的点对应的工期，就是项目计划相应的最优工期。

（三）资源优化

绘制初始网络计划后，其资源进度可能出现两种不合理现象：一是在某种时间范围内所消耗的资源数量超过实际供应量，导致开工不足、工期延误；二是资源进度计划不均衡，出现忽高忽低的大起大落现象，给施工过程中的资源调配带来困难。因此，网络计划资源优化的目的就是要合理地安排施工进度，解决好资源的供应矛盾问题或者均衡利用资源问题。

1. 资源优化目标

资源优化目标一般有两种。

（1）工期规定的资源均衡：即在工期限定的条件下，安排施工进度，实现资源的均衡利用。

（2）资源有限工期最短：即在资源有限的情况下，安排施工进度，力求使工期最短。

以上两种优化目标,都需要重新安排某些工序,使网络计划的工期和资源分配得以调整与改善,且一般通过对非关键工序的调整来进行,其具体方法是:

①利用工序时差,推迟或提前某些关键工序的开始时间。

②在条件许可时,在资源超限的时段内中断某些非关键工序。

③改变某些非关键工序的持续时间。

2. 资源优化的步骤

资源的优化是一个十分复杂的问题,由于资源种类多,如若干个工种,多种不同规格型号的施工机械设备,各种规格的钢材、水泥等材料,很少有一项工程只需要一种资源。而进行资源优化时,又只能逐一品种分别进行,所以计算工作量很大,当工序较多时应采用计算机软件计算,下面仅介绍具体步骤,据此可作为资源进一步优化和编制计算机软件的基础。

(1)计算出网络计划中各施工工序的各种资源的需要总量。

(2)逐个工序分析其工日的平均需要资源的数量,即以其工序的延续时间(工日)去除该工序资源的总需要量,常称为资源强度。

(3)根据资源分析资料,绘制带有时间坐标的网络图,将该项资源的日平均需要量标注在箭线的上方,工日标注在箭线的下方,同时绘制该项资源的曲线(阶梯形)图。

(4)如果某种资源的总需求超过可供应的能力或者出现需求极不均衡的情况,从绘制成的资源曲线图上就可以获得极其准确的信息。这样,就可对各目标的网络进行调整优化,均衡其需要,实现资源的合理配置,求得最优计划方案。

4.4 施工进度计划实施中的监测与调整

确定工程进度目标,编制一个科学、合理的进度计划是实现进度控制的首要前提,但是在项目实施过程中,由于外部环境和条件的变化,进度计划的编制者很难事先对项目在实施过程中可能出现的问题进行全面的估计。气候的变化、不可预见事件的发生以及其他条件的变化均会对工程进度计划的实施产生影响,从而造成实际进度偏离计划进度,如果实际进度与计划进度的偏离得不到及时纠正,势必影响进度总目标的实现。为此,在进度计划的执行过程中,必须采取有效的检测手段对进度计划的实施过程进行监控,以便及时发现问题,并运用行之有效的进度调整方法来解决问题。

一、实际进度与计划进度的比较方法

实际进度与计划进度的比较是工程进度检测的主要环节。常用的进度比较方法有横道图、S 曲线、香蕉曲线、前锋线和列表比较法等。根据实际工程应用情况,在此重点介绍横道图比较法、S 曲线比较法和前锋线比较法。

(一)横道图比较法

横道图比较法是指将项目实施过程中检查实际进度收集到的数据,经加工整理后直接用横道线平行绘于原计划的横道线处,进行实际进度与计划进度的比较方法。采用横道图比较法,比较形象、直观地反映实际进度与计划进度的差别。

例如某隧道工程项目基础工程的计划进度和截至第 9 周末的实际进度如图 4-51 所示,其中细实线表示该工程计划进度,粗实线表示实际进度。从图中实际进度和计划进度的比较可以看出,到第 9 周末进行实际进度检查时,挖土方和做垫层两项工作已经完成;支模板按计划也应该完成,但实际只完成75%,任务量拖欠25%;绑扎钢筋计划完成60%,而实际只完成20%,任务量拖欠40%。

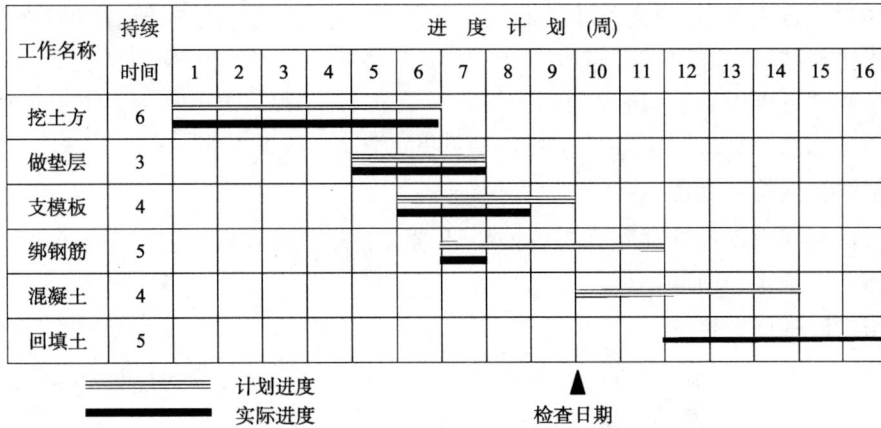

图4-51　某基础工程实际进度与计划进度比较图

根据各项工作的进度偏差,进度控制者可以采取相应的纠偏措施对进度计划进行调整,以确保该工程按期完成。

(二)S曲线比较法

S曲线比较法是以横坐标表示时间,纵坐标表示累计完成任务量,绘制一条按计划时间累计完成任务量的S曲线,然后将工程项目实施过程中各检查时间实际累计完成任务量的S曲线也绘制在同一坐标系中,进行实际进度与计划进度比较的一种方法。

从整个工程项目实际进展全过程看,单位时间投入的资源量一般是开始和结束时较少,中间阶段较多。与其相对应,单位时间完成的任务量也呈同样的变化规律,而随工程进展累计完成的任务量则应呈S形变化,图4-52所示为某隧道工程进度管理的S曲线。

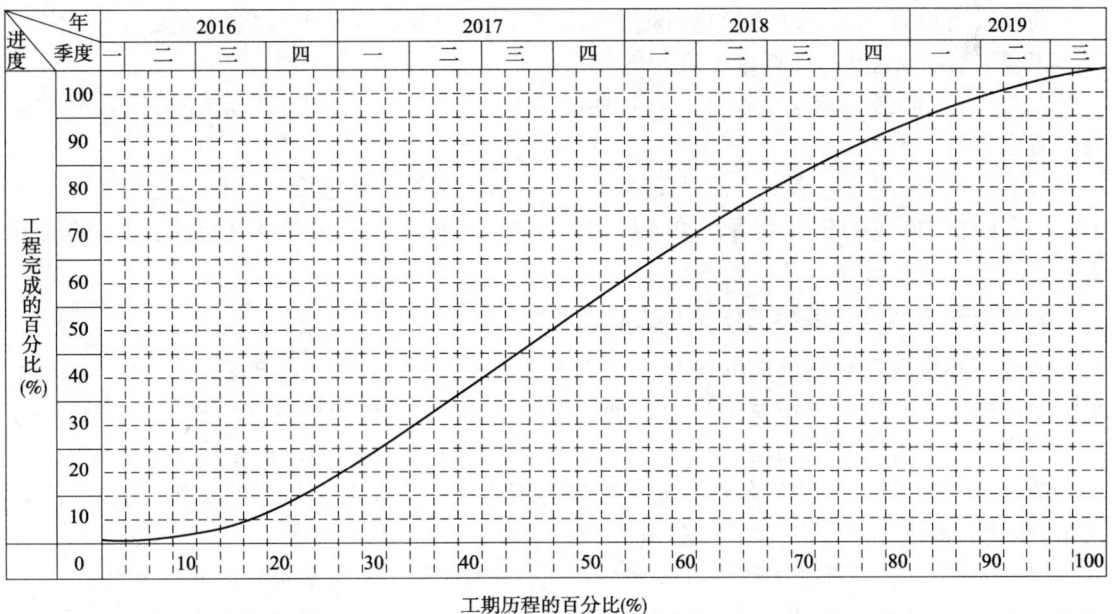

图4-52　某隧道工程进度管理S曲线

(三)前锋线比较法

前锋线比较法是通过绘制某检查时刻工程实际进度前锋线,进行工程实际进度与计划进度比较的方法,它主要使用于时标网络计划。所谓前锋线,是指在原时标网络计划上,从检查时刻的时标点出发,用点画线依次将各项工作实际进展位置点连接而成的折线。

前锋线比较法就是通过实际进度前锋线与原计划中各工作箭线交点的位置来判断工作实际进度与计划进度的偏差,进而判定该偏差对后续工作及总工期影响程度的一种方法。

采用前锋线比较法进行实际进度与计划进度的比较,其步骤如下:

1. 绘制时标网络计划图

工程项目实际进度前锋线是在时标网络计划图上标示,为清楚起见,可在时标网络计划图的上方和下方各设一时间坐标。

2. 绘制实际进度前锋线

一般从时标网络计划图上方时间坐标的检查日期开始绘制,依次连接相邻工作的实际进展位置点,最后与时标网络计划图下方坐标的检查日期相连接。

工作实际进展位置点的标定方法有两种:

(1)按该工作已完成任务量比例进行标定

假设工程项目中各项工作均为均匀进展,根据实际进度检查时刻该工作已完成任务量占其计划完成总任务量的比例,在工作箭线上从左至右按相同的比例标定其实际进展位置点。

(2)按尚需作业时间进行标定

当某些工作的持续时间难以按实物工程量来计算而只能凭经验估算时,可以先估算出检查时刻到该工作全部完成尚需作业的时间,然后在该工作箭线上从右向左逆向标定其实际进展位置点。

3. 进行实际进度与计划进度的比较

前锋线可以直观地反映出检查日期有关工作实际进度与计划进度之间的关系。对某项工作来说,其实际进度与计划进度之间的关系可能存在以下三种情况:

(1)工作实际进展位置点落在检查日期的左侧,表明该工作实际进度拖后,拖后的时间为二者之差;

(2)工作实际进展位置点与检查日期重合,表明该工作实际进度与计划进度一致;

(3)工作实际进展位置点落在检查日期的右侧,表明该工作实际进度超前,超前的时间为二者之差。

4. 预测进度偏差对后续工作及总工期的影响

通过实际进度与计划进度的比较确定进度偏差后,还可根据工作的自由时差和总时差预测该进度偏差对后续工作及项目总工期的影响。由此可见,前锋线比较法既适用于进行实际进度与计划进度之间的局部比较,又可用来分析和预测工程项目整体进度状况。

值得注意的是,以上比较是针对匀速进展的工作。对于非匀速进展的工作,比较方法较复杂,此处不赘述。

【例4-12】 某工程项目时标网络计划如图4-53所示。该计划执行到第6周末检查实际进度时,发现工作A和B已经全部完成,工作D、E分别完成计划任务量的20%和50%,工作C尚需3周完成,试用前锋线法进行实际进度与计划进度的比较。

【解析】 根据第6周实际进度的检查结果绘制前锋线,如图4-53所示中点画线所示。通过比较可以看出:

(1)工作D实际进展拖后2周,将使其后续工作F的最早开始时间推迟2周,并使总工期延长1周;

(2)工作E实际进度拖后1周,既不影响总工期,也不影响其后续工作的正常进行;

(3)工作C实际进度拖后2周,将使其后续工作J、H、G的最早开始时间推迟2周。

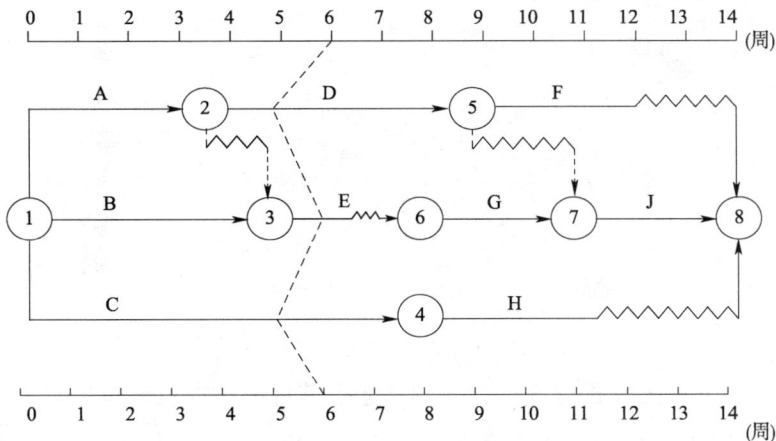

图4-53 某工程前锋比较图

由于工作J、G开始时间的推迟,从而使总工期延长2周。

综上所述,如果不采取措施加快进度,该工程项目的总工期将延长2周。

二、进度计划实施中的调整方法

当实际进度偏差影响到后续工作、总工期而需要调整进度计划时,其调整方法主要有两种。

(一)改变某些工作间的逻辑关系

当工程项目实施中产生的进度偏差影响到总工期,且有关工作的逻辑关系允许改变时,可以改变关键线路和超过计划工期的非关键线路上的有关工作之间的逻辑关系,达到缩短工期的目的。例如,将顺序进行的工作改为平行作业、搭接作业以及分段组织流水作业等,都可以有效地缩短工期。

【例4-13】 某工程项目基础工程包括挖槽基、做垫层、砌基础、回填土四个施工过程,各施工过程的持续时间分别为21d、15d、18d和19d,如果采用顺序作业进行施工,则其总工期为63d。为缩短该基础工程总工期,如果在工作面及资源供应允许的条件下,将基础工程划分为工程量大致相等的3个施工段组织流水作业,试绘制该基础工程流水作业网络计划,并确定其计划工期。

【解析】 该基础工程流水作业网络计划如图4-54所示。通过组织流水作业,使得该基础工程的计算工期由63d缩短为35d。

(二)缩短某些工作的持续时间

这种方法是不改变工程项目中各项工作之间的逻辑关系,而通过采取增加资源投入、提高劳动效率等措施来缩短某些工作的持续时间,使工程进度加快,以保证按计划工期完成该工程项目。这些被压缩持续时间的工作是位于关键线路和超过计划工期的非关键线路上的工作。同时,这些工作又是其持续时间可被压缩的工作。这种调整方法通常可以在网络计划图上直接进行。其调整方法视限制条件及其对工作的影响程度的不同而有所区别。一般可分为以下三种情况:

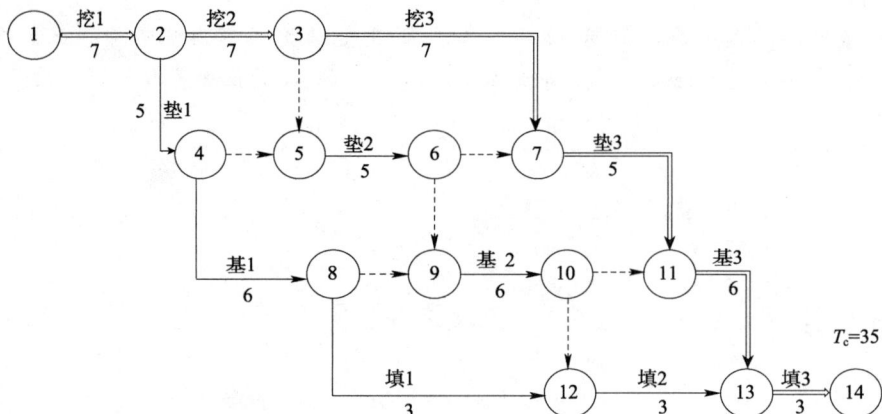

图 4-54　某基础工程流水施工网络计划

1. 网络计划中某项工作进度拖延的时间已超过其自由时差但未超过其总时差

如前所述,此时该工作的实际进度不会影响总工期,而对其后续工作产生影响。因此,在进行调整前,需要确定其后续工作允许拖延的时间限制,并以此作为进度调整的限制条件。该限制条件的确定往往较复杂,尤其是当后续工作由多个平行的承包单位负责实施时更是如此。后续工作如不能按原计划进行,在时间上产生的任何变化都可能使合同不能正常履行。因此,寻求合理的调整方案,把进度拖延对后续工作的影响减少到最低程度,是进度控制人员的一项重要工作。

【例 4-14】　某工程项目双代号时标网络计划如图 4-55 所示,该计划执行到第 35 天下班时刻检查时,其实际进度如图中前锋线所示。试分析目前实际进度对后续工作和总工期的影响,并提出相应的进度调整措施。

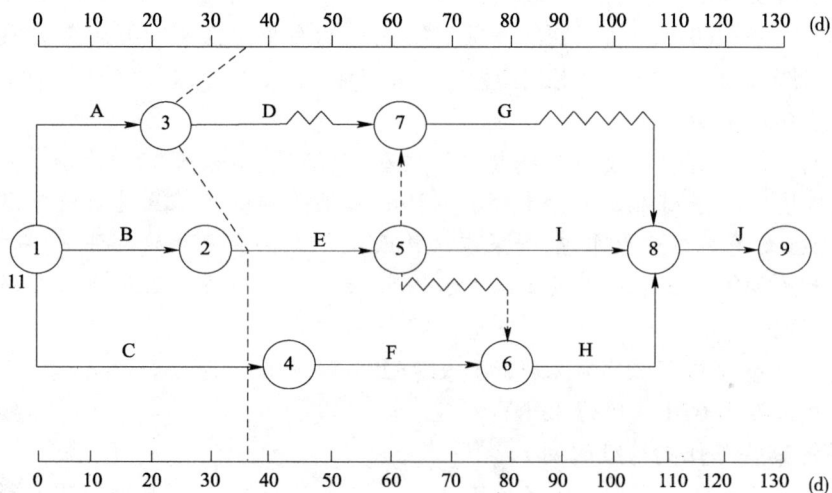

图 4-55　某工程项目时标网络计划

【解析】　从图中可以看出,目前只有工作 D 的开始时间拖后 15d,而影响其后续工作 G

的最早开始时间,其他工作的进度均正常。由于工作 D 的总时差为 30d,故此时工作 D 的实际进度不影响总工期。该进度计划是否需要调整,取决于工作 D 和 G 的限制条件。

(1)后续工作拖延的时间完全被允许时,可将拖延后的时间参数代入原计划,并简化网络图(即去掉已执行部分,以进度检查日期为起点,将实际数据代入,绘制出未完成部分的进度计划),即可调整方案。例如在本例中,以检查时刻第 35 天为起点,将工作 D 的实际进度数据及 G 被拖延的时间参数带入原计划(此时工作 D、G 的开始时间分别为第 35 天和第 65 天),可得如图 4-56 所示的调整方案。

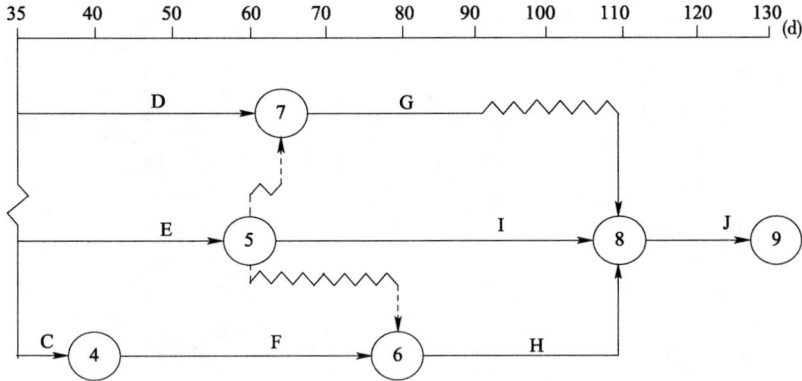

图 4-56　后续工作拖延时间无限制时的网络计划

(2)后续工作拖延的时间有限制

如果虚工作不允许拖延或拖延的时间有限制,需要根据限制条件对网络计划进行调整,寻求最优方案。例如在本例中,如果工作 G 的开始时间不允许超过第 60 天,则只能将其紧前工作 D 的持续时间压缩为 25d,调整后的网络计划如图 4-57 所示。如果在工作 D、G 之间还有多项工作,则可以利用工期优化的原理确定应压缩的工作,得到满足 G 工作限制条件的最优调整方案。

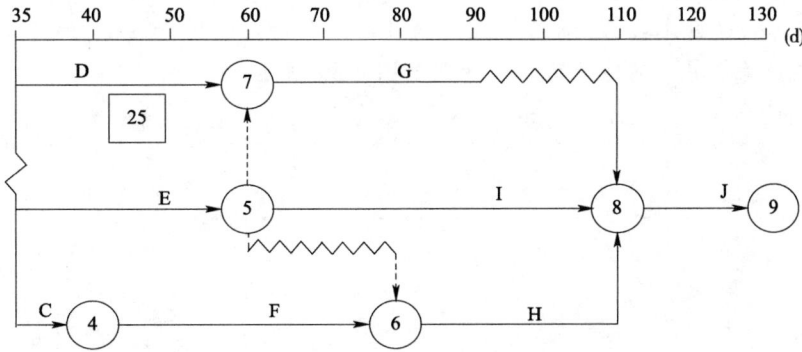

图 4-57　后续工作拖延时间有限制时的网络计划

2. 网络计划中某项工作进度拖延的时间超过其总时差

如果网络计划中某项工作进度拖延的时间超过其总时差,则无论该工作是否为关键工作,其实际进度都将对后续工作及总工期产生影响。此时,进度计划的调整方法又可以分为以下三种情况:

(1)如果项目总工期不允许拖延,工程项目必须按照原计划工期完成,则只能采取缩短关键线路上后续工作持续时间的方法来达到调整计划的目的。这种方法实际就是上节所述

— 125 —

的工期优化的方法。

【例4-15】 仍以图4-55所示的网络计划为例,计划执行到第40天下班时刻检查时,其实际进度如图4-58中前锋线所示,试分析目前实际进度对后续工作和总工期的影响,并提出相应的进度调整措施。

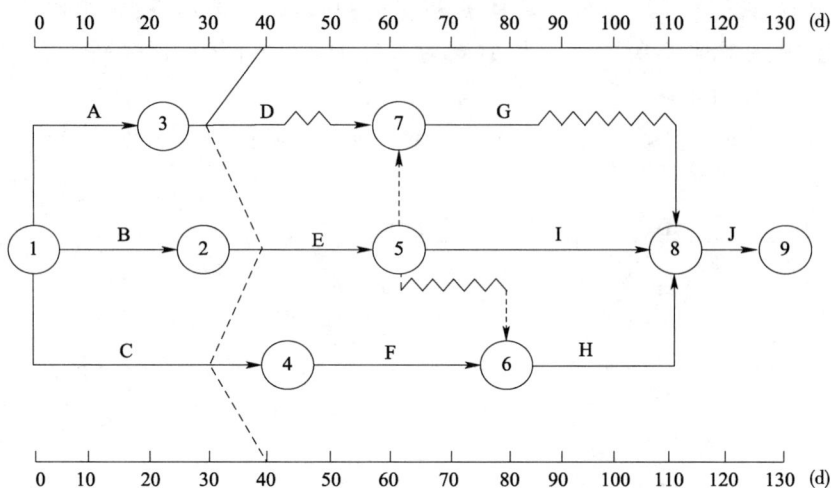

图4-58 某工程实际进度前锋线

【解析】 从图中可看出:

(1)工作D实际进度拖后10d,但不影响其后续工作;

(2)工作E实际进度正常,既不影响后续工作,也不影响总工期;

(3)工作C实际进度拖后10d,由于其为关键功能工作,故因其为关键工作,故其实际进度将使总工期延长10d,并使其后续工作F、H和J的开始时间推迟10d。

如果该工程项目总工期不允许拖延,则为了保证其按原计划工期130d完成,必须采用工期优化的方法,缩短关键线路上后续工作的持续时间。先假设工作C的后续工作F、H和J均可以压缩10d,通过比较,压缩工作H的持续时间所付出的代价最小,故将工作H的持续时间由30d缩短为20d。调整后的网络计划如图4-59所示。

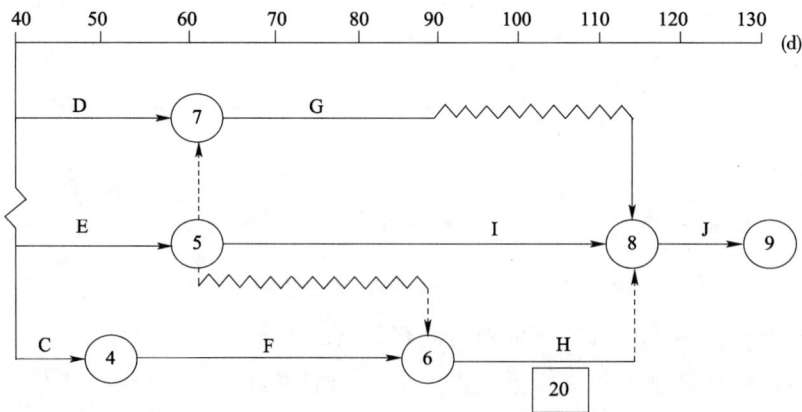

图4-59 调整后工期不拖延的网络计划

(2)项目总工期允许拖延

如果项目总工期允许拖延,则此时只需以实际数据取代原计划数据,并重新绘制实际进度检查日期之后的简化网络计划即可。

【例4-16】 以图4-58所示前锋线为例,如果项目总工期允许拖延,此时只需以检查日期第40天为起点,用其后各项工作尚需作业时间取代相应的原计划数据,绘制出如图4-60所示的网络计划。方案调整后,项目总工期为140d。

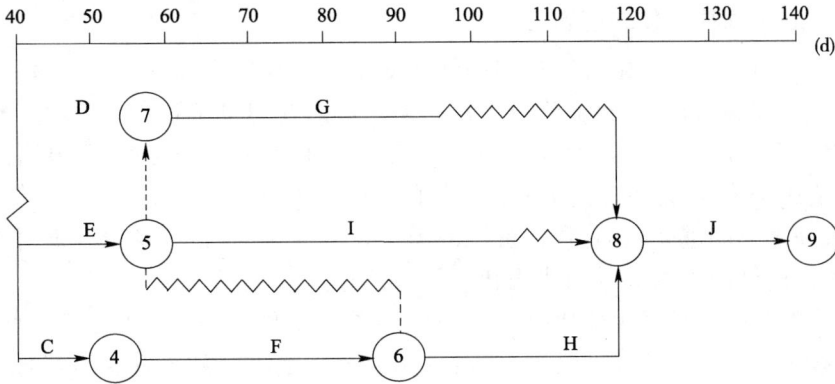

图4-60 调整后拖延工期的网络计划

(3)项目总工期允许拖延的时间有限

如果项目总工期允许拖延,但允许拖延的时间有限。则当实际进度拖延的时间超过此限制时,也需要对网络计划进行调整,以便满足要求。

具体的调整方法为以总工期的限制时间作为规定工期,对检查日期之后尚未实施的网络计划进行调整,即通过缩短关键线路上后续工作持续时间的方法来使总工期满足规定工期的要求。

【例4-17】 仍以图4-58所示的前锋线为例,如果项目总工期允许拖延至135d,则可按以下步骤进行调整:

(1)绘制化简的网络计划,如图4-60所示。

(2)确定需要压缩的时间。从图4-60中可以看出,此时关键线路上的工作有C、F、H和J。通过比较,压缩关键工作H的持续时间所需付出的代价最小,故将其持续时间由原来的30d压缩为25d,调整后的网络计划如图4-61所示。

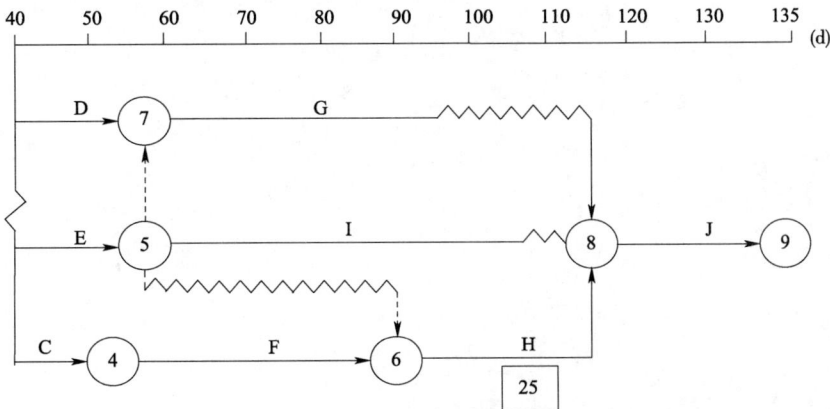

图4-61 总工期拖延时间有限时的网络计划

以上三种情况均是以总工期为限制条件进行进度计划调整的。值得注意的是,当某项工作实际进度拖延的时间超过其总时差而需要对进度计划进行调整时,除需考虑总工期的限制条件外,还应考虑网络计划中后续工作的限制条件,特别是对总进度计划更应该控制这一点。因为在这类网络计划中,后续工作也许就是一些独立的合同段。时间上的任何变化,都会带来协调上的麻烦或者引起索赔。因此,当网络计划中某些后续工作对时间的拖延有限制时,同样需要以此为条件,按前述方法进行调整。

3. 网络计划中某项工作进度超前

进度管理人员对工程实施进度控制的任务就是在工程进度计划的执行过程中,采取必要的组织协调和控制措施,以保证建设工作按期完成。在建设工程计划阶段所确定的工期目标,往往是综合考虑各方面因素确定的合理工期。因此,实际施工过程中的任何变化,无论是进度超前还是拖延,都可能造成其他目标的失控。例如,在一个建设工程施工总进度计划中,由于某项工作的进度超前,致使资源的需求发生变化,而打乱了原计划对人、材、物等资源的合理安排,已经影响资金的使用和安排,特别是当多个平行的承包单位进行施工时,由于引起工作的时间安排发生变化,势必给相应的协调工作带来许多麻烦。因此,如果建设工程实施过程中出现进度超前的情况,进度控制人员必须综合分析进度超前对后续工作产生的影响,并同承包单位协商,提出合理的进度调整方案,以确保工期目标的顺利进行。

单元 5　资源供应计划编制

知识目标

1. 能阐述资源供应计划编制的原则及依据；
2. 能够阐述资源供应计划的编制程序和方法。

技能目标

1. 能够从工程案例中提取编制资源供应计划的有效数据和资料；
2. 能够编制劳动力供应计划；
3. 能够编制主要机械设备供应计划；
4. 能够编制主要材料供应计划。

本单元结构

5.1　资源供应计划编制基础知识
5.2　劳动力供应计划编制
5.3　施工机械供应计划编制
5.4　材料供应计划编制

施工进度计划初步确定以后，就可依据施工进度计划编制资源供应计划了。资源供应计划主要包括三方面，即劳动力供应计划、主要机械设备供应计划和主要材料供应计划。

值得注意的是，之所以是在进度计划初步确定后即可着手编制资源供应计划，是因为资源供应计划与施工进度计划是相互制约、相互影响的。一方面，资源需要量是随施工进度计划的变动和调整而变化的，施工进度计划的调整必然要引发资源需要量的变动；另一方面，资源供给情况也是影响施工进度计划确定的重要因素之一，当资源供给因一些原因不能如预期正常供给时，也必须适时对进度计划进行调整，同时相应地调整资源供应计划，以减小影响和损失。

编制资源供应计划时，首先按已确定的施工进度计划——横道图或网络图，确定每个施工项目的作业周期；其次，根据作业周期和工程量计算各个施工项目在某一时段（按季度、月、周或天）所需要的各种资源种类和数量；然后，按时间顺序将各时段内的所有施工项目（指统计时段平行作业的施工项目）的同种资源逐项累加，即可计算出每种资源随时间而变化的需要量。

特别需要说明的是，资源供应计划与成本有着密切的关系，特别是材料供应计划，一定要切合实际进行编制，既要保证正常的施工需要，也要预见性地留有必要的储备，满足进度调整的需要。否则，储备量过大，积压资金，增加施工成本，影响项目流动资金的周转，储备量过小又影响施工进程。可见，在施工过程中，一定要处理好材料供应计划与进度计划的关系,以提高流动资金的周转率和利用率。

5.1 资源供应计划编制基础知识

一、资源供应计划的编制原则

资源供应计划的优劣,对施工成本和进度均有直接影响,编制时必须遵循以下原则:

(1)遵循国家的法律、法规等法令性条文的有关规定。

(2)遵循国家各项物资管理政策和要求。

(3)因地制宜,按照市场供求规律编制资源供应计划。

(4)根据施工合同编制资源供应计划。

(5)尽量组织工程所在地的资源,以降低采购成本。

(6)资源供应计划应与施工进度计划相适宜,并有一定预见性的储备或留有余地。

(7)结合施工企业的流动资金状况编制切实可行的资源供应计划。

(8)以满足施工质量、安全和进度等需要为前提。

二、资源供应计划的编制依据

开始着手编制资源供应计划时,需要收集以下文件并熟悉其中涉及资源需要量计算的相关条款及数据,这些是资源供应计划编制的依据。

(1)设计图纸及其工程量。

(2)施工方案及施工进度计划。

(3)发包人在合同条款中提出的特殊要求。

(4)资源储备及运输条件等。

(5)可供利用的资源状况。

(6)资源消耗量标准:主要指预算定额或企业定额中的材料、构件或半成品的消耗标准、机械台班消耗量标准、劳动力消耗量标准和周转性材料消耗量标准等。

1)编制竞标性施工组织设计(也称指导性施工组织设计)时,按以下标准编制:

(1)公路隧道工程主要按交通部 2007 年第 33 号文件公布的《公路工程基本建设项目概算预算编制办法》(JTG B06—2007)及《公路工程预算定额》(JTG/T B06—02—2007)编制。

(2)铁路隧道工程应按《铁路工程概预算编制办法与概预算新定额全集》(科学技术出版社,2007 年 5 月)的规定编制。

2)实施性施工组织设计。

实施性施工组织设计和竞标性施工组织设计所采用的定额消耗量标准不同,一般采用企业定额结合交通运输部颁布的预算定额的消耗量标准,即结合施工企业的施工技术和管理水平进行编制,通常企业定额(消耗量标准)水平应高于交通运输部颁布的预算定额的水平,否则,实际消耗量增加,成本提高,项目就会发生亏损。

三、编制资源供应计划的要求

编制资源供应计划首先要在满足合同工期要求和施工进度计划需要的前提下,充分考虑设备和资金的利用率,以提高经济效益为中心,降低施工成本为目的。其次,编制资源供应计划应在广泛进行工程所在地的施工资源调查的基础上,结合施工企业内外可供利用的人力、机械、材料和资金等资源,由项目部的工程技术部门配合物资供应部门进行编制。具体要求如下:

1. 保质保量

所谓保质是指材料、构件和半成品的选择达到设计要求和业主提出的质量要求即可,过分地追求高标准和高要求意味着成本提高,效益低下;机械设备的选择应符合施工技术规范和安全操作规程的要求,并能在施工过程中保持良好的运行工况;人力资源的配置应做到各工种配合得当,特别是机械化施工时应达到人机的最佳组合,充分挖掘人机潜力,提高生产效益。

保量是指进货量、库存量和供应量应与施工进度相协调,资源供应要持续均衡,既不占用太多的流动资金,还能按进度计划的施工节奏进行施工,满足施工要求,并考虑略有余量。资源供应不足,虽然占用流动资金较少,但停工待料会延缓施工进度;而当供大于求时,降低了流动资金的利用率,影响工程效益。

2. 适时

适时是指材料应按进度计划的需求,以最短的存储时间,分期、分批、持续、均衡地供应到现场,既不积压资金,也不造成窝工现象而影响施工进度。

3. 因地制宜

资源供应应以保持良好的施工连续性为前提,合理调度和配置施工资源,减少人工和机械的调运次数,保证材料供应直达施工现场,避免二次搬运,以免造成不必要的浪费和效益损失。

4. 合理低价

合理低价是指工、料、机应按合理低价原则进行选择,尽量不超过工程的预算价格,保证工程项目的经济效益。如建筑材料的价格随季节性变化较大,在流动资金允许或具备淡季储备材料条件时,可在分部分项工程开工前一段时间内提前储备材料,以较低价格购进材料,寻求最大的经济效益。

5. 充分挖掘社会资源

工程项目施工离不开工程所在地的社会资源,特别是建筑材料的运输条件、储量和价格,材料供应及时与否对工程项目的影响较大,因此,编制资源供应计划要充分利用工程所在地的社会资源,控制成本,保障供给。

四、资源供应计划的编制程序

资源供应计划一般分为三个阶段编制,编制时应结合进度计划和资金流量,切合实际,考虑周全。

(1)准备阶段。调查企业内外部可供利用的资源,熟悉分部分项工程的施工顺序及其施工方法,了解各分部分项工程的资源消耗定额,理解施工组织设计和进度计划的主要内容,进行主要资源的估算与预测。

(2)编制阶段。清查库存和可供安排的资源。根据各分部分项工程的工程量、可供利用的资源数量(包括工、料、机和资金)及进度计划中已经确定的分部分项工程的作业周期,核算资源需要量,然后针对资金使用和工期目标进行资源的平衡和优化。

(3)执行阶段。根据进度计划的执行调整情况,适时调整资源供应计划,以满足施工需要。

(4)项目资源采购与供给优化。应用价值分析原理进行采购优化。优化时明确两个目标:一是保证资源供应的可靠性,即各种资源的数量和质量满足施工要求,能及时运达指定地点;二是保证合理低价,即在满足质量要求的前提下,保证各种资源的采购费用经济合理,降低施工成本。

五、主要资源组织计划的编制方法

主要资源组织计划是指劳动力供应计划、主要材料供应计划和主要机械设备供应计划。其中,主要资源一般包括劳动力,主要材料、成品、半成品、预制构件,对施工项目作业周期起控制作用的主导施工机械等。其编制方法如下:

(1)确定主要施工资源。根据施工对象和采用的施工方法确定所需主要资源的种类,按需确定资源组织计划纲要,即列出需要编制的资源使用计划,如劳动力计划、机械使用计划、主要材料供应计划等。

(2)编制资源组织计划表格。资源组织计划表格的内容应根据资源种类和重要性及供应情况的不同而采用不同的形式,一般包括序号、名称、规格、单位、数量、来源、运输方式、计划使用时间和备注等。

(3)计算每个施工项目单位时间的资源需要量。根据设计工程量和定额消耗量计算某种资源的总消耗量,再除以施工进度计划中该施工项目的作业周期(实际作业天数),则可得到每个施工项目每天的资源需要量。

(4)累计汇总。将同一时段内的各施工项目的同一资源数量相加,即为该时段的总需要量,然后填写表格。

(5)平衡和优化资源。对根据计算所得的总需要量、资金计划、施工进度计划及交通运输条件进行平衡和优化资源。

5.2　劳动力供应计划编制

劳动力供应计划实质上解决的是工程项目需要什么人、需要多少人来共同完成工程的问题,即劳动组织的问题。劳动组织是指按照工程项目的建设目标,将具备一定劳动技能的劳动力组织起来,选择最佳的劳动组合方案,使之满足施工项目需要,并充分发挥劳动力的作用,提高工效,以求创造更多的物质财富。

实质上,劳动组织是劳动者的劳动能力的组合,它与劳动者的职业技能、经验、文化程度、工作态度、团队意识和进取心等密切相关。劳动组织的目的就是为了将不同专长、劳动技能的劳动者合理搭配起来,各司其职,各尽其能,为完成某一生产任务组建一个优质高效的团队,提高生产效益。

一般而言,劳动组织的研究内容主要包括施工管理机构及人员设置、施工生产基层单位的设置及劳动力的配置问题,即施工队或班组的人员组合、工种结构、工人技术等级组合比例、每日用工数量及工程施工高峰期用工数量等。此外,还研究工程项目全过程生产经营活动的用工数量的动态变化规律及机械化施工时人力资源的合理配置问题。

一、项目管理机构设置

工程项目管理机构的设置一般分为直线式、职能式、直线职能式和矩阵式四种,通常以职能式、矩阵式组建项目经理部的居多。项目经理部实行项目经理负责制,对施工生产活动的全过程进行管理,具有管理与服务的双重职能,并代表施工企业行使职权,对公司和业主负责。

【例5-1】 某隧道工程施工组织机构设置

为安全、优质、按期完成本合同段的施工任务,本着精干、高效的原则,我们计划抽调理论和实践经验丰富、业务能力强、综合素质高的技术、管理、行政人员及具有丰富施工经验的施工队伍共同完成本合同段的施工任务。按《项目法》组建本合同段项目管理机构,实行项目经理部一级管理。下设五部二室(工程技术部、质量安环部、经营计划部、财务部、物资设备部、工地试验室、综合办公室),分别负责本合同段工程项目的施工技术、安全、质量、计划、财务、物资设备保障、材料试验与检验、行政管理等工作,全面保证本合同段工程建设任务的优质、高效完成。施工组织机构见图5-1。

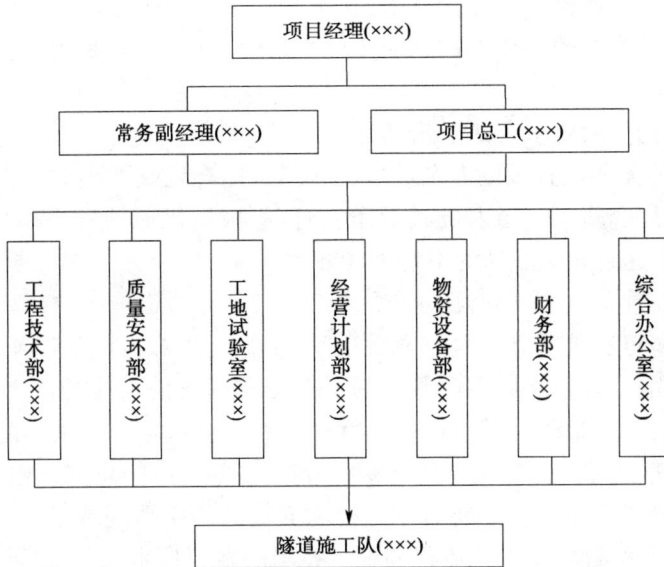

图5-1 施工组织管理机构图

说明:本合同项目经理部下设7个部(室),各职能部门均由业务水平高、管理经验丰富、协调能力强的人担任负责人,框图中的人员均为部门负责人。隧道施工队由一名施工经验丰富且领导、组织能力强的人担任队长,框图中的人员为隧道施工队队长。

二、施工作业班组设置及其组织优化

施工作业班组按一般工艺原则来组建,即将具备某一专项技能的劳动者组织起来,为完成某个主要工序配置生产技术和作业人员,并配备必要的生产工具、机械和设备。

组建施工作业班组时一般应满足以下要求:

(1)保证每个成员的最小工作面。最小工作面是指在满足施工安全操作规程的前提下,每个成员自如作业所占据的最小空间。它与工种和劳动工具的触及范围有关。

通常作业面上容纳的人工数量采用式(5-1)计算。

$$人工数量 = \frac{施工作业面面积(m^2)}{最小工作面(m^2/人)} \qquad (5\text{-}1)$$

(2)同一工种工人的技术等级应搭配合理。一般技工的施工技术水平对工程质量和进度的影响较大,因此,充分调动技工的工作积极性,挖掘潜力,有益于保证工程质量和工程进度。但只有技工,没有普工辅助,技工的施工技术效力也难以发挥出来,故技工和普工应合理搭配,才能充分发挥技工的作用。通常根据施工需要,一个技工应有一个或几个普工辅助进行生产活动。

(3)按施工工艺要求的最低限度配备施工人数。当按工程量和进度要求,采用定额方法测算的人数少于施工工艺要求配置的最低人数时,应以工艺要求为主,配置劳动力。

三、施工队的设置及其劳动组织优化

施工队往往由若干个不同工种的施工作业班组组成,一般按对象原则进行组建,即为了完成某个分部分项工程、某一构件等成品时,把技术上相互关联的作业班组或个人组合起来,以加工"成品"为对象而组建的施工作业单位。如隧道开挖施工队由钻孔、装药、爆破、找顶、修整、出渣等施工作业班组组成,拥有完成隧道开挖的所有施工机械和设备,并以满足合同和规范要求的开挖成型的隧道断面为对象,将技术上相互关联的几个施工作业班组组织起来,联动作业。

组建施工队时的一般要求有如下几点:

(1)按机械作业需要配置辅助人工数量。施工队拥有完成不同工序的各种机械,机械化作业往往需要人力配合施工。当人机联动作业时,应根据机械的规格型号及其生产率合理搭配人工数量,争取达到人机联动的最佳生产效率。

(2)紧前紧后工序的施工力量配置应协调一致。如在隧道施工中,爆破和出渣为紧前紧后工序、找顶修整和初喷混凝土为紧前紧后工序、系统支护和复喷混凝土为紧前紧后工序、混凝土的拌和和运输为紧前紧后工序等。为了充分挖掘紧前工序的潜力,保证施工作业班组的最佳作业效率,配备劳动力时,应保持紧前紧后工序在施工能力上的比例关系,即紧后工序的生产能力一般应略大于紧前工序5%～10%,使各工序的总工效相等。

(3)根据施工技术含量配备必要的专业技术人员。施工队完成的一般是技术含量较高的施工项目,所以,应配置熟悉工艺流程和施工技术的专业技术人员,必要时还需配备测量、检测、安全等专业工程师辅助施工,围绕"成品"加工开展专业性较高的生产技术工作。

(4)根据施工方式组建施工队。施工作业方式不同时,选择施工队的组成也不同。顺序作业和平行作业时大多选用由不同工种的班组组成的综合施工队,而流水作业方式通常选用专业班组。

【例5-2】 某隧道工程工班任务分配及劳动力配置表,如表5-1所示。

表5-1

工班名称	人数(个)	担负主要任务
掘进工班	40	钻眼、装药、爆破或人工开挖等
管棚工班	10	管棚钻孔、装管、注浆等
支护工班	50	超前小导管、锚杆、钢筋网、钢架安设、喷射混凝土、临时支撑拆除作业等

工班名称		人数(个)	担负主要任务
衬砌	钢筋工班	12	衬砌钢筋绑扎
	防水板工班	8	防水板焊接、吊挂
	混凝土工班	20	衬砌台车就位、混凝土灌筑、拆模;仰拱、填充、垫层混凝土施工;水沟电缆槽的施工等
运输队		12	出渣、运输、调度、维修、保养等
综合保障队		8	风、水、电及其设备维修、保养,道路养护
钢结构加工队		10	各种钢结构加工及预制
小计		170	

思考:上表中各工班所需人数是如何计算得到的呢?

四、劳动力供应计划编制

1.劳动力需要量计算

劳动力需要量计算是编制计划的核心和基础。计算方法具体如下所示:

(1)计算劳动量

劳动量就是工程项目的工程数量与相应时间定额的乘积。它也等于施工时实际使用的劳动力数量与作业时间的乘积,或者机械化施工时实际使用的机械台数与作业时间的乘积。

具体根据各分部分项工程的工程量和查出的时间定额或产量定额按式(5-2)或式(5-3)计算。

$$D = \frac{Q}{C} \tag{5-2}$$

或

$$D = Q \times S \tag{5-3}$$

式中:D——完成某施工过程所需的劳动量(工日)或机械台班数量(台班);

Q——完成某施工过程所需的工程数量(m^3、m^2、$t\cdots$);

C——某施工过程所需的产量定额(m^3/工日或台班、m^2/工日或台班、t/工日或台班$\cdots$);

S——某施工过程所需的时间定额(工日或台班/m^3、工日或台班/m^2、工日或台班/$t\cdots$)。

(2)根据施工进度安排,计算施工所需总人数

在施工进度初步排定的基础上,各项工程项目所需时间已经确定。按一班制考虑,即可按式(5-4)计算施工所需总人数。

$$R = \frac{D}{t \cdot n} = \frac{Q \cdot S}{t \cdot n} = \frac{Q}{C \cdot t \cdot n} \tag{5-4}$$

式中:R——某分部分项工程所配置的工人人数或机械台数;

t——完成某分部分项工程的作业工期(施工天数);

n——每天工作班制数;

D、Q、C、S的意义同前。

通常计算时均先按一班制考虑,如果每天所需机械天数或工人人数已经超过施工单位

现有人力、物力或工作面限制时,则应根据具体情况和条件从技术上或施工组织上采取积极的措施,如可采用两班制或三班制,最大限度地组织立体交叉平行流水作业等。

两班制或三班制作业,主要适用于工艺要求连续生产的作业项目,需要突击或为了缩短总施工工期的作业项目,以及需要调整作业工期的作业项目。

2. 劳动力需要量图绘制及优化

根据计算所得各个施工项目每天所需的人工数,将同一时间内所有施工项目的人工数进行累加,即可绘出每日施工的人工数量随时间变化的劳动力需要量图。

劳动力需要量图表明劳动力需要量与施工工期之间的关系,不同的工程进度安排,劳动力需要量图呈现不同的状态。图 5-2 所示是劳动力需要量的三种典型图式。

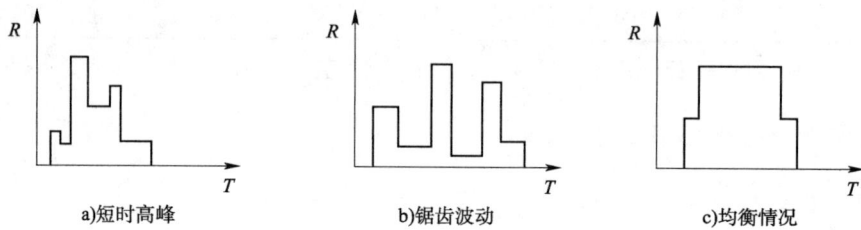

图 5-2 劳动力需要量示意图

如前所述,正确的施工组织设计应该使劳动力需要量均衡,以减少服务性的各种临时设施和避免因施工调动频繁而形成窝工现象。图 5-2a)表示在短期内劳动力出现高峰现象,图 5-2b)表示劳动力数量频繁调动,这两种情况都不便于施工管理并增加了各种临时设施的规模,在编制施工进度计划时应力求避免;图 5-2c)表示在较长时间内劳动力保持了均衡,符合施工规律,是最好的情况。

劳动力消耗的均衡性,可用劳动力不均衡系数 K 表示,见式(5-5)。劳动力不均衡系数的值应大于或等于 1,一般不超过 1.5。其值按式(5-5)计算。

$$K = \frac{R_{\max}}{R_{平均}} \tag{5-5}$$

式中:$R_{\max}$——施工期间劳动力最高人数;

$R_{平均}$——施工期间加权平均人数,即总劳动量/计划总工期。

3. 劳动力供应计划编制

根据劳动力需要量图,可以编制劳动力供应计划。劳动力供应计划,主要是作为安排劳动力的平衡、调配和衡量劳动力耗用指标、安排生活福利设施的依据,其编制方法是将施工进度计划表内所列各施工项目所需工人人数按作业时间(每季度、每月或每天)分不同工种汇总而得,如表 5-2、表 5-3 所示。

劳动力供应计划表(按作业时间)　　　　　　　　　　　　表 5-2

作业时间		施工项目	工种	需要量(人)	合计	备注
开始时间	结束时间					

— 136 —

序号	工种	人数	需要人数及时间											备注
			年　度					年　度						
			一季度	二季度	三季度	四季度	合计	一季度	二季度	三季度	四季度	合计		

五、劳动力供应计划表编制示例

【例 5-3】 某隧道工程全长 800m,其中 V 级围岩设计开挖断面面积 100m²,占隧道总长的 20%,实际开挖数量 17000m³,Ⅳ级围岩设计开挖断面面积 90m²,占隧道总长的 40%,实际开挖数量 30000m³;Ⅲ级围岩设计开挖断面面积 80m²,占隧道总长的 40%。实际开挖洞外出渣运距为 1700m,超挖部分回填采用 M7.5 浆砌片石。不考虑通风照明费用。施工进度要求如图 5-3 所示。即 V 级围岩开挖出渣:2015 年 1 月 1 日至 2015 年 3 月 31 日,拟用 90d 完成;Ⅳ级围岩开挖:2015 年 4 月 1 日至 2015 年 6 月 30 日,拟用 91d 完成;Ⅲ级围岩开挖出渣:2015 年 7 月 1 日至 2015 年 9 月 30 日,拟用 92d 完成。

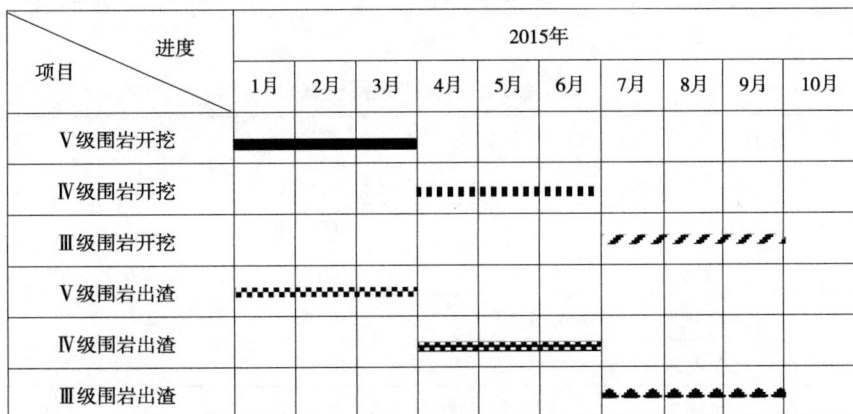

图 5-3　隧道工程施工进度横道图

问题:

(1)请列出该隧道工程施工图预算所涉及的相关定额的名称、单位、定额代号、数量、定额调整等内容并填入表格中。

(2)根据所查定额和工程数量,求劳动量。

(3)根据进度要求,计算劳动力需要量。

(4)绘制劳动力供应计划表。

分析要点:

(1)在定额运用方面,主要考查隧道洞身开挖定额的运用、弃渣运距的计算。一是隧道开挖与弃渣应分别单独计算,二是洞外弃渣运距应扣除定额中已包含的洞口外 500m 的运距,且运输车辆的选择应与隧道弃渣定额的车辆选型相同,三是定额中已综合因超挖及预留变形需回填的混凝土数量,不得将上述因素的工程量计入计价工程量内。

(2)考察劳动力需要量计算、优化及劳动力需要计划的编制方法。

解答过程:

(1)正确套取定额,计算工程数量。

①计算洞身开挖数量。

根据定额说明,开挖工程量按设计断面计算,定额中已考虑超挖因素,不得将超挖数量计入工程量。

V级围岩开挖数量:$800 \times 20\% \times 100 = 16000 m^3$;

Ⅵ级围岩开挖数量:$800 \times 40\% \times 90 = 28800 m^3$;

Ⅲ级围岩开挖数量:$800 \times 40\% \times 80 = 25600 m^3$。

②弃渣洞外运输调整。

定额中洞外出渣距离500m,本隧道出渣距离达1700m,应增加运距1.2km,按规定采用路基工程中增运定额计算。当运距尾数不足一个增运定额单位中的半数时不计,等于或超过半数时按一个增运定额运距单位计算。故增加运距为1.0km。一般情况下,V~Ⅵ级围岩运输可按土方考虑,Ⅰ~Ⅳ级围岩运输可按石方考虑。

③回填工程量计算。

根据定额规定,定额中已综合因超挖及预留变形需回填的混凝土数量,不得将上述因素的工程量计入计价工程量内。

④施工图预算所涉及的定额的名称、单位、代号、数量、定额调整等内容如表5-4所示。

隧道施工细目套取定额一览表 表5-4

工 程 细 目		定额代号	单位	数量	定额调整或系数
隧道洞身开挖	V级围岩	3-1-3-5	100m³	160	—
	Ⅳ级围岩	3-1-3-4	100m³	288	—
	Ⅲ级围岩	3-1-3-3	100m³	256	—
出渣	Ⅲ级围岩	3-1-3-37	100m³	256	—
	Ⅳ、V级围岩	3-1-3-38	100m³	448	—
弃渣增运	土方	1-1-11-18	1000m³	16	2
	石方	1-1-11-46	1000m³	54.4	2

注:弃渣增运定额运输车辆的选择与弃渣定额中运输车辆一致,即选择12t自卸汽车才正确,选择其他车辆均不正确。

(2)根据所查定额和工程数量,计算劳动量。

查定额[3-1-3-5]得,V级围岩开挖每100m³需人工57.0工日,

则所需劳动量$D_1 = Q_1 \times S_1 = 160 \times 57.0 = 9120$工日;

查定额[3-1-3-4]得,Ⅳ级围岩开挖每100m³需人工55.6工日,

则所需劳动量$D_2 = Q_2 \times S_2 = 288 \times 55.6 = 16012.8$工日;

查定额[3-1-3-3]得,Ⅲ级围岩开挖每100m³需人工47.0工日,

则所需劳动量$D_3 = Q_3 \times S_3 = 256 \times 47.0 = 12032$工日;

查定额[3-1-3-37]得,Ⅲ级围岩出渣每100m³需人工3.9工日,

则所需劳动量 $D_4 = Q_3 \times S_4 = 256 \times 3.9 = 998.4$ 工日；

查定额 $[3-1-3-38]$ 得，Ⅳ、Ⅴ级围岩出渣每 $100m^3$ 需人工 7.5 工日，

则Ⅳ级围岩出渣所需劳动量 $D_5 = Q_2 \times S_5 = 288 \times 7.5 = 2160$ 工日，

Ⅴ级围岩出渣所需劳动量 $D_6 = Q_1 \times S_5 = 160 \times 7.5 = 1200$ 工日，

土方和石方弃渣增运不涉及人工消耗，故不计。

(3)根据施工横道图，按一班制计算所需劳动力需要量，并绘制劳动力需要量图(图5-4)。

根据 $R = \dfrac{D}{t \cdot n}$ 计算得：

Ⅴ级围岩开挖所需人工数：$R_1 = 9120 \div 90 = 101.3$，即 101 人；

Ⅳ级围岩开挖所需人工数：$R_2 = 10612.8 \div 91 = 116.6$，即 117 人；

Ⅲ级围岩开挖所需人工数：$R_3 = 12032 \div 92 = 130.8$，即 131 人；

Ⅲ级围岩出渣所需人工数：$R_4 = 998.4 \div 92 = 10.8$，即 11 人；

Ⅳ级围岩出渣所需人工数：$R_5 = 2160 \div 91 = 23.7$，即 24 人；

Ⅴ级围岩出渣所需人工数：$R_6 = 1200 \div 90 = 13.3$，即 13 人。

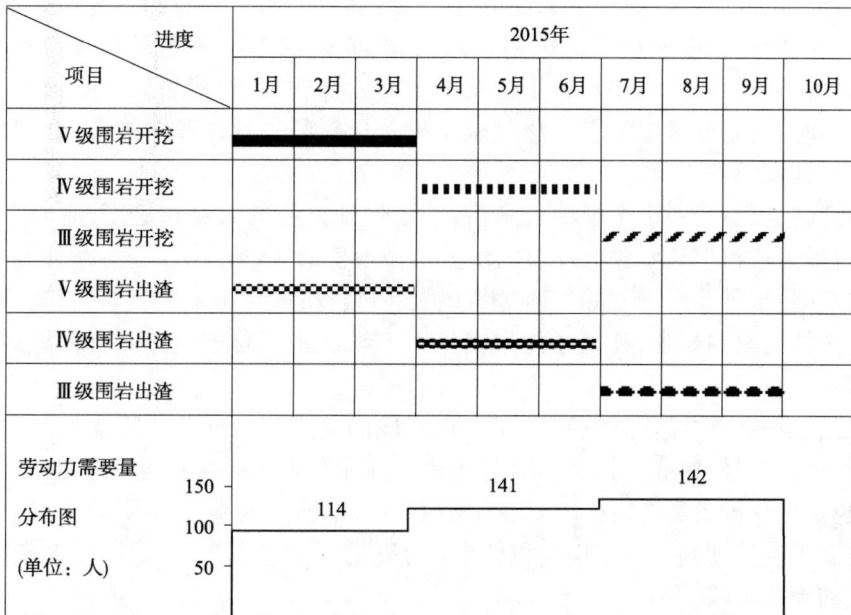

图5-4 某隧道工程施工进度横道图

(4)绘制劳动力供应计划表(表5-5)。

隧道工程劳动力供应计划表　　　　　　　　　表5-5

作业时间		施工项目	工种	劳动力分配（人）	需要量(人)合计	备注
开始时间	结束时间					
2015 年 1 月 1 日	2015 年 3 月 31 日	Ⅴ级围岩开挖	掘进工班	101	114	
		Ⅴ级围岩出渣	运输队	13		

作业时间		施工项目	工种	劳动力分配（人）	需要量（人）合计	备注
开始时间	结束时间					
2015 年 4 月 1 日	2015 年 6 月 30 日	Ⅳ级围岩开挖	掘进工班	117	141	
		Ⅳ级围岩出渣	运输队	24		
2015 年 7 月 1 日	2015 年 9 月 30 日	Ⅲ级围岩开挖	掘进工班	131	142	
		Ⅲ级围岩出渣	运输队	11		

5.3 施工机械供应计划编制

施工机具与设备供应计划是指工程项目在施工生产过程中,对机具、设备资源的统筹规划。它以合同段的施工进度计划为依据,并在已完成的施工进度计划的基础上编制而成。施工机具、设备供应计划的编制与施工方案的选择密切相关,相辅相成。制定施工机具、设备的供应计划时,应充分考虑施工方法与施工机具选择的一致性和协同性,合理配置、整合和优化施工机具及设备资源。

值得注意的是,对于一个工程项目来讲,为了保证工程的质量和进度,有时业主在招标文件中,针对施工过程中某些关键环节的主要机械设备的配置提出了一些具体的要求,如机械或设备的规格、型号及生产率等。通常承包人在进行机械化施工组织时,首先应满足招标文件或设计文件提出的要求,其次才能根据施工方案及施工总进度计划合理地进行机械化施工组织。

主要机具、设备的供应计划反映了完成合同段的全部施工任务所需要的机种以及各机种的需要量、规格型号、作业开始及结束时间和各机种作业的延续时间。它是机械化施工组织的基础,也是优化设备资源,协调、调度和安排机械作业的依据。主要设备机具的供应计划根据施工总进度计划制定。下面仍以【例 5-3】隧道开挖过程为例,说明主要施工机具、设备作业计划的确定步骤。

一、确定施工任务及其工程数量

根据上节案例解析过程可知,案例中施工图预算所涉及的定额的名称、单位、代号、数量、定额调整等内容如表 5-6 所示。

表 5-6

工程细目		定额代号	单位	数量	定额调整或系数
隧道洞身开挖	Ⅴ级围岩	3－1－3－5	100m³	160	—
	Ⅳ级围岩	3－1－3－4	100m³	288	—
	Ⅲ级围岩	3－1－3－3	100m³	256	—

工 程 细 目		定额代号	单位	数量	定额调整或系数
出渣	Ⅲ级围岩	3－1－3－37	100m³	256	—
	Ⅳ、Ⅴ级围岩	3－1－3－38	100m³	448	—
弃渣增运	土方	1－1－11－18	1000m³	16	2
	石方	1－1－11－46	1000m³	54.4	2

注:弃渣增运定额运输车辆的选择与弃渣定额中运输车辆一致,即选择12t自卸汽车才正确,选择其他车辆均不正确。

二、确定机械种类及其需要量

(1)查定额《公路工程预算定额》(JTG/T B06－02—2007),确定机械种类及其台班消耗量。

查定额[3－1－3－5]得,Ⅴ级围岩开挖每100m³需使用机械及其台班为:气腿式凿岩机4.65台班,10m³/min以内电动空压机0.30台班,20m³/min以内电动空压机1.48台班。

查定额[3－1－3－4]得,Ⅳ级围岩开挖每100m³需使用机械及其台班为:气腿式凿岩机3.56台班,10m³/min以内电动空压机0.23台班,20m³/min以内电动空压机1.13台班。

查定额[3－1－3－3]得,Ⅲ级围岩开挖每100m³需使用机械及其台班为:气腿式凿岩机6.79台班,10m³/min以内电动空压机0.26台班,20m³/min以内电动空压机1.30台班。

查定额[3－1－3－37]得,Ⅲ级围岩出渣每100m³需使用机械及其台班为:2.0m³以内轮胎式装载机0.45台班,12t以内自卸汽车1.21台班。

查定额[3－1－3－38]得,Ⅳ、Ⅴ级围岩出渣每100m³需使用机械及其台班为:2.0m³以内轮胎式装载机0.35台班,12t以内自卸汽车0.93台班。

查定额[1－1－11－18]得,Ⅴ级围岩(按土方计)弃渣运输每1000m³需使用机械及其台班为:12t以内自卸汽车0.88台班。

查定额[1－1－11－46]得,Ⅲ～Ⅳ围岩(按石方计)弃渣运输每1000m³需使用机械及其台班为:12t以内自卸汽车1.38台班。

(2)计算机械作业量。

按各施工任务的实际工程量和相应机械台班消耗定额列出完成该任务需要的机种,并分别计算各种机械的作业量。

根据 $D = Q \times S$,完成各项施工任务所需主要机种及其作业量计算如下:

①Ⅴ级围岩开挖及出渣。

$$D_{气腿式凿岩机} = 160 \times 4.65 = 744(台班)$$

$$D_{10m³/min以内电动空压机} = 160 \times 0.30 = 48(台班)$$

$$D_{20m³/min以内电动空压机} = 160 \times 1.48 = 236.8(台班)$$

$$D_{2.0m³以内轮胎式装载机} = 160 \times 0.35 = 56(台班)$$

$$D_{12t以内自卸汽车} = 160 \times 0.93 = 148.8(台班)$$

$$D_{12t以内自卸汽车} = 16 \times (0.88 \times 2) = 28.16(台班)$$

②Ⅳ级围岩开挖及出渣。

$$D_{气腿式凿岩机} = 288 \times 3.56 = 1025.28 (台班)$$

$$D_{10m^3/min以内电动空压机} = 288 \times 0.23 = 66.24 (台班)$$

$$D_{20m^3/min以内电动空压机} = 288 \times 1.13 = 325.44 (台班)$$

$$D_{2.0m^3以内轮胎式装载机} = 288 \times 0.35 = 100.8 (台班)$$

$$D_{12t以内自卸汽车} = 288 \times 0.93 = 267.84 (台班)$$

$$D_{12t以内自卸汽车} = 28.8 \times (1.38 \times 2) = 79.49 (台班)$$

③Ⅲ级围岩开挖及出渣。

$$D_{气腿式凿岩机} = 256 \times 6.79 = 1738.24 (台班)$$

$$D_{10m^3/min以内电动空压机} = 256 \times 0.26 = 66.56 (台班)$$

$$D_{20m^3/min以内电动空压机} = 256 \times 1.30 = 332.8 (台班)$$

$$D_{2.0m^3以内轮胎式装载机} = 256 \times 0.45 = 115.2 (台班)$$

$$D_{12t以内自卸汽车} = 256 \times 1.21 = 309.76 (台班)$$

$$D_{12t以内自卸汽车} = 25.6 \times (1.38 \times 2) = 70.656 (台班)$$

（3）确定机械需要量。

根据 $R = \dfrac{D}{t \cdot n}$ 及各种机械的作业量、作业周期并考虑作业班制及工作面等条件,确定完成每项施工任务时各种机械的需要量。假定采用一班制作业($n=1$),计算得各种机械每日需要量为：

①Ⅴ级围岩开挖及出渣。

$$D_{气腿式凿岩机} = 160 \times 4.65 \div (90 \times 1) = 8.27 (台) \rightarrow 适当延时加班为 8 台$$

$$D_{10m^3/min以内电动空压机} = 160 \times 0.30 \div (90 \times 1) = 0.53 (台) \rightarrow 1 台$$

$$D_{20m^3/min以内电动空压机} = 160 \times 1.48 \div (90 \times 1) = 2.63 (台) \rightarrow 3 台$$

$$D_{2.0m^3以内轮胎式装载机} = 160 \times 0.35 \div (90 \times 1) = 0.62 (台) \rightarrow 1 台$$

$$D_{12t以内自卸汽车} = [(160 \times 0.93) + 16 \times (0.88 \times 2)] \div (90 \times 1) = 1.97 (台) \rightarrow 2 台$$

②Ⅳ级围岩开挖及出渣。

$$D_{气腿式凿岩机} = 288 \times 3.56 \div (91 \times 1) = 11.27 (台) \rightarrow 适当延时加班为 11 台$$

$$D_{10m^3/min以内电动空压机} = 288 \times 0.23 \div (91 \times 1) = 0.73 (台) \rightarrow 1 台$$

$$D_{20m^3/min以内电动空压机} = 288 \times 1.13 \div (91 \times 1) = 3.58 (台) \rightarrow 4 台$$

$$D_{2.0m^3以内轮胎式装载机} = 288 \times 0.35 \div (91 \times 1) = 1.11 (台) \rightarrow 适当延时加班为 1 台$$

$$D_{12t以内自卸汽车} = [(288 \times 0.93) + 28.8 \times (1.38 \times 2)] \div (91 \times 1) = 3.82 (台) \rightarrow 4 台$$

③Ⅲ级围岩开挖及出渣。

$$D_{气腿式凿岩机} = 256 \times 6.79 \div (92 \times 1) = 18.89 (台) \rightarrow 19 台$$

$$D_{10m^3/min以内电动空压机} = 256 \times 0.26 \div (92 \times 1) = 0.72 (台) \rightarrow 1 台$$

$$D_{20m^3/min以内电动空压机} = 256 \times 1.30 \div (92 \times 1) = 3.62 (台) \rightarrow 4 台$$

$$D_{2.0m^3以内轮胎式装载机} = 256 \times 0.45 \div (92 \times 1) = 1.25 (台) \rightarrow 适当延时加班为 1 台$$

$$D_{12t以内自卸汽车} = [(256 \times 1.21) + 25.6 \times (1.38 \times 2)] \div (92 \times 1) = 4.13 (台) \rightarrow 4 台$$

施工主导机械的每日需要量确定后,其他辅助机械可根据施工组织情况或采取必要的施工组织措施调整每日需要量,但不管如何调整,都要保证主导机械效率的最大化。

三、编制主要机械供应计划表

按以上方法确定每一项施工任务的机种及各机种的作业量和每日需要台数,再逐月汇总各施工任务(指每月平行作业的施工任务)需要的相同机种及其每日需要台数,即可制定出整个合同段的主要机具、设备计划,以【例5-3】为例,主要机械供应计划表如表5-7所示。

表5-7

作业时间		施工项目	机械种类	需要量(台)	备注
开始时间	结束时间				
2015年1月1日	2015年3月31日	V级围岩开挖	气腿式凿岩机	8	
			10m³/min 以内电动空压机	1	
			20m³/min 以内电动空压机	3	
		V级围岩出渣	2.0m³ 以内轮胎式装载机	1	
			12t 以内自卸汽车	2	
2015年4月1日	2015年6月30日	IV级围岩开挖	气腿式凿岩机	11	
			10m³/min 以内电动空压机	1	
			20m³/min 以内电动空压机	4	
		IV级围岩出渣	2.0m³ 以内轮胎式装载机	1	
			12t 以内自卸汽车	4	
2015年7月1日	2015年9月30日	III级围岩开挖	气腿式凿岩机	19	
			10m³/min 以内电动空压机	1	
			20m³/min 以内电动空压机	4	
		III级围岩出渣	2.0m³ 以内轮胎式装载机	1	
			12t 以内自卸汽车	4	

5.4 材料供应计划编制

隧道工程施工采用的材料名目繁多,数不胜数。但不管一个建设项目使用了多少材料,一般都根据用量大小和价值高低分为主要材料和辅助材料,简称主材和辅材。主要材料是指用量大、价格高的工业原料,如钢材、木材、水泥和沥青等;辅材是指制作半成品、成品所必须使用的零星的、低值易耗的辅助材料,如铁皮、铁丝、焊条等,用量较小。在施工过程中,人们通常编制的材料供应计划,主要是针对主材需要量进行的统筹规划,旨在节约材料,降低成本,既能盘活流动资金,又能保障供给,满足施工需要。

材料供应计划一般在已拟订了施工方案的基础上,并在制订了施工进度计划后进行编制,其编制依据主要有:

(1)施工图设计文件。

(2)招标文件及其工程量清单。

(3)施工方案和施工进度计划。

(4)公路工程概算或预算定额。

(5)施工承包合同。

一、材料需要量的计算方法

施工方案确定后,施工进度也编制结束了,这时就可以着手编制材料供应计划。计算材料需要量主要是根据完成的工程量和所选用材料消耗定额进行的。在编制竞标性施工组织设计时,要根据标书上指定材料消耗标准进行材料需要量计算。实施性施工组织设计采用企业或行业的材料消耗定额,在计算主要材料的供应计划时是比较粗略的,而单位工程或分部分项工程的实施性施工组织设计计算所需要的材料种类一般都比较详细,几乎除了低值易耗品外都要进行需要量计算,给出材料供应计划。

计算分部分项工程的材料需要量,首先应明确分部分项工程的施工方案及施工方法,然后根据工程施工内容套用定额,按式(5-6)、式(5-7)计算分部分项工程的材料消耗量。

$$施工项目材料消耗量(供应量) = 施工项目工程数量 \times 材料消耗定额 \qquad (5-6)$$

$$施工项目每日消耗量 = \frac{施工项目材料消耗量(供应量)}{作业工期} \qquad (5-7)$$

其中:施工项目工程数量 = 施工项目实际(设计)工程量/定额单位

编制竞标性施工组织设计时,材料用量计划一般要给出主要材料的用量,并列出主要材料供应计划表。编制指导施工和施工准备的施工组织设计时,施工组织总设计只给出主要材料及地方材料的供应计划,并列出其供应计划表。而实施性施工组织设计中的单位工程施工组织设计材料计划项目比较细,除了低值易耗品及占材料费中按比例列材料费的项目不做计划外,其余所有材料项目都要给出详细的材料计划,并列出供应计划表,作为领发料和材料核算的依据。

二、材料需要量计算步骤

施工材料需要量计算主要包括以下步骤:

(1)根据施工任务及进度计划,计算各项任务工程数量;

(2)确定材料种类,计算各种材料需要量;

(3)划定主材种类,计算主材每日消耗量。

下面仍以【例5-3】隧道开挖过程为例,说明材料消耗量及材料日消耗量的计算步骤。

1.确定施工任务及其工程数量

根据上节案例解析过程可知,案例中施工过程涉及的定额的名称、单位、代号、数量、定额调整等内容如表5-8所示。

表5-8

工程细目		定额代号	单位	数量	定额调整或系数
隧道洞身开挖	V级围岩	3-1-3-5	100m³	160	—
	IV级围岩	3-1-3-4	100m³	288	—
	III级围岩	3-1-3-3	100m³	256	—
出渣	III级围岩	3-1-3-37	100m³	256	—
	IV、V级围岩	3-1-3-38	100m³	448	—
弃渣增运	土方	1-1-11-18	1000m³	16	2
	石方	1-1-11-46	1000m³	54.4	2

注:弃渣增运定额运输车辆的选择与弃渣定额中运输车辆一致,即选择12t自卸汽车才正确,选择其他车辆均不正确。

—— 144 ——

2. 计算施工材料消耗量（供应量）

（1）查《公路工程预算定额》（JTG/T B06-02-2007），各级围岩开挖每100m³消耗材料种类及定额如表5-9所示。

表5-9

工　程　细　目		定额代号	消耗材料种类	单位	定额	备注
隧道洞身开挖	V级围岩	3-1-3-5	原木	m³	0.021	
			锯材	m³	0.019	
			钢管	t	0.011	
			空心钢钎	kg	4.0	
			φ50mm以内合金钻头	个	2	
			铁钉	kg	0.2	
			8~12号铁丝	kg	1.8	
			硝铵炸药	kg	30.5	
			非电毫秒雷管	个	53	
			导爆索	m	53	
			水	m³	25	
	IV级围岩	3-1-3-4	原木	m³	0.022	
			锯材	m³	0.020	
			钢管	t	0.011	
			空心钢钎	kg	6.4	
			φ50mm以内合金钻头	个	3	
			铁钉	kg	0.2	
			8~12号铁丝	kg	1.9	
			硝铵炸药	kg	76.7	
			非电毫秒雷管	个	84	
			导爆索	m	53	
			水	m³	25	
	III级围岩	3-1-3-3	原木	m³	0.024	
			锯材	m³	0.022	
			钢管	t	0.013	
			空心钢钎	kg	10.8	
			φ50mm以内合金钻头	个	5	
			铁钉	kg	0.2	
			8~12号铁丝	kg	2.1	
			硝铵炸药	kg	98.5	
			非电毫秒雷管	个	113	
			导爆索	m	60	
			水	m³	25	

（2）计算材料消耗量。

根据式（5-6）施工项目材料消耗量（供应量）=施工项目工程数量×材料消耗定额，可得各级围岩开挖过程中材料消耗量，如表5-10所示。

表 5-10

工程细目		工程数量	消耗材料种类	单位	定额	材料消耗量
隧道洞身开挖	V级围岩	160	原木	m^3	0.021	3.36
			锯材	m^3	0.019	3.03
			钢管	t	0.011	1.76
			空心钢钎	kg	4.0	640
			$\phi50mm$ 以内合金钻头	个	2	320
			铁钉	kg	0.2	32
			8~12 号铁丝	kg	1.8	288
			硝铵炸药	kg	30.5	4880
			非电毫秒雷管	个	53	8480
			导爆索	m	53	8480
			水	m^3	25	4000
	IV级围岩	288	原木	m^3	0.022	6.336
			锯材	m^3	0.020	5.76
			钢管	t	0.011	3.168
			空心钢钎	kg	6.4	1843.2
			$\phi50mm$ 以内合金钻头	个	3	864
			铁钉	kg	0.2	57.6
			8~12 号铁丝	kg	1.9	547.2
			硝铵炸药	kg	76.7	22089.6
			非电毫秒雷管	个	84	24192
			导爆索	m	53	15264
			水	m^3	25	7200
	III级围岩	256	原木	m^3	0.024	6.144
			锯材	m^3	0.022	5.632
			钢管	t	0.013	3.328
			空心钢钎	kg	10.8	2764.8
			$\phi50mm$ 以内合金钻头	个	5	1280
			铁钉	kg	0.2	51.2
			8~12 号铁丝	kg	2.1	537.6
			硝铵炸药	kg	98.5	25216
			非电毫秒雷管	个	113	28928
			导爆索	m	60	15360
			水	m^3	25	6400

（3）确定主材,并计算主材日消耗量。

根据式(5-7),施工项目每日消耗量 = 施工项目材料消耗量(供应量)/作业工期,以及隧道开挖施工进度计划,可得各级围岩开挖材料日消耗量,如表5-11所示。

其中,锯材等为周转性材料,只考虑一次性使用量和实际周转次数。原木、钢管、铁钉等属于辅材,由于用量较少,可考虑一次性备料。而硝铵炸药、雷管、导爆索等均为主材,因用量很大,可根据施工要求和资金周转状况分期分批备料。

表 5-11

工 程 细 目		工期计划(d)	消耗材料种类	单位	材料消耗量	材料日消耗量
隧道洞身开挖	V级围岩	90	空心钢钎	kg	640	7.1
			φ50mm 以内合金钻头	个	320	3.6
			8~12号铁丝	kg	288	3.2
			硝铵炸药	kg	4880	54.2
			非电毫秒雷管	个	8480	94.2
			导爆索	m	8480	94.2
			导爆索	m³	4000	44.5
	IV级围岩	91	空心钢钎	kg	1843.2	20.3
			φ50mm 以内合金钻头	个	864	9.5
			8~12号铁丝	kg	547.2	6.0
			硝铵炸药	kg	22089.6	242.7
			非电毫秒雷管	个	24192	265.8
			导爆索	m	15264	167.7
			水	m³	7200	79.1
	III级围岩	92	空心钢钎	kg	2764.8	30.1
			φ50mm 以内合金钻头	个	1280	13.9
			8~12号铁丝	kg	537.6	5.8
			硝铵炸药	kg	25216	274
			非电毫秒雷管	个	28928	314.4
			导爆索	m	15360	167
			水	m³	6400	69.6

三、主材供应计划的编制

主要材料供应计划是备料、供料和确定仓库、堆场面积及组织运输的依据,其编制方法是根据施工进度计划,按材料品种、规格、数量、使用时间、材料的来源及运输方式计算汇总,其表格形式如表5-12所示。

主要材料计划表　　　　　　　　　　表 5-12

序号	材料名称及规格	单位	数量	来源	运输方式	年度、季度需要量										备注
						××××年					××××年					
						一季度	二季度	三季度	四季度	合计	一季度	二季度	三季度	四季度	合计	

单元6 隧道施工场地布置

知识目标

1. 能阐述施工场地布置原则及要点；
2. 能阐述施工场地布置条件。

技能目标

1. 能阐述施工驻地建设及规划的主要内容；
2. 能阐述施工场站建设及规划的主要内容；
3. 能阐述临时工程布置及规划的主要内容；
4. 能阐述消防安全布置及要求的主要内容。

本单元结构

6.1 施工场地布置原则及要点
6.2 施工场地布置条件
6.3 施工场站建设及规划
6.4 临时工程布置及规划
6.5 施工驻地建设及规划
6.6 消防安全

施工场地布置的合理与否，关系到施工进度和工程费用，关系到隧道施工能否迅速、正常与安全地进行，也关系到隧道的文明施工。为此，应根据洞口处地形、地质、水文条件，考虑有利于施工生产也方便职工生活，合理布置弃渣场、堆料场、钢筋场、拌和站、各种机械房、油库、炸药雷管库、办公及生活区、洞口排水系统、运输道路、"三管两线"等各种设施。

6.1 施工场地布置原则及要点

一、施工场地布置原则与要求

隧道施工场地布置应结合工程规模、工期、地形特点、弃渣场和水源等情况，本着因地制宜、充分利用地形、合理布置、统筹安排的原则进行，并满足下列要求：

(1)以洞口为中心布置施工场地。施工场地应事先规划，分期安排，并减少与现有道路交叉和干扰。

(2)轨道运输的弃渣线、编组线和联络线，应形成有效的循环系统。

(3)长隧道洞外应有大型机械设备安装、维修和存放的场地。

（4）机械设备、附属车间、加工场应相对集中。仓库应靠近公路,并设有专用线。

（5）合理布置大堆材料（砂石料）、施工备品及回收材料堆放场地的位置。

（6）生活服务设施,应集中布置在宿舍附近。

（7）运输便道、场区道路和临时排水设施等,应统一规划,做到合理布局,形成网络。

（8）危险品库房应按有关规定办理。

（9）确定风、水、电设施的位置。

（10）确定混凝土拌和站和预制场的位置。

二、施工场地布置要点

（1）洞口场地布置应考虑周全,不应遗漏重要项目。

一般要综合考虑施工设施、施工便道、弃渣场地、各种管线、材料存放场、车辆停放地、生活办公设施等及工程构造物、重要地物的平面位置。施工设施包括:空压机房、锻钎机房、通风机房、充电房、搅拌机站、修配车间、钢筋加工棚、木工房、抽水机房、蓄水池、发电房、配电室、变电站等。各种管线主要指:轨道、高压风管、供水管、排水沟、高压电路等。材料存放地有:水泥库、配件库、炸药库、雷管库、钢材库及砂石木材堆放场。车辆停放场指钻孔台车、喷混凝土三联机、衬砌台车、装渣机械、运输车辆等停放检修地。生活办公设施包括:卫生所、办公室、招待所、宿舍、浴室、食堂及俱乐部。

（2）合理布置施工设施、施工便道、材料存放场、车辆停放地,以利于加快隧道施工进度。

隧道工程尤其是长隧道和特长隧道工程量大,要求进度快,施工机械化程度高,更应注意合理的布置,以使洞内外各项工作协调配合,充分发挥机械效率。一般情况下:空压机房、通风机房、搅拌机站、蓄水池、抽水机房应靠近洞口布设;钢筋加工棚、木工房、充电房、修配车间、发电房、配电室、变电站等尽量布置在洞口附近;大堆材料堆放场地,应安排在拌和机械附近并便于运输,常与水泥库以及材料加工房一起规划,其场地面积应考虑在洪汛期内储备量的堆放,并应结合地形条件,尽量利用高站台低货位,以利装车进洞。

（3）妥善布置生活房屋、爆破器材库等,确保施工人员有较好的生活条件和安全保障。

隧道施工工期长、劳动强度大、每天工作时间不固定,因而保持施工人员具有良好的体力非常重要。所以,生活房屋与洞口宜保持一定的距离,使工人有安静的休息环境,但也不要设在隧道洞顶附近,以免生活用水大量渗入隧道,同时还要考虑避免火灾、洪水、滑坡等灾害的威胁。炸药库、雷管库需分别单独布设,要有一定的安全距离,常设在远离施工场地的小山头或背坡上。

（4）灵活布置场内便道、车辆停放地、大堆材料堆放场地等,达到节约开辟场地所需花费。

山岭隧道的洞口一般多受地形条件限制,长隧道施工设施多,往往难于一次布置妥当,利用弃渣场、洞口路基逐步发展,使其完善,是一项很好的措施。一般是将易于搬迁、变动的场地或前期不急需的场地做二次布置,但要注意二次布置场地时,不应对隧道施工产生延误或与其他工程施工发生干扰。场内便道常需多次布设才能完善,进场便道与之衔接点的确定应考虑到这种变化,通常放在较为开阔平坦的大堆材料堆放场处。如果弃渣场地、进场便道处在不良地质地段,要注意不得因弃渣、加载引起滑坡。

（5）洞口场地布置图的详略程度,应根据工程规模大小确定。

长隧道和特长隧道工程量大,施工设施多,机械化程度高,为能合理的布置,应做出场地总布置图。中、短隧道的工程量相对小,需要的施工设施和使用的机械设备较少,洞口场地布置图可以从简,有些短隧道则可以与其附近的长隧道或路基、桥涵等工程合并布置。

(6)洞口场地布置应在地形图上按比例标绘,将需布置的各种设施、欲修建的构造物、原有的地物等要用简明的符号标示。

6.2 施工场地布置条件

施工场地布置原则是所有工程一般都应遵循的基本原则,而具体到某一实际项目时,由于工程所在地地理位置、地形、地貌、水文、地质情况等的千差万别,其施工场地布置情况各有不同。所以在具体进行场地总体布置时,需因地制宜,视具体布置条件而定。从方便生产、生活的角度考虑,施工场地布置条件主要包括地形条件、地质条件、交通条件、供水条件、供电条件等。

一、地形条件

隧道施工场地布置是以洞口为中心布置,若洞口区域场地较为宽阔,则布置相应的门禁系统、拌和站、预制场、办公区、住宿区等条件较为宽裕,若洞口区域场地为狭窄沟谷地形,布置相应场地则较为困难。

二、地质条件

从安全角度考虑,驻地建设、工地试验室、拌和站、钢筋加工场、预制场、施工材料存放场等场站建设用地选址都应远离地质灾害区域,周围无塌方、滑坡、落石、泥石流、洪涝等自然灾害隐患的区域。

三、交通条件

施工场地周围的交通条件对施工过程至关重要,应尽量选择靠近现有路网、交通较为便利的地方,以方便施工物资的运进输出,提高生产效率、节约生产成本。

四、供水、供电条件

符合生产条件的水电是生产正常开展的基本保证。尽可能就近利用施工场地周围的可用水电资源也是节约生产成本的有效手段,所以在施工场地布置时就应将供水、供电条件作为重要选址要素考虑在内。

【例6-1】 某高速公路Ⅲ标段施工场地布置条件。

1.交通条件

晋宁红塔区高速公路Ⅲ标段距昆明市公路里程约72km,昆明至玉溪北城段为昆磨高速公路,玉溪北城至晋宁红塔区高速公路Ⅲ标段施工现场途径213国道、066乡道、061乡道、032乡道等,工程所在地交通较为便利。

以现有的乡村公路及本工程所需的施工道路等实际条件进行规划,以现有的乡村公路为主干线,做好道路的保养及维护。场内行使斗车、平车的轨道应平坦顺直,纵坡不得大于3%,车辆应装制动闸。办公区、生产区、操作工的生活区等做到区域功能分明。

2.供水条件

施工用水从施工标段附近水源地接引进行供水。

3.供电条件

通过现场实地勘查,小坡山大桥左侧变电站及陆家屯大桥左侧变电站供电条件良好,可满足工程施工用电需求。根据现有条件,拟在光山1号隧道出口左幅外侧布置1号、2号变压器,由小坡山大桥左侧变电站接引;在光山4号隧道进口左幅外侧布置3号变压器,光山3号隧道出口左幅外侧布置4号、5号变压器,由陆家屯大桥左侧变电站接引;项目部营地与1号综合加工厂由中铁六局原有变压器接引(6号变压器)。

6.3　施工场站建设及规划

一、一般规定

(1)场站建设一般包括拌和站、钢筋加工场、施工材料存放场等的建设。

(2)公路建设应推行集约化管理,工厂化生产,实现"三集中",即:混凝土集中拌制,钢筋集中加工,混凝土构件集中预制,充分发挥集约化施工的优势。

(3)施工机械设备产生的废水、废油及污水应经过处理,不得直接排放。

(4)场站中标识、标牌应按规定统一设置。

二、拌和站建设

(1)拌和站场地面积、搅拌机组配置及产能应满足生产、施工需求和工程进度要求,一般不低于表6-1的规定。

拌和站建设标准　　　　　　　　　　　　　　　　　　　表6-1

拌和站类型	场地面积(m²)	每个拌和站搅拌机组最低配置
水泥混凝土拌和站	不小于3500	2台拌和机(每台至少有4个水泥罐,4个集料仓)
沥青混合料拌和站	35000	1台拌和机(每台至少3个沥青罐,2个矿粉罐、冷热集料仓各5个)
水稳拌和站	15000	1台拌和机(每台至少3个水泥罐,4个集料仓)

注:1.场地面积为拌和站(含备料场)面积;对于崇山峻岭等条件困难地区的面积可适当调减。

　　2.场地面积、搅拌机组配置可结合施工进度要求、备料场大小等情况优化调整。

(2)场地(含堆料区、加工区)应做硬化处理,主要运输道路应采用不小于20cm厚的C20混凝土硬化,基础不好的道路应增设碎石掺石屑垫层。场内排水宜按照中间高四周低的原则预设不小于1.5%排水坡度,四周宜设置砖砌排水沟,并采用M7.5砂浆抹面。

(3)各罐体宜连接成整体,安装缆风绳和避雷设施,所有罐体应喷涂成统一颜色,并绘制高速公路项目名称以及施工单位简称,两者竖向平行绘制,字体醒目。

拌和站实景图如图6-1所示。

(4)砂石材料应按级配要求,不同粒径、品种分场存放,并采用不小于50cm厚混凝土或厚度不小于60cm的浆砌片石等构造物分隔,隔墙高度应确保不串料(一般不小于2.5m)。储料场应搭设防雨棚,高度应满足机械设备操作需求(一般不小于5m),并满足受力、防风、防雨等要求。

151

a)

b)

图6-1　拌和站实景图

（5）储料仓应用水泥混凝土进行硬化,料场底应高于外部地面,修筑成向外顺坡(不小于3%),并在料场口设置排水沟,防止料场积水。

（6）所有拌和机的集料仓应搭设防雨棚,并设置隔板,隔板高度不宜小于2.5m,确保不串料。

（7）进出口设置洗车池(图6-2),确保场地清洁。

a)

b)

c)

图6-2　拌和站洗车池实景图

（8）拌和设备应符合以下要求:

①混凝土拌和应采用强制式拌和机,单机生产能力不宜低于90m³/h。拌和设备应采用质量法自动计量,水、外掺剂计量应采用全自动电子称量法计量,禁止采用流量或人工计量

方式,保证工作的连续性、自动性,且具备电脑控制及打印功能。减水剂罐体应加设循环搅拌水泵。

②拌和站计量设备(图6-3)应通过当地有权部门标定后方可投入生产,使用过程中应不定期进行复检,确保计量准确。控制室安装1台分体式空调,保证各部电气元件正常工作。

a)   b)

图6-3 拌和站计量设备实景图

三、钢筋加工场建设

(1)钢筋加工场(图6-4)宜采用封闭式管理,场地内应按原材料堆放区、钢筋下料区、加工制作区、半成品堆放区、成品待检区、合格成品区、废料处理区等科学合理设置,功能明确,标识清晰。

(2)钢筋加工场架构宜采用钢结构搭设,顶部采用固定式拱形防雨棚,高度应满足加工设备操作空间(一般不小于8m),并设置避雷及防风的保护措施。

(3)个别桥梁、隧道、涵洞受地形、运输条件限制可视实际情况采用简易钢筋棚加工,简易钢筋棚面积应满足生产、施工需求。棚内地面应按规定进行硬化或设置支垫设施。

a)   b)

图6-4 钢筋加工场实景图

(4)钢筋加工机械设备应满足工程质量和进度需要,并符合以下要求:

①机械设备应根据加工工艺流水线要求合理设置,做到作业"无缝化",并悬挂机械安全操作规程和设备标识牌。

②金属加工机械(如卷扬机)工作台应稳固可靠,防止受力后倾斜。

(5)箍筋、弯起钢筋等宜采用数控设备加工,如图6-5所示。

(6)在加工制作区应悬挂各种型号钢筋的大样设计图,标明尺寸,确保钢筋下料及加工准确,如图6-6所示。

a)   b)

图6-5   钢筋加工设备实景图

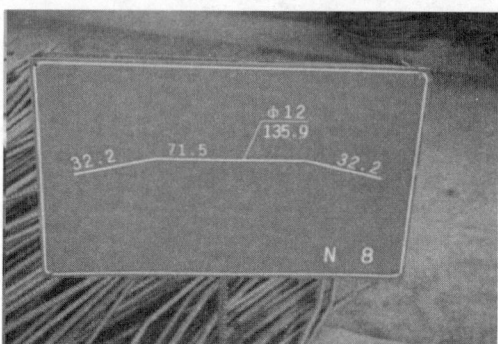

a)   b)

图6-6   钢筋加工制作区实景图

四、构件预制场建议

（1）场地内应按构件生产区、存放区、养护区、废料处理区等科学合理设置,功能明确,标识清晰。预制场的建设规模应结合小型构件预制数量和预制工期等参数来规划,场地面积一般不小于 2000m²,如图6-7a)所示。

（2）小型构件预制应选用振动台振捣,振动台数量根据预制构件生产数量确定,如图6-7b)所示。

a)   b)

图6-7   小型构件预制场实景图

（3）模板应使用钢模或高强度塑料模具（图6-8），保证混凝土外观光滑平整。

a)   b)

图6-8 高强度塑料模具

（4）养护区采用自动喷淋养护系统结合土工布覆盖对构件进行养护，确保构件处于湿润状态。

（5）成品按不同规格分层堆码（图6-9），堆码高度应保证安全。预制件养护期不得堆码存放，以防损伤。运输过程中应采取措施，防止缺边掉角。

五、施工材料存放场

图6-9 成品分层堆码

（1）存放场应合理选择设置地点，尽量靠近使用地点，确保运输及卸料方便；模板、脚手架等周转材料，应选择在装卸、取用、整理方便和靠近拟建工程地方放置；水泥、砂石料等原材料应靠近拌和站放置。

（2）各种材料应分区存放，堆放场地应进行硬化。存放场应留有足够宽度的通道，便于装运。

（3）材料场做到整齐干净，无砖瓦块、钢筋头等，无杂草、杂物；各种材料的堆放应做到"一头齐，一条线"。

（4）预制构件的堆放位置要考虑吊装顺序，力求直接装卸就位。

（5）贵重物资、装备器材要存入库内。

（6）砂石料存放。

用于实体工程的砂石料应分不同粒径、不同品种分仓存放，不得混堆或交叉堆放，如图6-10所示。料场应采用不小于50cm厚的混凝土墙体等构造物（高度一般不小于2.5m）隔开，场内地面应设坡度，确保不积水。

砂石料应按规定进行材料的质量检验状态标识，标识包括材料名称、产地、规格、数量、进料时间、检验状态、试验报告号、检验批次等。

（7）钢筋、钢绞线、型钢等钢材应按不同钢种、等级、牌号、规格及生产厂家分类存放在仓库或防雨棚内，并挂牌标识，如图6-11所示。地面应做硬化处理，并垫高不小于30cm，严禁与潮湿地面接触，不得与酸、盐、油类等物堆放一起。

a)

b)

图 6-10　砂石材料存放场

a)

b)

图 6-11　钢筋存放场

（8）半成品材料储存时应按使用、安装次序进行分类、分批存放，并按规定做好标识，小件（散件）材料及配件宜存放于箱、盒内。支座、锚具等主要成品材料应在室内存放。防水卷材及土工材料等应避免雨淋、日晒、受潮，注意通风，远离热源。半成品存放场如图 6-12 所示。

a)

b)

图 6-12　半成品存放场

（9）库房应合理选择设置地点，设置位置应位于交通方便处，距各使用地点综合距离较近，遵循安全技术和防火规定。危险品仓库应远离施工现场、居民区和既有设施，附近应设有明显标志及围挡设施，并设置视频监控系统，如图 6-13 所示。

图 6-13　危险品库房布置要求

6.4　临时工程布置及规划

一、一般规定

（1）临时工程主要包括临时用电、施工便道、便桥。

（2）临时工程应与现场地形、地物和现有生活、生产设施相协调，尽量减少对现有地形地貌的破坏，充分利用现有生活、生产设施。

二、临时用电

（1）施工现场临时用电应采用 TN－S 接地、接零保护系统，采用三相五线制和三级配电三级保护方式。动力和照明线应分开架设。

（2）用电设备实行"一机一闸一漏一箱"制，不得用一个开关直接控制 2 台及以上的用电设备。

（3）配电系统（图 6-14）设置室内总配电箱和室外分配电箱，实行分级配电。

图 6-14　配电系统

（4）总配电箱应设置在靠近电源，其周围应有足够 2 人同时工作的空间和通道。

（5）分配电箱（图 6-15）应设置在用电设备或负荷相对集中的区域，分配电箱与开关箱的距离不得超过 30m。

图6-15 分配电箱

（6）分配电箱应设置在用电设备或负荷相对集中的区域，分配电箱与开关箱的距离不得超过30m。

（7）总路设置总隔离开关，以及总断路器或总熔断器；分路设置分路隔离开关，以及分路断路器或分路熔断器。

（8）动力分配电箱与照明分配电箱宜分别设置，当合并设置为同一配电箱时，动力和照明应分路配电。

（9）分配电箱周围应有足够2人同时工作的空间和通道。不得堆放任何妨碍操作、维修的物品；不得有灌木、杂草。

（10）在配电箱顶部设置防雨棚。

（11）架空线路电杆一律采用钢筋混凝土杆。严禁利用树木、脚手架作电杆。为保证足够的承载强度，钢筋混凝土杆不得有漏筋、不得有宽度大于0.4mm的裂纹。

（12）架空线敷设时，相邻电杆之间的距离不得大于35m，宜减小弧垂，减轻风摆。

（13）架空线应分线敷设，不得集束敷设。横担上相邻导线线间距不得小于0.3m，靠近电杆两侧导线的线间距不得小于0.5m。

（14）施工现场架空电线最大弧垂与地面安全距离不得小于4m；跨机动车道架空电线最大弧垂与地面安全距离不得小于6m。

（15）施工现场使用的电气设备必须符合防火要求。临时用电必须安装过载保护装置，电闸箱内不准使用易燃、可燃材料。严禁超负荷使用电气设备。

三、便道

（1）便道（图6-16）路面最低标准应采用泥结碎石或级配碎石。在条件允许的情况下，便道路面可采用隧道洞渣或矿渣铺筑。特大桥、隧道洞口、拌和站和预制场等大型作业区进出便道200m范围路面宜采用不小于20cm厚的C25混凝土硬化。

a)

b)

图6-16 施工便道

（2）对施工便道应统一进行数字编号，并标明便道通往的方向和主要工程名称。

（3）便道路口应设置限速标志，建筑物、城市道路转角、视线不良地段应设置明示标志，跨越（临近）道路施工应设置警告标志，道路危险段应设置防护及警告标牌。途经小桥，应设置限载、限宽标志;途经通道,应设置限宽、限高警告标志;路线明显变化处、便道平面交叉处,应设置指路和警告标志。便道路口标志牌如图 6-17 所示。

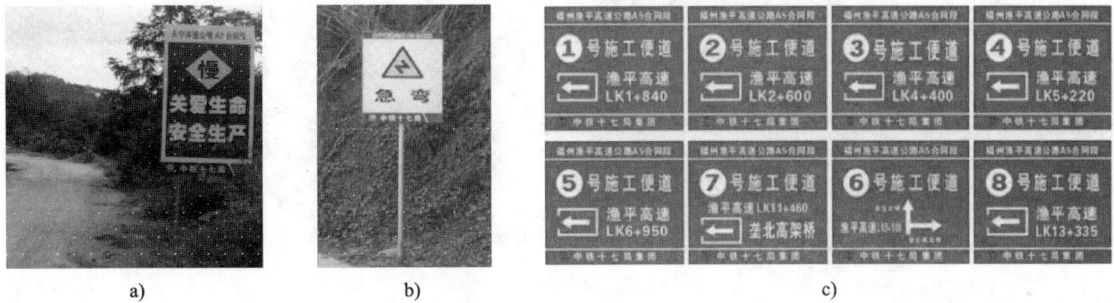

图 6-17　便道路口标志牌

6.5　施工驻地建设及规划

一、一般规定

(1)驻地建设应体现以人为本的理念,着力改善项目的生产、生活环境。
(2)驻地建设应因地制宜,尽量减少对环境的影响。

二、驻地选址

(1)选址位置应结合工程实际需求,应远离地质灾害区域,用地手续合法,周围无塌方、滑坡、落石、泥石流、洪涝等自然灾害隐患,无高频、高压电源及油、气、化工等污染源。必须满足安全、环保、水保的要求,交通、通信便利,水电设施齐全。

(2)必须距离集中爆破区 500m 以外,不得占用独立大桥下部空间、河道、互通匝道区及规划的取、弃土场。

如图 6-18 所示为某隧道施工驻地实景图。

图 6-18　某隧道施工驻地实景图

三、驻地建设

(1)可自建或租用沿线合适的单位或民用房屋[图 6-19a)],但应坚固、安全、实用、美观,并满足工作、生活需求。

(2)自建房[图 6-19b)]应安装、拆卸方便且满足环保要求,最低标准为活动板房,建设宜选用阻燃材料,搭建不宜超过 2 层。

(3)宜为独立式庭院,四周设有围墙,有固定出入口,有条件的可在出口设置保卫人员。

(4)组与组之间的距离不小于 8m,栋与栋距离不小于 4m,每组最多不超过 10 栋建筑,净高不低于 2.6m。

(5)办公区、生活区及车辆、机具停放区等布局科学合理,办公区、生活区等应分区管理,合理规划人车路线,尽可能减少不同区域间的互相干扰,如图 6-20 所示

— 159 —

a)

b)

图 6-19 租用民房或自建活动板房作为施工驻地

a)

b)

图 6-20 合理布局施工驻地不同区域

四、硬件设施

驻地办公用房面积应满足办公需要,一般不低于表 6-2 的相关规定。

驻地办公用房面积标准 表 6-2

各室名称	配备标准(m²)	备　　注
	施工单位	
办公室	5 ~ 8	人均面积
会议室	60	具备多媒体功能
档案资料室	40	—
试验室	186	各操作室合计面积

(1)办公室:人均面积不小于 5 ~ 8m²,通风、照明良好,并设有防暑、降温、取暖设施,配备必要的信息化硬件设施,满足项目信息化管理需求,如图 6-21a)所示。

(2)会议室:应通风、照明良好,并设有防暑、降温、取暖设备;应配备必要的会议桌、椅子、写字板、多媒体等常用会议设施,如图 6-21b)所示。

(3)档案室:应通风照明良好,设置防潮、防火、防盗、防尘、防有害生物(虫、霉、鼠等)、防高温等设施。所有档案应专人管理,建立借阅登记制度,宜采用专用档案柜或档案架,归档的档案盒式样统一,如图 6-22 所示。

a)

b)

图 6-21　施工驻地办公室和会议室实景图

（4）宿舍：

①门窗设置齐全，门净宽不小于 0.8m，地面硬化防潮，室外设专门晾衣处。

②室内通风、照明良好，每间宿舍面积不超过 30m²，居住人员不宜超过 8 人，人均使用面积不小于 4m²。单铺不得超过 2 层，人均床铺面积不小于 2m²，严禁设置通铺。

③宿舍内应设置生活用品专柜，个人物品摆放整齐，严禁存放易燃、易爆物品，严禁乱拉电线、明火做饭和使用大功率电器。

图 6-23 所示为施工驻地宿舍实景图。

图 6-22　施工驻地档案室

a)

不小于0.5m

高于地面0.3m

b)

图 6-23　施工驻地宿舍实景图

（5）食堂：离厕所、垃圾站及有害物质场所不小于 20m，与办公、生活用房距离不小于 10m；食堂净空不小于 2.8m，门净宽不小于 1.2m，人均使用面积不小于 1m²。应设置独立的制作间、储藏间并配备消毒设施，燃气罐应单独设置存放间并通风良好，如图 6-24a）所示。

（6）浴室地面应做防滑处理，使用防水灯具和开关，排水、通风良好；人均使用面积不小于 0.07m²，总面积不小于 20m²，淋浴喷头数量与人员比例不小于 1:10，应定时保证充足的冷、热水供给，如图 6-24b）所示。

a)

b)

图6-24 施工驻地食堂、浴室实景图

图6-25 施工驻地卫生间实景图

（7）卫生间：应男女分设，且应为通风、采光良好的可冲洗式或移动式厕所，地面应做防滑处理；人均使用面积不小于$0.2m^2$，总面积不小于$20m^2$，蹲位数量与人员比例不小于0.1，符合卫生要求。

图6-25所示为驻地卫生间实景图。

（8）文体活动室：面积一般不小于$20m^2$，具备活动、学习条件，通风照明条件良好，书籍、报纸、杂志配备齐全。

（9）活动场地包括乒乓球场、篮球场、羽毛球场以及相关的健身、娱乐等活动场所，如图6-26所示。

a)

b)

图6-26 施工驻地文体活动场所实景图

（10）医疗室根据现场人员数量和驻地距离现有医疗机构的方便程度设置，配备必要的医疗设备和药物，有条件的可配备相应的医务人员，如图6-27所示。

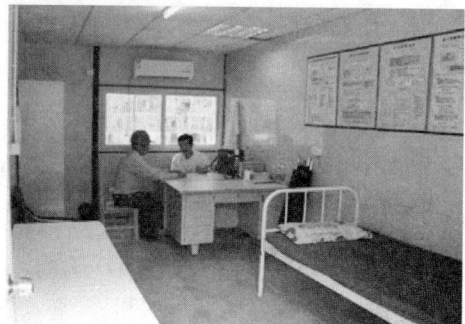

图6-27 施工驻地医疗室实景图

五、试验室建设

（1）设备配置应满足投标文件承诺要求，并能够适应工程内容及规模相关要求。

（2）设备精度、量程等技术指标应满足试验规程相关要求。

（3）试验室应配备必要的试验辅助器具、工具及试验物资，至少配备1辆专用汽车。

（4）试验室应通风、照明良好，并设有防暑、降温、取暖设备。

（5）压力机、万能材料试验机等力学设备应设置金属防护罩或安全防护网，使用的防护网（罩）应安全、美观、方便操作。

（6）各功能室电源插头应高出地面1.3m以上，操作台高度应控制在70~90cm，台面宽度为60~80cm，台面为混凝土或铺设地板砖，表面应平整，操作台下设置带有柜门的储物隔柜。

图6-28所示为施工驻地试验室实景图。

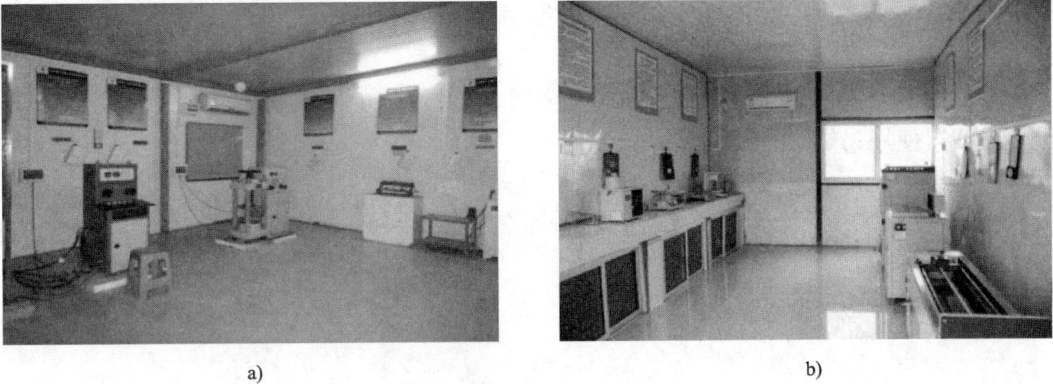

a)　　　　　　　　　　　　　　b)

图6-28　施工驻地试验室实景图

六、消防设施

（1）生活、办公区每100m²应配备2只10L灭火器，如图6-29所示。

（2）生活区的设置必须符合消防管理规定，严禁使用可燃材料搭设。宿舍内不得卧床吸烟，不得使用大功率电器，严禁明火取暖。

图6-28所示为施工驻地消防灭火器实景图。

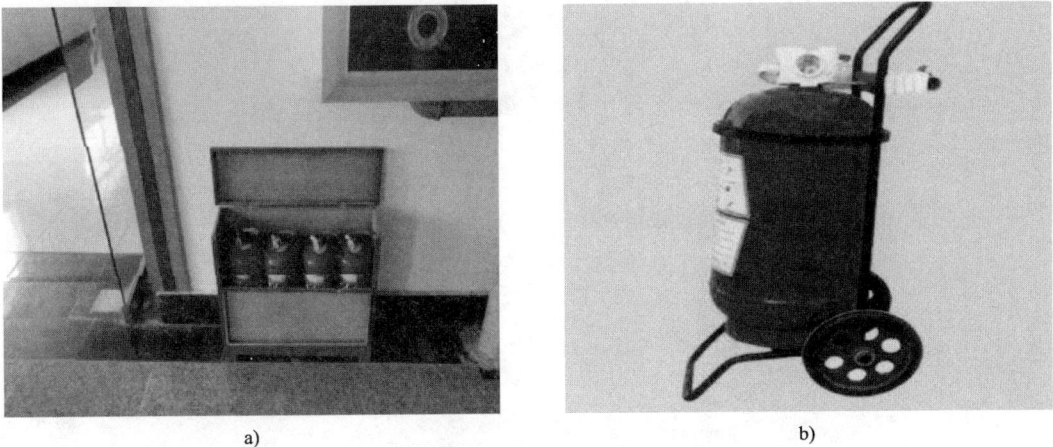

a)　　　　　　　　　　　　　　b)

图6-29　施工驻地消防灭火器实景图

6.6 消防安全

（1）现场要有明显的防火宣传标志，每月对职工、民工进行一次防火教育、组织一次防火检查，建立防火工作档案。

（2）施工现场必须配备消防器材，做到布局合理，要有明显的防火标志，并经常检查、维护、保养，保证灭火器材灵敏有效。

（3）电焊工、气焊工从事电气设备安装和电、气焊切割作业，要有操作证。用火前，要对易燃、可燃物清除，采取隔离等措施，配备灭火器具，作业后必须确认无火源隐患后方可离去。

（4）施工现场存放易燃、可燃材料的库房、油漆配料房不得使用明露高热强光源灯具。

（5）易燃易爆物品，必须有严格的防火措施，指定防火负责人，配备灭火器材，确保施工安全。

（6）施工现场使用的安全网、密目式安全网、密目式防尘网、保温材料，必须符合消防安全规定，不得使用易燃、可燃材料。

单元 7 隧道施工保证措施

知识目标

1. 能阐述隧道施工安全保证措施的主要内容；
2. 能阐述隧道施工质量保证措施的主要内容；
3. 能阐述隧道施工工期保证措施的主要内容；
4. 能阐述隧道施工环保水保保证措施的主要内容；
5. 能阐述隧道文明施工保证措施的主要内容。

技能目标

能根据实际项目情况编制实施性施工组织设计中安全生产保证措施、质量保证措施、工期保证措施、环保水保保证措施、文明施工保证措施的主要内容。

本单元结构

7.1 隧道施工安全生产保证措施
7.2 隧道施工质量保证措施
7.3 隧道施工工期保证措施
7.4 隧道施工环保水保保证措施
7.5 隧道文明施工保证措施

隧道施工保证措施是为了保证施工安全、施工质量、施工进度、环保水保、文明施工等采取的组织和技术措施。导致隧道施工不安全的因素诸多,其中安全生产保证措施必须要引起高度重视。

7.1 隧道施工安全生产保证措施

安全生产是施工企业永恒的主题,特别是对于隧道穿越特殊地质的施工,安全问题显得尤为重要,必须牢固树立全员的"安全第一、预防为主、综合治理"的意识,严格执行发布的有关施工技术安全规则及云南省施工保证安全的有关规定和规则。

一、安全管理控制重点(表 7-1)

表 7-1

序号	重点项目	控制措施
1	爆破作业安全	安全防护、火工品的保护
2	用电作业安全	电工持证上岗

序号	重点项目	控　制　措　施
3	隧道出渣、运输安全	集中调度,信号设置完备,洞内照明符合规范要求
4	隧道防瓦斯积聚	瓦斯监测,监测瓦斯溢出情况,加强通风
5	隧道防涌水、涌泥	加强初期支护,提前导水或封堵水相结合
6	隧道防膨胀岩大变形	加强初期支护,短进尺、强支护、及时封闭
7	隧道防坍塌	地质超前预报,制定细致的防坍措施
8	交通与机械作业安全	驾驶人员持证上岗,宣传交通法规,进行交通安全培训

二、安全管理组织机构

项目部将成立以项目经理为首的安全领导小组,对本工程项目安全全面负责。项目部设专职安全副经理、专职安全工程师,各专业队设专职安全员,贯彻"安全第一、预防为主"的方针和"管生产的必须抓安全"的原则,根据工程施工特点,制订各项安全措施,确保施工生产的安全。

安全管理组织机构如图 7-1 所示。

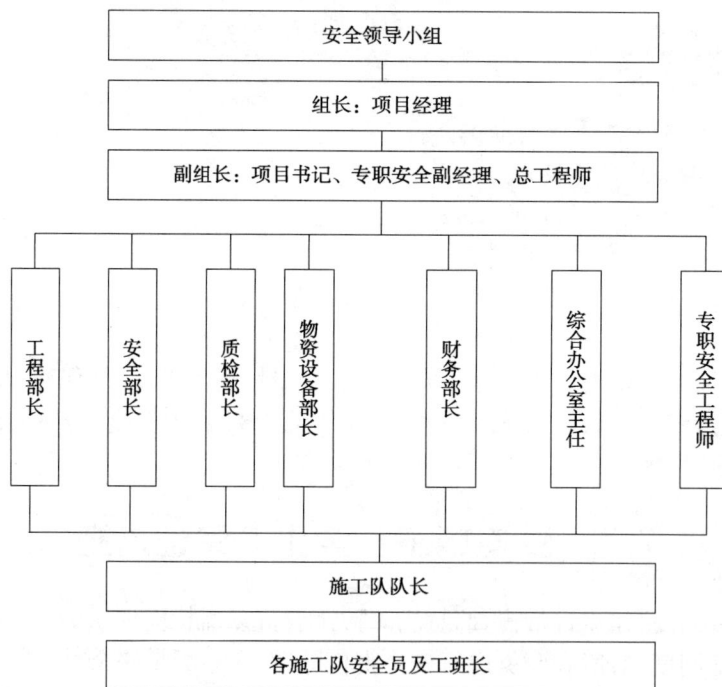

图 7-1　安全管理组织机构图

三、安全保证体系

建立项目部、工程队和班组三级安全体系,严格运行各项制度,系统管理,保证令行禁止。安全保证体系框图如图 7-2 所示。

安全保证体系

思想保证 | 组织保证 | 制度保证 | 经济保证

思想保证：强化OHSMS职业安全健康 → 职工安全技术规则教育 / 提高全员安全意识 → 安全第一 / 安全为了生产 / 生产必须安全

组织保证：总经理 → 主管安全副经理 → 公司安全技术部 → 项目经理 → 项目部安全领导小组 / 项目部安全部 → 队安监室 → 工班工种安全检查员

制度保证：各项施工安全措施 / 各项安全生产制度 / 签订安全责任书 → 各工种安全生产制度 / 月季年安全检查制度 / 安全总结评比制度 → 各项安全活动 / 安全文明施工 / 安全技术交底

经济保证：实行安全生产承包责任制 → 奖优罚劣制度 / 安全措施落实 → 经济兑现

杜绝一切伤亡事故的发生 | 信息反馈

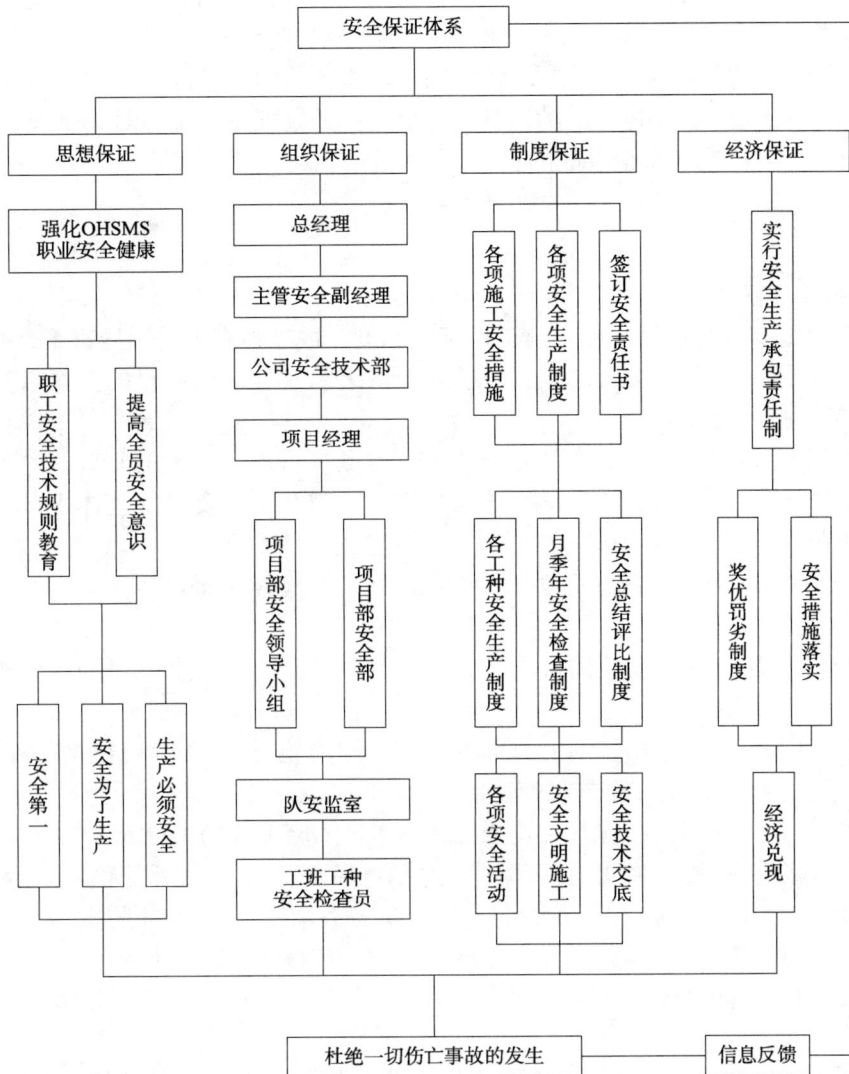

图 7-2 安全保证体系框图

四、安全管理制度

为使管理组织运转并发挥作用,项目实施前将制定如下管理制度:

(1)安全检查制度:建立日常检查制度和每月例行检查制度。

(2)安全责任制度:对所有人员进行安全责任分解,建立岗位安全责任制。

(3)安全教育制度:定期进行安全知识教育和思想教育。

(4)安全审查制度:对重要施工项目的施工方案进行安全审查,组织相关专业技术进行评审。

(5)安全事故报告制度:发生安全质量事故后,负伤者或事故现场有关人员应当立即向指挥部领导汇报,指挥部领导在接到重伤、死亡或重大死亡事故报告后,立即报告给企业主管部门、建设单位、监理单位和所在地的劳动部门、公安部门、人民检察院、工会。同时迅速采取必要措施抢救人员和财产,防止事故扩大。

（6）作业安全细则：对各种工程项目制定详细的安全工作细则，作为安全管理制度执行。

（7）安全岗位责任制：逐级签订安全生产承包责任状，明确分工，责任到人。如隧道开挖爆破、行车运输等重要工序施工必须认真落实干部逐级包保责任制。

（8）个人安全奖罚制度：建立激励机制，奖优罚劣，鼓励安全施工。对安全施工有显著贡献的个人进行重奖，对造成安全事故的责任人实行重罚。

五、安全保证措施

1. 安全生产一般规定

（1）建立健全安全管理机构和安全工作规章制度。成立强有力的领导班子，建立健全安全保障体系，领导挂帅，全员参加，安全长具体负责，组织实施对该项目的安全管理，保证工程安全贯彻贯穿施工全过程。

（2）加强安全生产教育，提高全员安全意识。重点进行四个方面的教育，即主人翁责任感和安全第一的教育；安全基本知识和技能的教育，工程开工前要组织全体干部、职工认真学习《施工作业安全控制实施细则》等安全生产规定及其他安全施工常识；遵守规程制度和岗位标准化作业的教育；文明施工的教育，同时开展安全检查评比竞赛活动，激发全员安全生产的自觉性。

（3）根据工程特点，建立安全岗位责任制，逐级签订安全生产包保责任状，明确分工，责任到人。

（4）每一工序开工前，做出详细的施工方案和实施措施，报有关部门审批。在进行技术交底的同时还要进行详细的安全施工交底。

（5）操作人员必须佩戴安全帽，无安全帽者不得进入施工现场进行施工。

（6）抓好现场管理，搞好文明施工，保持现场管线整齐。灯明、路平、无积水。易燃、易爆物品仓库要设专人防守，危险区要设有栏杆和标志，备齐消防器材，并能防盗。

（7）生活区、拌和站、加工场，要符合防洪要求，切实做好防洪，行洪河道要在汛期前做好度汛工作，洪水前要清理河道。做好防火、防中毒等工作。杜绝重大伤亡事故，减少一般性事故。

（8）加强施工管理，照明、高压电力线路的架设要高顺直，保证绝缘良好。施工中加强对机具、电器设备的检查和维修，各种施工机械和电器设备均应设置漏电保护器确保用电安全。线路架设高度和照明度必须符合标准，严防行走机械事故。

（9）车辆要经常检修，保持完好，动力机械必须由考试合格并持有合格证的驾驶员上岗。严禁非驾驶员开车，严禁酒后开车。

（10）施工场地的油库、拌和站、变电站、发电站等临时设施，必须设置防雷装置，防止雷击。

（11）凡进入现场的人员，均要服从值班员指挥，遵守各项安全生产管理制度，正确使用个人防护用品。禁止穿拖鞋、高跟鞋或光脚进入施工现场。

（12）坚持经常和定期安全检查制度，及时发现事故隐患，堵塞事故漏洞，还要结合安全事故的规律和季节特点，重点加强防触电、防淹亡、防火灾、防交通事故等解决措施，并实行奖罚制度。

2. 交通安全保证措施

隧道洞口靠近 320 国道车流量大，安全隐患多，施工时抓好交通安全相当重要。

（1）认真调查当地的气象、汛期及车辆的情况，制订可行的安全保护措施。

（2）对交通运输车辆定期进行检修，保证交通运输车辆状况、性能良好，雾天行驶时宜缓行，车辆信号明显。

（3）施工现场及施工与地方交通相干扰地段，应设标语、标志牌。

（4）大雾天不安排施工；薄雾天施工时，现场配备透视性能好的照明系统，并派专人进行现场指挥。

3. 高处作业安全保证措施

（1）高处作业超过 2m 以上者必须系安全带，必要时设置防护网等防坠落设施。

（2）从事高处作业的人员要定期或随时体检，发现有不宜登高的病症，不得从事高处作业，严禁高血压、心脑血管病人登高作业，严禁酒后登高作业，高处作业人员不得穿拖鞋或硬底鞋。施工作业所需的材料要事先准备齐全，工具应放在工具袋内。

（3）高处作业所用梯子不得缺档和垫高，同一梯子不得两人同时上下，在通道处（或平台）使用梯子应设置围栏。

4. 爆破作业安全保证措施

（1）在编制实施性施工组织设计时，应有爆破设计及安全技术措施。各项爆破技术参数应取较高的安全系数。

（2）对易燃易爆物品（如临时储油罐和炸药库、雷管库）应远离现场进行存放，并符合有关安全规程；场区内和库房内必须备有消防器材。爆炸物品管理，应做到随用随取，对每次爆破所用器材数量进行登记，剩余爆炸物品归还炸药库，并且做好记录。

（3）对爆破器材的运输、储藏和使用应当严格遵守国家、省、市的有关爆破物品使用管理规定执行。

（4）实施爆破作业时，由持证的专职爆破工进行操作，爆破区要有醒目的安全标志，并设专人负责警戒。

5. 施工机械作业安全保证措施

所有施工设备和机具使用时均必须由专职人员负责进行检查和维修，确保状况良好。各技术工种必须经过培训考核并取得合格证，方可持证上岗操作，杜绝违章作业。

（1）大型机器的保险、限位装置、防护指示器等必须齐全可靠。

（2）驾驶、指挥人员必须持证上岗，必须按规程要求进行操作，并做好作业记录。

（3）各类安全（包括制动）装置的防护罩、盖等要齐全可靠。

（4）机械与输电线路（垂直、水平方向）须按规定保持距离。

（5）作业时，机械停放稳固，臂杆幅度指示器灵敏可靠。

（6）电缆线绝缘良好，不得有接头，不得乱拖乱拉。

（7）各类机械配挂技术性能牌和上岗操作人员名单牌。

（8）必须严格定期保养制度，做好操作前、操作中和操作后设备的清洁润滑、紧固、调整和防腐工作。严禁机械设备超负荷使用、带病运转和在作业运转中进行维修。

6. 用电作业安全保证措施

（1）现场照明：照明电线绝缘良好，导线不得随地拖拉或绑在脚手架上。照明灯具的金属外壳必须接零。

（2）配电箱、开关箱：使用 BD 型标准电条，电箱内开关电器必须完整无损，接线正确，电箱内设置漏电保护器,选用合理的额定漏电动作电流进行分级匹配。配电箱设总熔丝、分开关,动力和照明分别设置。金属外壳电箱作接地或接零保护。开关箱与用电设备实行一机一闸一保险。同一移动开关箱严禁有380V和220V两种电压等级。

(3)架空线:架空线必须设在专用电杆(水泥杆、木杆)上,严禁架设在树或脚手架上,架空线装设横担和绝缘子。架空线离地4m以上,离机动车道为6m以上。

(4)接地接零:接地采用角钢、圆钢或钢管,其截面不小于48mm² 一组两根,接地间距不小于2.5m,接地符合规定,电杆转角杆,终端杆及总箱,分配电箱必须有重复接地。

(5)用电管理:安装、维修或拆除临时用电工程,必须由电工完成,电工必须持证上岗,实行定期检查制度,并做好检查记录。

7. 防火安全措施

(1)加强领导,建立队班组三级防火责任制,明确职责。

(2)加强对职工的防火教育,根除麻痹大意及侥幸心理。

(3)与当地政府、消防部门及附近的居民加强联系,群策群力,共同防火。

(4)重点部位如仓库、木工间配置相应消防器材,一般部位如宿舍、食堂等处设常规消防器材。

(5)施工现场用电,严格执行有关规定,加强电源管理,防止发生电器火灾。

(6)焊、割作业点与氧气瓶、乙炔气瓶等危险物品的距离不得少于10m,与易燃易爆物品的距离不得少于30m。

(7)严格按有关规定安装线路及设备,用电设备都要安装地线,不合格的电气器材严禁使用。库房、油库严禁烟火,油库要安装避雷装置,备足防火器材。

(8)在大风季节,应尤其提高警惕,禁止在施工区域内烧荒,注意清查火灾隐患,杜绝明火。

(9)设专职巡视员,对整个标段进行巡逻,尤其加强对山区及生活区的看护。做好记录,发现问题及时解决,杜绝火灾的发生。

六、案例:某隧道安全生产应急预案

(一)编制目的

对本标段隧道施工可能发生的坍塌、涌水、涌泥、爆炸等灾害提前做出安排,明确应急职责,识别紧急需求,降低和减少对环境和员工的危害。

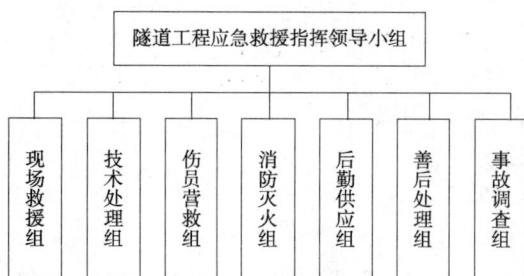

图7-3 组织机构图

(二)组织机构

项目部在施工隧道前成立应急抢险救援指挥领导小组,下设8个救援专业组,即现场抢救组、技术处理组、伤员营救组、消防灭火组、后勤供应组、善后处理组和事故调查组,如图7-3所示。

指挥领导小组的组长由项目经理担任,副组长由项目副经理、总工担任;组员由相应的安质部、技术部、物资部、综合部等相关部门负责人担任。

(三)职责

(1)隧道发生坍塌、涌水、爆炸等险情后,现场负责人应立即电话通知应急领导小组组长。

（2）组长接到险情后，分析紧急状态确定相应报警级别，启动应急预案程序，应急抢险救援指挥系统立即投入运作，在现场设立指挥场所，相关人员到位，组织实施抢险工作。必要时采取措施防止坍塌、涌水、爆炸等事态扩大，将人员和机械迅速撤出危险区。

（3）副组长：协助组长组织应急所需资源满足现场应急需求，与项目部外应急响应人员、部门、组织和机构进行联络。组织本项目部的相关管理人员对危险源进行风险评估，定期检查日常工作和应急响应准备状态。

（4）危险源风险评估组：由项目技术负责人负责，相关部门人员参加；评估施工现场以及生产过程的危险源的风险，指导安全生产部门对安全措施的落实和监控、减少和避免危险源的事故发生、完善危险源的风险评估资料信息、为应急响应的评估提供科学、合理、准确的依据；为应急响应提供及时的应急响应支援措施。

（5）现场抢救组：由主管生产的项目副经理负责，相关部门人员参加，根据伤员情况，制定抢救方案，联系就近医疗单位，医务人员会同项目组成员共同抢救人员，进行现场抢救处置工作。

（6）技术处理组：由项目技术负责人负责，相关人员参加，工程部协助提供技术支持，制定可操作的施工应急响应方案，为事故现场提供有效的技术储备、图纸。应急预案启动后，根据事故现场的特点，及时向应急领导组组长提供科学的工程技术方案和技术支持文件。

（7）伤员营救组：由主管生产的项目副经理负责，相关部门人员参加，根据伤员情况，制定伤员营救方案，进行事故现场伤员的营救、转运等工作，联系就近医疗单位进行妥善的营救治疗工作。

（8）消防灭火组：由安全生产部负责人担任组长，项目相关部门人员参加，制定灭火方案，组织施工现场人员，进行事故现场的灭火工作。

（9）后勤供应组：由项目综合部、财务部、机务部、材料部负责人担任，制定物资计划，检查、监督、落实物资的储备情况。应急预案启动后，按应急领导组组长的部署，有效地组织应急响应物资资源到施工现场。

（10）善后工作组：组长由项目书记担任，项目相关部门人员参加。主要做好伤亡人员及家属的抚恤工作，确保事故发生后伤亡人员及家属思想能够稳定。做好受伤人员医疗救护的跟踪工作，协调处理医疗救护单位的相关矛盾。与保险单位一起做好伤亡人员及财产损失的理赔工作。慰问伤员及家属。

（11）事故调查组：组长由项目经理担任，相关部门人员参加，主要保护事故现场，对现场的有关实物资料进行取样封存，调查了解事故发生的主要原因及相关人员的责任，按"四不放过"的原则对相关人员进行处罚、教育，并及时进行总结。

（四）控制预防措施

（1）隧道施工应作为安全标准工地建设的重点，认真编制工地安全实施标准，全面规划，合理安排，规范指挥行为、作业行为和现场生产设施，实施标准化管理。

（2）实施性施工组织设计要按照公路施工相关规范和设计要求，结合地形、地貌和水文地质条件，科学选定开挖、支护、衬砌的方法和工艺，制定详细具体的安全技术措施。施工中应根据地质条件的变化及时补充完善，并认真做好安全教育和技术交底。

（3）软弱围岩、不良地质、特殊地质或浅埋、偏压、滑坡地段隧洞，应组织技术论证，确定钻爆、掘进、支护方案。

（4）洞内通风管、高压风管、水管、照明线、输电线、运输道路、人行道路要统一规划，加强维修，做到布设整齐，状态良好。机械设备要固定存放位置，料具堆码整齐，专人负责保管。

（5）洞内施工应由值班领工员统一指挥，按施工组织设计合理安排开挖、衬砌和运输作业，减少交叉和相互干扰。

（6）爆破开挖应做出爆破设计，采用光面爆破或预裂爆破技术必须严格控制周边眼间距、外插角和装药量等参数，减少对围岩的扰动及超欠挖数量。

（7）爆破起爆后，应派专人进行检查，处理危石、悬石，并设专人监护。确认安全后，其他人员方准进入作业面。做好洞内防尘，降低粉尘浓度。

（8）临时支护应以设计文件和规范为准，一般情况下最大距离不大于两茬炮的进尺距离。

（9）隔栅拱架和喷锚支护要严格按设计标准控制拱架排距和锚杆间距、锚杆长度、方向和混凝土喷射厚度，并认真填写施工日志备查。

（10）改变临时支护类型、标准，必须经项目经理部审批，设计、监理同意。严禁施工现场自行降低支护标准。

（11）及时调整开挖和衬砌进度，控制未衬砌段的长度。开挖安全距离根据围岩级别不得超过设计及规范要求。特殊地质不良地段衬砌作业面应紧跟开挖作业面。

（12）隧道各工序全面展开施工后，应尽早安排洞门施工。一般情况下，衬砌完成50m即应做好洞门端墙、翼墙。任何情况下，衬砌完成100m（单口）以上时，必须做好洞门。

（13）洞内通风系统应做出设计，采取综合防尘措施，定期测试粉尘和有害气体浓度。通风设施制定维修使用制度，专人负责。通信设备应优先安排，保证及时供应到位。

（14）成洞地段，供电线路必须正规架设。未成洞段必须采用低压照明、动力线电缆供电，并应固定位置架空敷设。

（15）爆破器材应建立严格的领用、退库制度，严禁库外存放，现场领工员应具体负责领用审批，掌握领用和退库数量。

（16）运输轨道、道路应设专人养护，电瓶车驾驶员和联络员要建立可靠的信号联系，实行呼唤应答制度，严禁非驾乘人员搭乘运输车辆；无轨运输道路应保持路面平整，及时疏排积水。有条件时，应在人行道和运输道路之间设置隔离标志；洞外临时便道和卸渣线路要明确技术标准，保证安全需要。

（17）洞内、洞外都应设置宣传标语和警示标志，使作业人员随处可见，提高"三不伤害"的安全防范意识。

（18）专职安全管理人员每班都要对施工现场进行一次全面检查，尤其是要注意加强对围岩和临时支护状态的检查，不放过任何微小变化，并应逐级做好记录。发现问题及时提请领导采取措施，妥善处理。施工技术部门要认真做好临时支护变形的观察、测量，并认真做好记录和数据处理工作，据以修正支护参数，改进施工方法。

（19）隧道施工应制定防坍塌、涌水、瓦斯等抢险预案，配备必要的抢险机械、物资，明确组织和人员分工，出现问题迅速采取措施，减少影响和损失。

（20）合理安排作业人员的文化、物质生活，创造良好的安全生产氛围。工地医疗室要加强外科力量，配备必要的外科抢救药品和器材。交通不便的地区应设职工医院，应急处理伤病人员。

(五)重大危险源及应急预案

针对本项目重岩叠嶂、沟壑纵横、地质条件复杂的施工地形特点,隧道施工作业面临着极其艰难的条件,极易造成隧道突发事故,为预防隧道施工事故的发生,及时、准确、科学、合理地处置各种突发事故,根据国务院《安全生产法》制定本预案。

(1)隧道坍塌事故

防坍塌事故发生,项目部成立救援小组,由项目经理担任组长,施工员及安全员、各班组长为组员,主要负责紧急事故发生时有条有理地进行抢救或处理,其他人员做协助工作。

发生坍塌事故后,由项目经理负责现场总指挥。发现事故发生时施工人员首先高声呼喊,通知现场安全员,由安全员组织施工人员紧急撤离至安全区域,如有人员受伤,立即拨打事故抢救电话"120",向上级有关部门或医院打电话求救,班组长组织有关人员进行清理土方或杂物,如有人员被埋,应首先按部位进行抢救人员,其他组员采取有效防护措施,防止事故发展扩大。在向有关部门通知抢救电话的同时,对轻伤人员在现场采取可行的应急抢救,如现场包扎止血等措施。防止受伤人员流血过多造成死亡事故发生。预先成立的应急小组应人员分工,各负其责,重伤人员送外抢救,值勤门卫在大门口迎接来救护的车辆。

(2)隧道爆炸事故

隧道内发生爆炸事故,应疏散人群,全部撤离至安全区域,查明爆炸类型(火工物品、化学物品、瓦斯等)并发出警报,召集人员持抢险救护装备,迅速赶到现场救护,进行针对性地处理,尽可能控制事故的危害在最小限度、减小危害性、减少伤亡人员,紧急上报施工负责人、高监办、工作站、省指挥部,同时向当地公安机关报警,清楚说明发生爆炸标段、时间、地点、方位、爆炸类型及爆炸威力大小等情况。启动项目部爆炸应急救援预案。

(3)隧道机械伤害事故

发生机械伤害事故后,由项目经理负责现场总指挥,发现事故发生时施工人员首先高声呼喊,通知现场安全员,由安全员打事故抢救电话"120",向上级有关部门或医院打电话抢救,同时通知生产负责人组织应急救援小组进行可行的应急抢救,如现场包扎、止血等措施。防止受伤人员流血过多造成死亡事故发生。值勤门卫在大门口迎接来救护的车辆,有程序地处理事故,使事件最大限度地减少人员和财产损失。如事故严重,应立即报告省指挥部及有关部门,并启动项目部应急救援预案。

(4)隧道运输事故

隧道内发生运输事故,根据事故现场情况,进行事故抢救,利用各种工具、设备将伤员救出,并保护事故现场。根据伤情对伤员进行必要的包扎,伤势严重应立即转送至所在地附近医院或急救中心进行抢救。启动项目部运输事故应急救援预案。

(5)隧道电、水、火、气体事故

如遇到电、水、火、瓦斯及不明气体发生危害,现场人员应按以下方法避灾抢救:

①隧道内发生触电事故应立即切断或用干燥的木棒或绝缘物挑开身上的电源,关闭开关。触电人脱离电源后,应立即将其抬到新鲜风流处,平放,并解开衣裤,进行人工呼吸和心脏按压法急救。急救需要耐心,防止"假死"现象,并且不要打强心针。

②隧道内施工中发现大量涌水时,就即令工人停止工作,撤至安全地点,利用电力抽水设备,加大抽水量,如水势急,冲力大,有人员被冲走,应尽快把溺水者捞救出水,利用各种救护方法施救,同时上报情况。

③隧道内发生火灾,正确确定火源位置、火热大小,并迅速向外发出信号。及时利用现场消防器材灭火,控制火势大小,组织人员撤退出火区。如火势不能扑灭,应急时向所在地公安、消防机关报警,寻求帮助。

④隧道内发现瓦斯或不明气体,应及时加强通风,采取防范措施。如发生瓦斯爆炸及发现不明气体时,就做好自救工作,迅速协助伤员一齐撤出到通风安全地区。有人受到有毒气体伤害时,应将其运至有新鲜风流的安全地区,并立即检查伤员的心跳、脉搏、呼吸及瞳孔,注意保暖,同时保持伤者呼吸通畅。如受一氧化碳中毒,中毒者还没有停止呼吸或呼吸停止但心脏仍跳动,要立即搓摩他的皮肤,温暖后立即进行人工呼吸。如心脏停止,应迅速进行体外心脏按压,同时进行人工呼吸。如因瓦斯或二氧化碳等窒息,情况不严重时,抬至新鲜风流中稍作休息,即会苏醒。如窒息时间较长,就要在皮肤搓摩后进行人工呼吸。情况严重时应立即拨打事故抢救电话"120",向上级有关部门或医院打电话求救。

(六)应急物资准备

应急资源的准备是应急救援工作的重要保障,项目部根据潜在的事故性质和后果分析,配备应急资源,包括:救援机械、设备,交通工具,医疗设备和必备药品,生活保障物资等。主要材料、机械设备储备如表 7-2 所示。

主要材料、机械设备储备表　　　　　　　　　　　　　表 7-2

序号	材料、设备名称	单位	数量	规格型号	主要工作性能指标	放在何处	备注
1	湿喷机(双液)	台	4	TK－500	$6m^3/h$	现场	
2	注浆泵	台	2	KBY50/70	15kW	现场	
3	空压机	台	2	LGD－20/8X	$10m^3/min$	现场	
4	管棚钻机	台	2	KR50412－3		现场	
5	装载机	辆	4	ZL50		现场	
6	风镐	台	10	G10	26L/S	现场	
7	机动翻斗车	辆	2	FC－1	斗容0.68m^3	现场	
8	凿岩机	台	6	YT－28	3.2m^3/min	现场	
9	小型挖掘机	辆	1	WY－4.2	斗容量0.2m^3	现场	
10	挖掘机	辆	2	CAT/V2203T－EB	斗容量1.6m^3	现场	
11	东风车	辆	5		10T	现场	
12	载重车	辆	12	斯太尔/后八轮		现场	
13	液压汽车吊	辆	1	QY－25	25T	现场	
14	混凝土输送泵	台	2	HBT60	输送 60m^3/h	现场	
15	电焊机	台	17	XK8－9/114－KBT		现场	
16	内燃发电机	台	1		120kW	现场	
17	通风机	台	2	ZSZ－S－110B	$250\sim390m^3/min$	现场	
18	水泵	台	12	6DA89		现场	
19	污水泵	台	7		11kW	现场	
20	救护车	台	1			现场	

序号	材料、设备名称	单位	数量	规格型号	主要工作性能指标	放在何处	备注
21	钢拱架	榀	10	Ⅰ20a		现场	
22	格栅钢架	榀	20			现场	
23	砂袋	只	120			现场	
24	编织袋	只	500			仓库	

①在每个洞内显著位置除配备适当的便携式照明器具、呼吸器具、按设计布设逃生管（φ80cm）等外，还准备相当数量的救生器具，如避难袋、避难梯、安全绳、长竹竿等。

②内部电话、对讲机等联系工具保持畅通。

③自备发电机和照明专线始终保持良好工作状态。

④洞口和通道口预备沙袋等物，利于堵水和引导水流方向。

同时项目部事先与当地救护队、地方医院、宾馆等建立正式的协议，以便在事故发生后及时得到外部救援力量和资源的援助。

1. 应急材料

（1）格栅钢架、锚杆、钢筋网；

（2）应急灯、扒钉、木工锯、大锤、撬棍等；

（3）消防器材。

以上材料由设备物资部负责，负责人：＊＊＊。

2. 应急机械设备

（1）临时发电机、空压机、电焊机、气焊设备各一套，喷射混凝土设备、有线电话、担架；

（2）挖掘机、装载机、运输车；

（3）指挥车。

以上机械设备由设备物资部负责，负责人：＊＊＊。

3. 应急救治（药品、器具、设备）

（1）可供临时处置的医药卫生设备即氧气呼吸机、清洗器具、急救箱、担架等；

（2）立即与就近医院联系，将受伤人员转移救治。

以上物品由办公室主任负责，负责人：＊＊＊。

（七）应急队伍

组织20人的应急队伍，并由综合办组织提前进行培训。

（八）应急响应

（1）事故发生后，如有人员伤亡时，当事人或发现人应立即拨打事故抢救电话"120"到事故现场救护伤员。

（2）其次，当事人或发现人应立即向项目经理报告并向公司、指挥部应急救援办公室报警，同时采取应急措施，防止事态扩大，减少事故损失。

①向内部报警，简述出事时间、地点、情况、报警人姓名。

②向外部报警，详细准确报告出事时间、地点、单位、电话、事态状况及报告人姓名、单位、地址、电话。

（3）项目部接到报告后，项目经理组织有关人员对发生事故的地段设栏防护，严禁闲杂人员出入，保护现场，同时按应急措施进行加固抢险。

（4）公司、指挥部接到报警后，及时启动公司应急预案，公司或指挥部应急领导小组成员立即到现场，并按各自的职责开展应急救援工作并及时上报有关部门。

（5）紧急事故处理结束后，事故发生单位负责人应在 24 小时内写出《事故调查报告》上报上级部门，并妥善处理善后事宜。

（6）应急救援体系响应程序如图 7-4 所示。

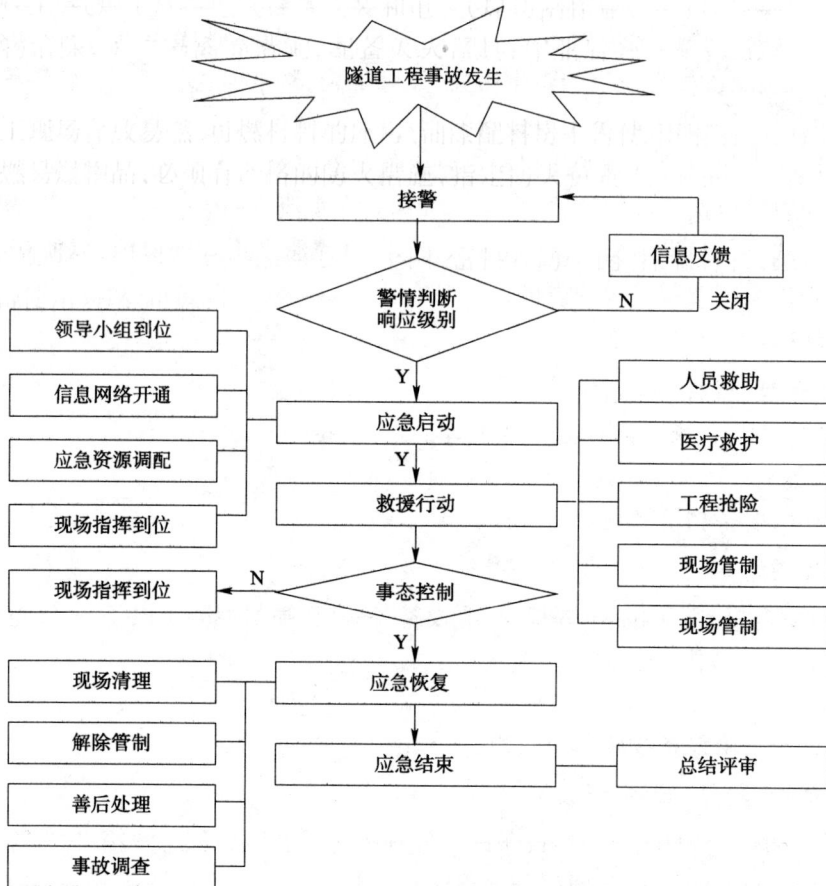

图 7-4　应急救援体系响应程序

（九）应急演练

为了在出现险情时处理迅速，做到有条不紊，项目部对预设险情进行实地演练，由分管安全的项目副经理负责组织安排，演练时间安排在项目部施工相对空闲的时间，使所有人员都参与其中，并填写应急演练记录表，记录演练内容、人员分工、方案、处理程序等。一旦发生规模较大的险情，由项目部启动应急预案。

（十）媒体机构、信息发布管理

项目部办公室为信息收集和发布的组织机构，对事故的处理、控制、进展、升级等情况进行信息收集，有针对性的定期或不定期地向外界和内部如实报道。

（十一）恢复生产及应急抢险总结

抢险救援结束后，召开由监理单位主持，业主、设计、施工等单位参加的恢复生产会，对生产安全事故发生的原因进行分析,确定下一步恢复生产应采取的安全、文明、质量等施工措施和管理措施。

抢险结束和生产恢复后,施工单位应对应急预案的整个过程进行评审、分析和总结,找出预案中存在的不足,并进行针对性地评审及修订,使以后的应急预案更加成熟,遇到紧急情况等能及时处理,将安全、财产损失降低到最低限度。

(十二)预案管理与评审改进

项目部对应急预案每年至少进行一次评审,针对施工中的变化及预案演练中暴露的缺陷,不断更新和改进。

7.2 隧道施工质量保证措施

一、质量保证体系

施工段任务量大、工期紧,为保证按期、优质完成合同段的施工任务,按照 ISO 9001 系列标准和人防工程质量管理的特点,制定完善的工程质量管理制度,建立以项目经理为组长、项目总工程师为副组长,工程技术、质量、安全、物资、设备等部门负责人和有关人员参加的质量管理领导小组。

隧道质量控制重点一览表如表 7-3 所示。

隧道质量控制重点一览表 表 7-3

序号	控 制 内 容	备 注
1	洞口大管棚施工	
2	隧道超欠挖	
3	断层段施工	
4	喷锚、支护、防水板施工	
5	混凝土衬砌不渗、不漏、不裂、内实外美	
6	仰拱、铺底、水沟、电缆槽	
7	预埋件、预留孔洞	
8	施工缝施作	

质量保证体系框图如图 7-5 所示。

二、质量保证措施

1. 保证质量的制度措施

(1)建立健全工程质量责任制

实施项目工程质量终身责任制。项目经理、项目副经理、项目总工与各工程队行政、技术主管分别签订质量终身责任书,各单项工程建立完善质量责任卡,以质量责任的可追溯性来明确质量责任和工作分工。

(2)实行优质优价的计价制度

项目部对工程队验工计价,实行优质优价制度。项目部将从工程造价中扣除3%作为优质优价奖励基金,对各工程队依据其质量情况,实施责任预算＋质量奖惩系数的计价办法。

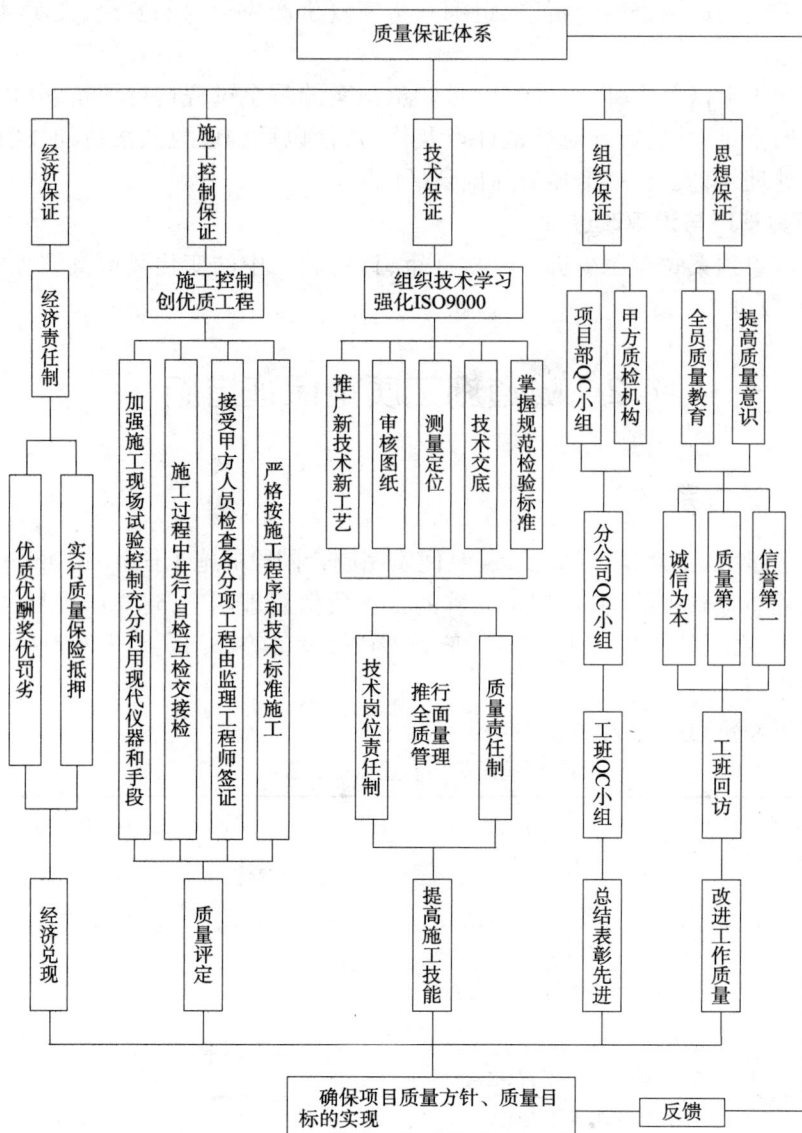

图7-5 质量保证体系框图

（3）建立健全质量检查评审制度

项目部进场后，建立健全现场工程质量的检查与评审制度。项目部每月组织一次质量抽查，每季度组织一次质量检查，根据质量抽查和检查情况，召开工程质量评审会议，研究质量形势，消除质量隐患，提出整改措施。

（4）推行全面质量管理，定期发布QC成果制度

针对不同的工作内容，项目部指导各队成立QC小组，并随工程进展开展活动。项目部每半年组织一次QC成果发布会，并对优秀成果予以奖励。通过QC小组活动，进一步强化全员参与质量工作的意识，形成上下成线、横向成网的质量管理网络。

（5）建立个人质量奖罚制度

建立激励机制，奖优罚劣，鼓励创优。对工程质量有显著贡献的个人实行重奖，对造成工程质量事故的责任人实行重罚。

2. 保证质量的主要技术措施

（1）洞口工程质量保证技术措施

洞口土石方施工按设计要求放坡，自上而下施工，尽量减少对边坡的扰动；并加强支护措施，保证边、仰坡稳定。排水系统尽早完成。

端墙施工放样应保证位置准确和墙体坡度平顺；洞门以上仰坡脚受破坏处应及时处理。

（2）施工支护质量保证措施

应紧跟开挖面及时喷射混凝土，在喷射结束后4小时内不得进行爆破作业。

软弱围岩地段支护及早封闭成环。

灌浆锚杆安装前必须除去油污锈蚀并将钻孔吹洗干净，孔内灌注砂浆应饱满。

对加工锚杆的钢筋进行调直、除锈，按设计长度切割下料，保证杆体质量。

锚杆孔的深度、方向和布置严格按设计施工，孔深误差±5cm，砂浆锚杆孔径应大于杆体直径15mm，其他形式锚杆符合设计要求，钻孔完毕吹净孔内积水、积粉和岩渣。

锚杆安装后应做出必要的安装记录，按要求做抗拔试验，检查锚杆施工质量。

混合料应随拌随喷。

喷射作业应分段、分片、分层，由下而上，依次进行，如有较大凹挖时，应填平。

喷混凝土作业前，应清除所有的松动岩石，并使岩面保持一定湿度。

速凝剂掺量准确，添加要均匀，不得随意增加或减少。

设钢拱架时，钢拱架与岩面之间的间隙必须用喷射混凝土充填密实，喷射顺序先下后上，对称进行，先喷钢拱架与围岩之间的空隙，然后喷钢拱架之间，钢拱架应被喷射混凝土所覆盖，保护层不得小于4cm。

喷混凝土分2~4次喷射，拱部一次喷射厚度5~6cm，边墙一次喷射厚度7~10cm，分层喷射的间隔时间一般为15~20min。

严格控制拌和物水灰比，经常检查速凝剂注入环的工作情况，发现问题及时处理。

（3）衬砌混凝土质量保证措施

严格控制原材料的质量，选择合适的配比，按规定及时制作试件，并做好施工记录。

衬砌台车就位后进行测量控制，灌注前进行复核。台车下部支垫稳固，上部及两侧面用短杆支撑牢固，防止晃动。

按衬砌断面尺寸加工堵头模板，封堵端部混凝土，并夹牢橡胶止水带，将止水带安放在1/2衬砌厚度之中。

安装模板时必须进行测量控制，保证模板缝成直线。

灌注混凝土两侧对称同时进行，注意控制两侧泵送混凝土的均匀性，两侧灌筑混凝土面高差不得超过50cm。拱部预留压浆孔。

每循环衬砌前，对上一组衬砌接缝处的混凝土凿毛、清洗，并刷一层水泥浆以使新旧混凝土接合良好。

混凝土灌注应连续一次灌注完毕，如发生停电等意外事故必须停工时，将浇筑面振捣整平。停工2小时以上，要待24小时后才能接灌。

加强衬砌混凝土封顶工作，采取泵送混凝土，使灌注密实。拱部封顶时，必须从由低处向高处灌注并填满捣实。下一循环灌注前应对上循环拱顶空隙进行补灌。

拆模后应对衬砌台车进行检查、维修、保养，确保无损、无变形后方可转入下一循环使用。

衬砌施工中,发现围岩对衬砌有不良影响的硬软岩层分界处,应设置沉降缝,根据不同围岩类别预留拱顶沉落量。

衬砌施工应根据对围岩和支护量测的变化规律,确定衬砌的施作时间,并及时调整支护与衬砌设计参数、衬砌施作时间,衬砌施工应在围岩和支护变形基本稳定的条件下进行。

(4)洞身超欠挖技术保证措施

采用光面爆破的技术。开挖前,应根据工程地质条件、开挖断面、循环进尺、钻眼机具和爆炸材料等进行钻爆设计,施工中应不断提高钻孔利用率和爆破效果。爆破后,设专人负责找顶找帮,同时要对开挖面进行检查,对可能产生险情的地段,及时采取措施。

采用台阶法开挖时,台阶间保持一定的距离,以适应机具作业。采用全断面法开挖时,隧底要按设计的炮眼斜度钻够深度,防止欠挖。

提高钻孔质量,周边眼的外插角不大于3°或前后两循环间的错台不大于15cm。各炮眼的方向误差、深度误差要小,要求相邻周边眼炮孔方向应相互平行,同类炮孔孔底深度要一致。

为提高周边眼的钻孔质量,施工中采用定人定位置,明确分工,通过强化操作,提高熟练程度。

钻孔结束后要清孔,炮眼用炮泥堵塞,保证单孔装药质量。

正确选用周边眼装药结构。周边眼多采用小药卷炸药,不耦合装药结构;采用间隔装药,相邻周边炮眼药卷的位置要错开,并用导爆索起爆周边炮眼。

按设计装药,严格用炮泥进行堵塞,采用非电毫秒雷管按顺序起爆。保证周边炮眼同时起爆,要求各炮眼起爆时差不超过0.1s。

正确标定开挖轮廓线时要考虑施工误差,设计预留围岩变形和拱顶沉降等因素,在设计轮廓线外要适当加大尺寸。衬砌轮廓线按设计轮廓线径向加大5cm考虑。

使用先进的检测仪器,加强施工控制。对爆破质量效果进行检查,随时抽查隧道超欠挖情况。根据提供的实测断面图,进行分析超欠挖的原因,以便采取对策进行管理。

(5)隧道防渗防漏防裂的技术保证措施

采取措施提高混凝土的密实性。

支护背后及衬砌封顶检查发现不密实的部位要进行压浆充填作业,避免衬砌混凝土背后空隙积水,影响围岩稳定。

防止衬砌混凝土不均匀沉降,严格按规范在洞口段及围岩分界面设沉降缝,隧道基底虚渣要清除干净,保证混凝土与基岩密贴。加强不利荷载的处理,对于构造破碎带施工要严格按施工规范和设计的要求,合理安排衬砌作业时间。对于不稳定的破碎带及不利的岩石结构面的支护要加强,避免额外的围岩压力作用在衬砌结构上。对于裂隙水发育的地段要充分排水,避免过大水压力。

(6)钢筋工程质量保证措施

保证所使用钢筋表面洁净,无损伤、无锈蚀。钢筋级别、钢号、直径符合设计要求。

在常温下进行钢筋弯曲成型,不进行热弯曲,不用锤击或尖角弯折。钢筋在加工时保持平直,无局部曲折。

钢架制作及安装严格按设计要求,粘接要符合规范要求,节点应对称粘接,安装钢架要与围岩预留空隙宜为5cm。

焊工持证上岗,开工前将焊工的证书复印件报监理工程师备案。

焊接使用的焊机、焊条符合加工的质量要求,每批钢筋正式焊接前,按实际操作条件进行试焊,报经监理工程师检查,试验合格后,正式成批焊接。

加强钢筋绑扎的质量控制,钢筋的交叉点用铁丝全部绑扎牢固,钢筋绑扎接头搭接长度及误差按规范和设计要求办理。

各受力钢筋的绑扎接头位置相互错开,从任一绑扎接头中心至1.3倍搭接长度的区段范围内,有绑扎接头的受力钢筋截面面积占受力钢筋总截面面积的百分率,受拉区不超过25%,受压区不超过50%。

(7)防止碱骨料反应发生的质量保证措施

项目部的混凝土施工采取防止碱骨料反应发生的质量保证措施,认真做好碎石的碱骨料检测,分时段、分部位取样,避免取样失真,杜绝使用碱活性强的碎石进入施工现场。

同时施工前检测水泥、砂子、外加剂的碱含量,总体控制碱含量标准少于3kg/m³。

必要时选择低碱水泥。施工期间,随机抽查材料的含碱量,防止材料更换时,碱含量超标。

7.3 隧道施工工期保证措施

隧道施工具有动态特点,为确保工期,按时完成隧道施工任务,施工进度也要进行动态管理,实现施工进度动态管理的最好方法是采用网络计划技术,实施施工进度调整。施工进度动态管理表现为隧道在施工过程中出现意外事件影响施工进展,造成施工进度滞后,为保工期要求加快后面工程的进度,修改原计划的安排;另一方面就是通过资源优化和调整保证施工进度;还可以根据施工进展调整工序的循环时间及作业组织和劳动组织保证施工进度的技术措施。

隧道施工进度的快慢与施工过程中是否出现意外事件有关,也与施工过程中的指挥和施工管理有着直接的关系。加强隧道施工过程中的管理工作,严格执行各项规章、制度。

一、保证施工进度的组织机构

确定目标后,组织保证是决定因素。组织指挥部、项目部及施工队有关人员参加"保证工期领导小组",健全岗位责任制,制定制度和切实可行的措施,保证工期目标的实现。

工期保证体系框图如图7-6所示。

二、实现施工进度目标的保证措施

1. 调遣精兵强将,早进场,早开工

抽调具有丰富施工经验的施工管理和专业技术人员,以及优秀的专业施工队伍;组成精干的施工指挥机构,组织施工人员、机械设备和物资材料,保证进场快、设置快、开工快。

2. 建立岗位责任制,实施进度监控管理

实行工期目标管理。建立岗位责任制,签订责任状,明确各级管理人员的职责,完善考核及奖罚制度。

实行分工负责,按工序分工把守。围绕工期目标制订各阶段进度计划和具体措施,每月检查落实情况,定期召开工程例会,及时掌握施工动态,了解各项目进度情况。

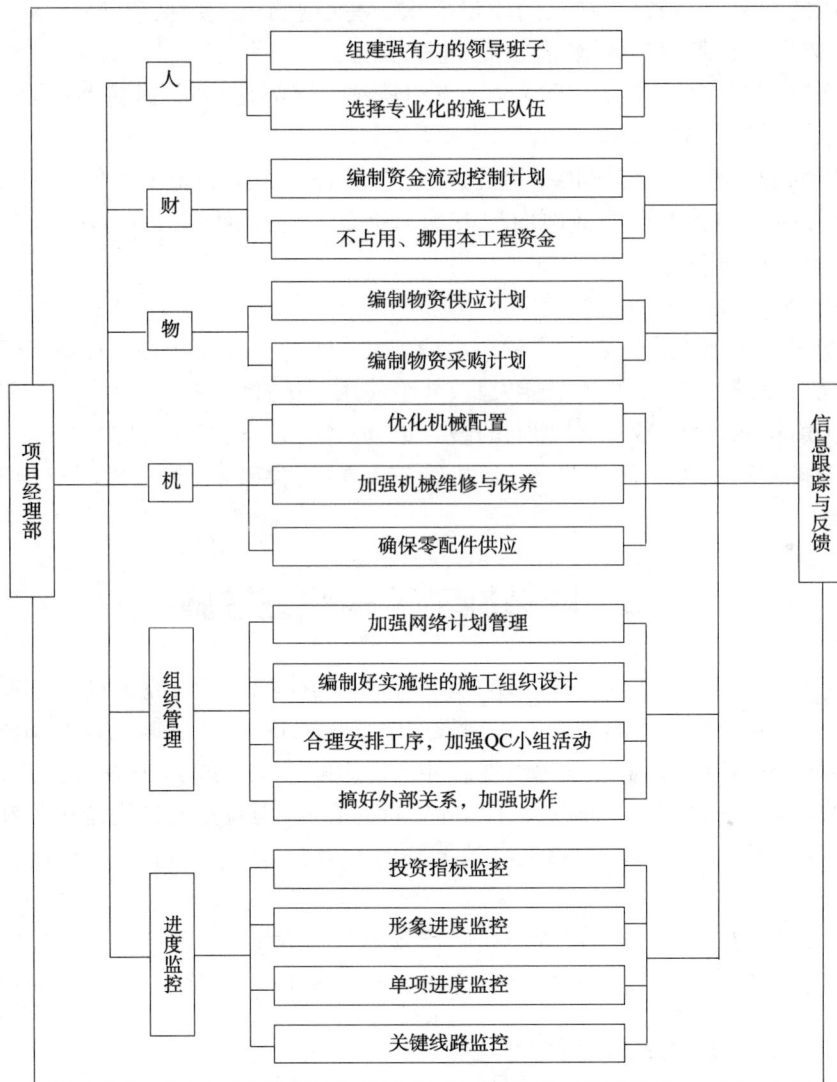

图 7-6　工期保证体系框图

使用计算机运用网络计划技术对工期实行动态管理,及时调整各分项工程的进度计划,按工作内容和进度要求适时调整各生产要素,满足工期要求。合理安排工序,紧紧抓住关键线路上的工序不放,正确处理各工序之间的矛盾,做到环环相扣,井然有序。

对未完成进度计划的查明原因,制定改进措施,使工程进度按计划进行。做到旬保月、月保季、季保总工期。

3. 合理配置资源,满足进度要求

按工期要求合理配置施工资源,对关键线路上的工序通过加大机械、设备、人员投入方法来保证。按施工进度要求制定设备进场计划和材料分期供应和采购计划,并在施工过程中抓好计划的落实。

4. 优化施工方案,科学组织施工

根据本工程的技术难点和环境特点,精心细化实施性施工组织设计,科学组织施工。采用先进工艺进行各道工序施工。对重点工序,准备应对各种情况的施工预案,做好施工中的技术储备工作。

杜绝方案执行过程中的随意性,使整个施工过程时时处于受控状态。广泛开展"小发明、小创造、小革新、小建议、小改进"五小活动,充分发挥科技生产力作用,加快施工进度。

5. 开展劳动竞赛,引入竞争机制

工程施工过程中,适时组织队间劳动竞赛。开展"比进度、比质量、比安全"的活动,并辅以经济手段,调动队伍的积极性和职工工作热情,不断掀起施工高潮,提高劳动生产率,确保总工期的实现。

6. 加强调度指挥,强化协调力度

强化施工调度指挥与协调工作,超前布局谋势,及时解决问题。重点工程或工序,采取垂直管理、横向协调的强制手段,减少中间环节,提高决策速度和工作效率。

7. 做好施工保障工作

(1)协调好与政府和附近群众的关系,充分利用单位多年国内各地的施工经验,把工作做到前面,以减少对群众的干扰,为施工全面展开创造条件。

(2)细致了解并掌握当地水文、天气等方面的信息,制定可行的特殊季节施工措施,合理安排施工顺序,落实到位,保证进度。

(3)切实落实施工安全防护措施,以安全保进度。

(4)保证施工质量,避免因反复报检、返工等质量问题影响工程进度,抓质量、促进度是目前保证工期的有效手段。

(5)加强设备管理与维护,提高设备的完好率、利用率和施工机械化作业程度。做好设备的选型和配件供应工作,贯彻高效耐用和宜修的原则;型号宜少不宜多,备足易损件。

(6)加强材料供应工作,避免因停工待料而影响工期。

7.4　隧道施工环保水保保证措施

一、环保水保保证体系(见图7-7)

二、水污染的防治

施工过程中对水的污染主要是施工产生的污水以及清洗混凝土运输车水泥浆、油类物质、石屑及石粉。

溶蚀性废水,混凝土的生产、运输、浇筑产生的污染,施工机械设备产生的污染,劳动力高度集中产生的污染,以及其他相关配套设施产生的污染。这些污水对水源产生较大的影响,在施工中要采取有效措施,保护水源不受污染。

(1)施工现场修建沉淀池和气浮池,先将污水排入沉淀池,除砂的进入气浮池内,除去悬浮物、油类物质并进行中和处理,检测达到排放标准后方可排入河流。

(2)现场存放油料的地面进行防渗处理,如采用防渗混凝土地面、铺防油毡等措施。在使用过程中,要采取防止油料跑、冒、滴、漏的措施,防止土壤受到污染。

(3)工地临时厕所的化粪池采取防渗措施,并尽可能利用既有建筑物内的水冲式厕所,同时做好防蝇、灭蛆工作。

（4）化学用品、外加剂等应库内存放，妥善保管，防止污染环境。

（5）加强对地表水和地下水水质的监测，配合当地环境监测部门搞好舆论宣传和监督工作，加强对沿线施工废水的控制，发现新的污染问题及时进行处理，防止水质恶化。

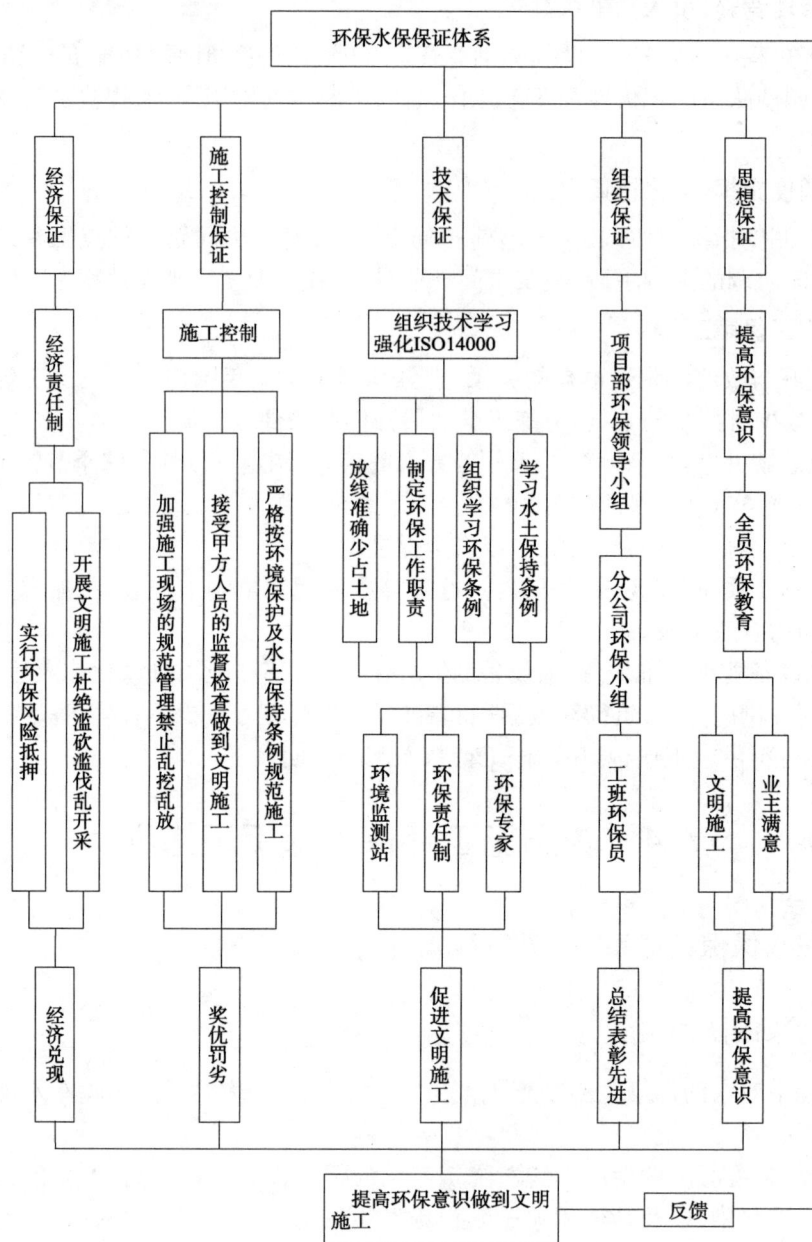

环保水保保证体系

经济保证 — 施工控制保证 — 技术保证 — 组织保证 — 思想保证

经济责任制 — 施工控制 — 组织技术学习强化ISO14000 — 项目部环保领导小组 — 提高环保意识

放线准确减少占土地 制定环保工作职责 组织学习环保条例 学习水土保持条例

加强施工现场的规范管理禁止乱挖乱放 接受甲方人员的监督检查做到文明施工 严格按环境保护及水土保持条例规范施工

实行环保风险抵押 开展文明施工杜绝滥砍滥伐乱开采

环境监测站 环保责任制 环保专家

分公司环保小组 工班环保员

全员环保教育 文明施工 业主满意

经济兑现 奖优罚劣 促进文明施工 总结表彰先进 提高环保意识

提高环保意识做到文明施工 — 反馈

图 7-7　环保水保保证体系框图

三、固体废弃物污染防治

施工营地和施工现场的生活垃圾，按环保要求运至指定地点（垃圾场）或集中堆放掩埋。营地、场地、便道在使用完毕后立即恢复。

工地厕所派专人清理打扫，并定期对周围喷药消毒，以防蚊蝇滋生，病毒传播。

对于施工中废弃的零碎配件、边角料、水泥袋、包装箱等,及时收集清理并搞好现场卫生,保护自然环境与景观不受破坏。

施工中的外弃物,按设计和环保要求进行外运处理。

四、弃土(渣)临时堆放措施

在未提供弃渣场之前,可临时租用土地堆渣,待弃渣场确定后,转运废渣至渣场堆放。临时弃渣场四周采用沙袋堆码围护,沙袋围护宽2m,高1.5m。

五、水土保持内容及措施

根据国家、地方政府的要求,结合本工程所在地的实际情况,特编制如下措施。

1. 水土保持内容

针对现场实际情况,本标段施工时,废水排放前要经过处理并排放到远离居民生活用水区,并由环保协调定期联系当地环保监督部门对水质进行检验,确保当地水质不被污染。

在施工准备阶段,我们将结合设计图纸,对现场混凝土搅拌站、施工便道的设置等进行进一步的调查,详细掌握第一手资料,以"减少植被破坏,少占耕地"为原则,合理规划临时用地,最大限度地减少施工用地。

施工时严格按批准的弃渣规划有序堆放和利用,并按照设计规划做好防护。

2. 水土保持措施

在工程施工完成之后,将修建的跨河便道及施工平台清理出河道,决不能堵塞河道或倾入河床。

妥善处理泥浆水、钻渣,未经处理沉淀达标的污水不能直接排入沟渠,尤其不得向溪水、河流倾倒。设立现场垃圾堆放场,集中堆放生活垃圾和工程垃圾,工程竣工前运至环保部门指定弃放地点。

7.5 隧道文明施工保证措施

一、文明施工目标

现场布局合理,环境整洁,物流有序,标识醒目,达到"一通、二无、三整齐、四清洁、五不漏"的目标,创建省部级文明工地。具体内容如下:

一通:交通平整畅通,交通标志明显。

二无:无头(无木材头、无钢筋头、无焊接头、无钢材头),无底(无砂底、无碎石底、无砂浆底、无垃圾废土底)。

三整齐:钢材、水泥、砂石料等材料按规格、型号、品种堆放整齐;构件、模板、方木、脚手架堆码整齐;机械设备、车辆摆置整齐。

四清洁:施工现场清洁,环境道路清洁,机具设备清洁,现场办公室、休息室、库房内外清洁。

五不漏:不漏油、不漏水、不漏风、不漏气、不漏电。

二、文明施工保证体系

加强文明施工的组织领导工作,由项目经理负责,建立专门的文明施工督查小组,每月定期和不定期进行检查考核,每月评分总结,设立文明施工流动红旗,加大奖惩力度,保证规范施工、文明施工,杜绝蛮干,使整个施工队伍和施工现场体现出优良的精神面貌。

文明施工保证体系框图如图7-8所示。

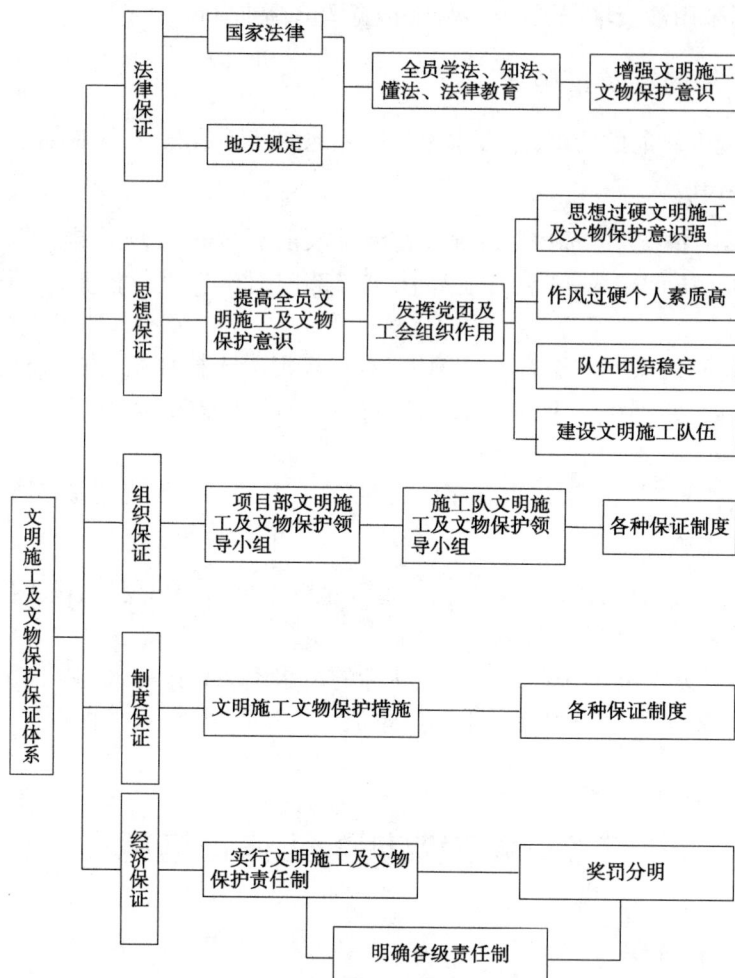

图7-8　文明施工保证体系框图

三、文明施工保证措施

按批准的施工组织设计平面布置图,修建生产和生活设施,合理布局。施工现场四周设置排水沟,及时完成"三通一平",创造良好的施工环境,建设文明工地。施工现场内加工场地、预制场地、材料堆放场地采用混凝土硬化。水电管线按照规范架设,生产、生活区分开布置。

施工现场悬挂"七牌一图三标",悬挂时要齐全、美观、整齐,按照规定的材料、样式、颜色、内容等标准格式统一加工制作。严格按照施工组织设计平面布置图划定的位置堆放成品、半成品及原材料。所有材料分类存放、堆码整齐,并悬挂标识牌。

现场标牌:在施工现场明显地点设置醒目的"七牌一图三标",即工程简介牌、安全质量牌、施工场地布置牌、创优规划标识牌,安全生产操作规程牌,廉政监督牌,工程现任人标识牌,施工平面布置图,确保工期标语、确保安全质量标语、保护环境等宣传鼓动标语。在场地及营区周围插设彩旗。

在隧道每个洞口设置一套门禁系统,并设面积不低于 $25m^2$ 的值班房,24 小时专人值守。洞口显著位置设一块面积不小于 $5m^2$ 的可动态显示工程信息情报板,动态显示正在进行施工作业的工序、进洞班组人员及人员、当班负责人、分项工程完成情况等信息。

室内布置:现场办公室或值班室,墙面悬挂(张贴)现场总平面布置图、施工形象进度图,组织机构、工作职责、工作制度。

队伍形象:施工作业人员应统一着装,佩戴安全帽。各种岗位人员佩戴胸卡,施工负责人、质量、安全检查人员佩戴红色袖标。坚守岗位,职责清楚。

附表1

A16　分项(分部)工程开工申请批复表

施工单位：_____　　　　　　　　合同号：_____

监理单位：_____

致(驻地监理工程师)_____先生： 　　根据合同要求，我们已经做好下列工程开工前的准备工作，现申请该分项(分部)工程正式开工，请予批准。   　　　　　　　　　　　　　　　　　　　　　　承包人：　　　　　年　月　日
上一步工作检验结果(如果有)： 　　我项目部将对××隧道左幅 ZK1 + 520 ~ ZK1 + 540 进口端洞口分部工程进行施工，该处劳动力、机械设备以及现场技术管理人员、砂、碎石、水泥等原材料均已到位，放样准确，试验准备工作充分，具备开工条件。
申请开工工程项目：ZK1 + 520 ~ ZK1 + 540 洞口工程
计划开工日期：　　年　月　　日
计划完成日期：　　年　月　　日
此项工程负责人姓名：
附件：1.进场施工机械设备报验单；2.进场工程原材料报验单；3.人员配备报验单；4.施工测量放样报验单；5.施工方案及主要工艺报审表；6.相关试验资料。
专业监理工程师意见：   　　　　　　　　　　　　　　　　　　签字：　　　　　　年　月　日
驻地监理工程师意见：   　　　　　　　　　　　　　　　　　　签字：　　　　　　年　月　日

附表2

A16.1 进场施工机械设备报验单

施工单位：_____　　　　　　　　合同号：_____

监理单位：_____

分项（分部）工程名称	ZK1+520~ZK1+540 进口端洞口工程	施工里程桩号	ZK1+520~ZK1+540 左幅

致（专业监理工程师）_____：

根据合同要求，以下施工机械设备已经进场且试运行正常，请予查验，并准予使用。

承包人：　　　　　　　　　年 月 日

序号	设备名称	型号	单位	数量	进场日期	技术状况
1						
2						
3						
4						
8						
9						
10						

专业监理工程师意见：

签字：　　　　　　　　　　年 月 日

附表3

A16.2 进场工程原材料报验单

施工单位：_____ 合同号：_____

监理单位：_____

分项(分部)工程名称	ZK1+538~ZK1+570 超前管棚	施工里程桩号	ZK1+538~ZK1+570 左幅

致(试验专业监理工程师)_____：

下列建筑材料经自检试验,符合技术规范要求,报请验证,并准予进场使用。

附件:1.材料出厂合格证书；

2.材料试验报告。

承包人： 年 月 日

材料名称				
材料产地				
采用标准试验编号				
试验结果				
用途(用在何工程或部位)				
本批材料数量				

试验专业监理工程师意见：

签字： 年 月 日

附表 4

A16.3　人员配备报验单

施工单位：＿＿＿＿＿＿＿＿　　　　　　　　　　合同号：＿＿＿＿＿＿＿＿

监理单位：＿＿＿＿＿＿＿＿

分项(分部)工程名称	ZK1＋520～ZK1＋540 进口端洞口工程	施工里程桩号	ZK1＋520～ZK1＋540 左幅

致(专业监理工程师)＿＿＿＿＿＿＿：

　　下列人员(包括项目负责人、技术负责人及质量、安全、环保等施工管理、自检人员及主要操作人员)已按工程需要配备相关人员，请予以审查，并准予批准。

承包人：　　　　　　年　月　日

序号	姓名	性别	职　　务	工作岗位	备注
1		男	项目经理	项目经理	
2		男	项目总工	项目总工	
3		男	质检工程师	质检负责	
4		男	试验工程师	试验负责	
5		男	测量工程师	测量负责	
6		男	隧道工程师	现场技术负责	
7		男	工区负责	现场施工负责	
8		男	安全工程师	安全负责	
9		男	水环保工程师	环保负责	
10		男	助理工程师	技术员	
11		男	工程师	试验员	
12		男	工程师	质检员	

专业监理工程师意见：

签字：　　　　　　年　月　日

附表5

A16.4 施工测量放样报验单

施工单位：＿＿＿＿＿＿＿＿＿　　　　　　　合同号：＿＿＿＿＿＿＿＿＿

监理单位：＿＿＿＿＿＿＿＿＿

分项（分部） 工程名称	ZK1＋520～ZK1＋540 进口端洞口工程	放样部位 （桩号）	ZK1＋520～ZK1＋540左幅

致（测量专业监理工程师）＿＿＿＿＿＿＿＿：

我单位根据合同要求,已完成本项工程的施工放线,请给予检验审批。

附件:1.施工设计图纸复印件;

2.实测地面纵、横断面图;

3.施工放线资料、测量记录、计算表等。

项目技术负责人：　　　　　　　年　月　日

测量专业监理工程师意见：

签字：　　　　　　　年　月　日

附表 6

A16.5 施工方案及主要工艺报审表

施工单位：＿＿＿＿＿＿＿＿　　　　　合同号：＿＿＿＿＿＿＿＿

监理单位：＿＿＿＿＿＿＿＿

致(驻地监理工程师)＿＿＿＿＿＿先生：

现上报下列工程的施工方案及主要工艺,请给予审批。

附件:施工方案及主要工艺(包括组织设计、施工方案及主要工艺、技术控制措施、质量控制措施、安全生产保证措施、环境保护与水土保持措施等)。

项目技术负责人：　　　　　年 月 日

分项(分部)工程名称	ZK1+520~ZK1+540 进口端洞口工程	施工桩号	ZK1+520~ZK1+540 左幅
计划开工日期	年 月 日	计划完工日期	年 月 日

施工方案及主要工艺简要说明：

专业监理工程师意见：

签字：　　　　　年 月 日

驻地监理工程师意见：

签字：　　　　　年 月 日

参考文献

［1］交通运输部公路局.高速公路施工标准化技术指南第五分册　隧道工程.北京：人民交通出版社,2012.

［2］中华人民共和国行业标准.JTG D70—2004　公路隧道设计规范.［S］.北京：人民交通出版社,2004.

［3］中华人民共和国行业标准.JTG F60—2009　公路隧道施工技术规范.［S］.北京：人民交通出版社,2009.

［4］中华人民共和国行业标准.JTG/T F60—2009　公路隧道施工技术细则.［S］.北京：人民交通出版社,2009.

［5］中华人民共和国行业标准.JGJ/T 121—2015　工程网络计划技术规程.［S］.北京：人民交通出版社股份有限公司,2015.

［6］王梦恕.中国隧道及地下工程修建技术［M］.北京：人民交通出版社,2012.

［7］中国建设监理协会.建设工程进度控制(2016年全国监理工程师培训考试用书)［M］.北京：中国建筑工业出版社,2016.

［8］中国建设监理协会.建设工程进度控制经典习题(2016年全国监理工程师执业资格考试应试指南)［M］.北京：中国建筑工业出版社,2016.

［9］交通运输部职业资格中心.公路工程造价基础理论及相关法规(公路工程造价人员资格考试用书)［M］.北京：人民交通出版社,2011.

［10］交通运输部职业资格中心.公路工程技术与计量(公路工程造价人员资格考试用书)［M］.北京：人民交通出版社,2011.

［11］交通运输部职业资格中心.公路工程造价案例分析(公路工程造价人员资格考试用书)［M］.北京：人民交通出版社,2011.

［12］梁金江.公路工程管理［M］.北京：人民交通出版社,2012.

［13］高峰,贾玉辉.公路施工组织［M］.北京：人民交通出版社,2011.